Seimert

CorelDRAW 12

echt einfach

Winfried Seimert

CorelDRAW 12

Mit 260 Abbildungen

FRANZIS

Bibliografische Information Der Deutschen Bibliothek

Die Deutsche Bibliothek verzeichnet diese Publikation in der Deutschen Nationalbibliografie; detaillierte Daten sind im Internet über **http://dnb.ddb.de** abrufbar

Wichtiger Hinweis

Alle Angaben in diesem Buch wurden vom Autor mit größter Sorgfalt erarbeitet bzw. zusammengestellt und unter Einschaltung wirksamer Kontrollmaßnahmen reproduziert. Trotzdem sind Fehler nicht ganz auszuschließen. Der Verlag und der Autor sehen sich deshalb gezwungen, darauf hinzuweisen, daß sie weder eine Garantie noch die juristische Verantwortung oder irgendeine Haftung für Folgen, die auf fehlerhafte Angaben zurückgehen, übernehmen können. Für die Mitteilung etwaiger Fehler sind Verlag und Autor jederzeit dankbar.
Internet-Adressen oder Versionsnummern stellen den bei Redaktionsschluss verfügbaren Informationsstand dar. Verlag und Autor übernehmen keinerlei Verantwortung oder Haftung für Veränderungen, die sich aus nicht von ihnen zu vertretenden Umständen ergeben.
Evtl. beigefügte oder zum Download angebotene Dateien und Informationen dienen ausschließlich der nichtgewerblichen Nutzung. Eine gewerbliche Nutzung ist nur mit Zustimmung des Lizenzinhabers möglich.

Seitenlayout & Satz: www.jentzschdesign.com
Produktmanagement: www.jordanstext.de
art & design: www.ideehoch2.de
Druck: Bercker, 47623 Kevelaer
Printed in Germany

ISBN 3-7723-**6138-2**

Inhaltsverzeichnis

Willkommen bei CorelDRAW 12

Herzlich Willkommen bei ***CorelDRAW 12.*** *Mit der* ***CorelDRAW Graphics Suite 12*** *verfügen Sie über eine leistungsstarke Software für grafische Gestaltung, exzellentes Seitenlayout, unkomplizierte Fotobearbeitung und überraschende Vektoranimationen.*

Auf den insgesamt vier CDs der Suite finden Sie neben einer Reihe fertiger *Corel*-Grafiken und Bildern auch noch weitere Programme. So besitzen Sie mit *Corel Photo Paint* ein hervorragendes Programm zur Bildbearbeitung, etwa um eingescannte oder mit der Digitalkamera angefertigte Fotos zu ver- und bearbeiten.

Sollten Sie belebende Elemente für Ihren Internetauftritt benötigen, so können Sie mithilfe von *Corel Rave* im Handumdrehen Animationen für das Internet erstellen. Möchten Sie Grafiken aus dem Internet oder vom Scanner bearbeiten, dann kommt *Corel Trace* zum Einsatz. Mit *Corel Texture* können Sie eigene Texturen, also Füllmuster, erstellen. Und schließlich können Sie mit dem Programm *Corel Capture* Bildschirmfotos schießen und so eindrucksvolle Anleitungen oder Ähnliches erstellen.

Im Mittelpunkt des Programmpakets steht aber das Vektorgrafikprogramm *CorelDRAW 12*, das Sie in diesem Buch näher kennen lernen werden. Dieses Programm verfügt über eine Vielzahl an Funktionen, mit denen Sie Objekte zeichnen, Texte erstellen und bearbeiten können. Mit *CorelDRAW 12* können Sie viele Dinge selbst erarbeiten, die Sie sich sonst teuer erkaufen müssten. Denken Sie nur einmal an Geburtstags- oder Visitenkarten, Plakate, Briefköpfe oder Logos. Das alles und noch viel mehr werden Sie auf den folgenden Seiten entdecken und lernen.

1.1 Das erwartet Sie

Das Buch beginnt mit einem kleinen Bummel durch *CorelDRAW 12*, bei dem Sie sehen, dass die Installation wirklich einfach ist. Ferner werden Sie sich mit dem Programm vertraut machen können und dabei spielerisch sehen, wie schnell man beispielsweise ein Plakat erstellt. Anschließend werden Sie mit ein paar grundlegenden Einstellungen und Arbeitsschritten, die Sie im täglichen Umgang mit dem Programm benötigen, vertraut gemacht. Im darauf folgenden Kapitel erfahren Sie, wie man einfache Objekte erstellt. So ganz nebenbei entwerfen Sie eigenes Logo.

Wie Sie sich eine eigene Visitenkarte erstellen können, zeigt das fünfte Kapitel. Insbesondere erkläre ich Ihnen, wie Sie die richtige Papiersorte einstellen und die Texte optimal gestalten. Zudem erfahren Sie, wie wichtig der Einsatz von Hilfslinien ist, die ein professionelles Gestalten erst ermöglichen. Und natürlich werden Sie erfahren, wie Sie den Ausdruck einer Grafik bewerkstelligen und was dabei zu beachten ist.

Kapitel 6 beschäftigt sich damit, wie Sie ein Briefpapier der Extraklasse gestalten. Zunächst werde ich Ihnen zeigen, wie Sie einen Briefkopf einrichten. Dann werde ich erläutern, wie Sie ein Adressfeld so anlegen, dass es mühelos in einem Fensterbriefumschlag sichtbar ist. Auch erfahren Sie, was man bei einer Bezugszeichenzeile beachten muss. Darüber hinaus lernen Sie auch, wie man Falzmarken platziert und wie man ein Mengentextobjekt für die Texteingabe einsetzt.

Da das Leben nicht nur aus Arbeiten besteht, werden Sie in Kapitel 7 erfahren, wie man eine Einladungskarte zu einem Sommerfest gestaltet. Sie werden lernen, wie man einen Layoutstil anlegt und Hilfslinien sperren kann. Anschließend erfahren Sie, welche Möglichkeiten beim Arbeiten mit Objekten hilfreich sind. Als krönenden Abschluss werden Sie eine eigene Grafik entwerfen und dabei fast spielerisch den Umgang mit Objekten kennen lernen.

Ihre Meisterprüfung legen Sie schließlich im letzten Kapitel ab. Sie werden ein Layout für eine mehrseitige Zeitschrift entwerfen und dabei eine Menge über elementare Grundfunktionen und -einstellungen von *CorelDRAW 12* erfahren. Ich zeige Ihnen, wie Sie Texte über mehrere Seiten mühelos verteilen können und welche speziellen Effekte man einsetzen kann. Schließlich lernen Sie noch, was Sie für eine Endkontrolle vor dem Druck Ihrer Grafik benötigen und wie Sie Ihren Ausdruck zunächst in der Seitenansicht begutachten können. Zu guter Letzt erfahren Sie, wie man einen beidseitigen Druck zustande bringt und was dabei zu beachten ist.

1.2 So finden Sie sich zurecht

Sicherlich möchten Sie sofort mit *CorelDRAW 12* loslegen und möglichst wenig mit sonstigen Dingen beschäftigt sein. Deshalb habe ich mir ein System für Sie ausgedacht, das Ihnen den Umgang mit diesem Buch erleichtern wird:

Namen und Bezeichnungen von Programmen, Ordnern und Dateien werden *kursiv* in den Text aufgenommen. Meldungen und Texte von *CorelDRAW 12* oder von *Windows* in Menüs, Befehlen, Dialogfeldern und Kontrollelementen finden Sie stets in dieser SCHRIFT formatiert. Alle anderen Texte, insbesondere jene, die Ihnen anzeigen, dass Sie hier etwas eingeben müssen, werden in dieser `Schrift` dargestellt.

An einigen Stellen des Buches werden Sie zudem ein Dreieck oder eine Ziffer vor einem Text finden. Das fordert Sie zur Mitarbeit auf und zeigt Ihnen, wie Sie

1. Schritt für
2. Schritt
3. zum Ziel gelangen.

Hinweis oder Tipp
Überall, wo Sie einen solchen Text finden, lohnt es sich, den entsprechenden Text zu lesen. Sie finden an diesen Stellen Tipps oder Hinweise, wie Sie sich das Leben mit *CorelDRAW* erleichtern können.

Warnung
Ein Ausrufezeichen vor einem Absatz soll Sie vor einer Falle warnen. Sie sollten besser nachschauen, um was es dabei geht, und sich so Schwierigkeiten zu ersparen.

So, das war es eigentlich an Vorbereitungen. Dann wollen wir doch gleich mal unseren kleinen Bummel durch *CorelDRAW 12* unternehmen.

Dabei wünscht Ihnen viel Spaß und Erfolg, Ihr Winfried Seimert

1.3 Die Webseite zum Buch

Sicherlich möchten Sie die Beispiele dieses Buchs nicht nur lesend nachvollziehen. Damit Sie gleich mitmachen können, stehen die Beispieldaten im Internet zum Download bereit. Unter ***www.franzis.de*** geben Sie bitte rechts oben im Suchfeld `Corel` ein und klicken dann auf GO. Dann werden Ihnen alle Bücher zum Thema angezeigt. Klicken Sie auf das Cover des echt-einfach-Buchs, dann gelangen Sie zu der Buchseite. Dort finden Sie links unten den Bereich *Weitere Informationen*. Ein Klick und schon werden Ihnen die verfügbaren Dateien zum Download angeboten.

CorelDRAW 12 kennen lernen

Im ersten Abschnitt werden Sie sehen, dass die Installation des Programms unproblematisch ist. Ist diese Hürde genommen, werden Sie sich erst einmal ungezwungen die Sehenswürdigkeiten des Programms anschauen. Dabei werden Sie lernen, wie Sie sich elegant durch die Unmengen an Informationen bewegen können. Denn sicherlich werden Sie zunächst alles verwirrend finden und vor allem das Gefühl haben, dass Sie das nie lernen. Aber keine Bange. Zwar kann der erste Eindruck von ***CorelDRAW 12*** *erschlagen, doch wie immer im Leben ist alles einfacher, wenn man es erst einmal ein bisschen besser kennt.*

Im Einzelnen werden Sie erfahren,

- *wie das Programm installiert wird,*
- *wie Sie es starten und was dabei passiert,*
- *welche grundlegenden Einstellungen Sie vornehmen sollten, damit ein unbeschwertes Arbeiten möglich ist,*
- *was es mit den vielen Komponenten auf dem Bildschirm auf sich hat und welche Bedeutung sie haben.*

2.1 CorelDRAW 12 auf Festplatte installieren

CorelDRAW 12 befindet sich nicht auf Ihrer Festplatte? Dann muss es zunächst installiert werden. Keine Bange, wenn Sie so etwas noch nie vorgenommen haben. Sie werden sehen, dass das eine Sache von ein paar Minuten ist.

In Ihrem *CorelDRAW*-Programmpaket finden Sie insgesamt vier CDs. Davon benötigen Sie zunächst nur die CD mit der Nummer 1. Sie erkennen sie auch an dem Aufdruck *Programmdateien* und *Schriften*.

1 Legen Sie diese CD einfach in Ihr CD- (oder DVD-Laufwerk) ein, und schließen Sie das Laufwerk.

Einige Sekunden später sollten Sie den folgenden Startbildschirm vor sich sehen:

Bild 2.1 ~ Der Startbildschirm von *CorelDRAW 12*

Passiert nach einer Weile nichts, ist vermutlich die Autostartfunktion Ihres Rechners nicht aktiviert. In diesem Fall öffnen Sie einfach den *Windows-Explorer*, suchen das Symbol für Ihr CD- bzw. DVD-Laufwerk und klicken darauf. Dadurch werden Ihnen die Dateien, die sich auf der CD befinden, angezeigt. Hier werden Sie eine Datei mit dem Namen *intro.exe* finden. Sollte die Endung *exe* nicht angezeigt werden, liegt das daran, dass bei Ihrem Betriebssystem diese Option nicht aktiviert ist. Für den Installationsvorgang ist das aber unerheblich.

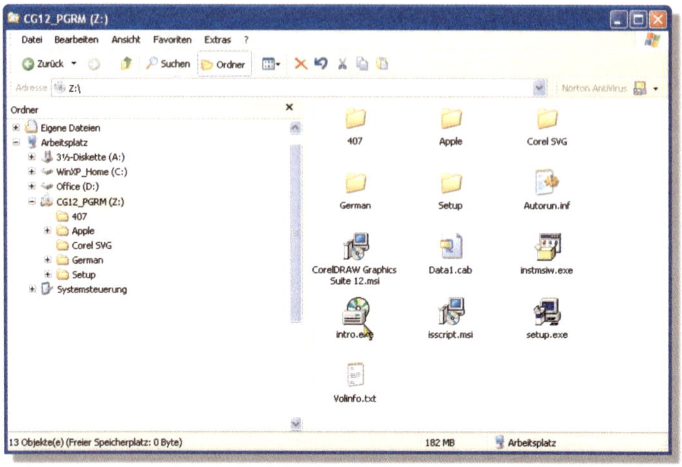

Bild 2.2 ~ So beginnen Sie die Installation, wenn die Autostartfunktion beim Einlegen der CD nicht erscheint

Sie müssen lediglich einen Doppelklick auf diese Datei vornehmen, um an den Startbildschirm von *CorelDRAW* zu gelangen.

▶ **2** Jetzt ist es ganz einfach: Zeigen Sie mit der Maus auf CORELDRAW(R) GRAPHICS SUITE 12 INSTALLIEREN, und klicken Sie darauf.

▶ **3** Das Installationsprogramm startet und bereitet alle weiteren Schritte vor. Sie erhalten einen Willkommensgruß, dann wird als Nächstes die Lizenzvereinbarung präsentiert. Lesen Sie diese durch, und wenn Sie damit einverstanden sind, aktivieren Sie die Option ICH AKZEPTIERE DIE BEDINGUNGEN DER LIZENZVEREINBARUNG und klicken dann auf WEITER.

▶ **4** Im folgenden Fenster werden Sie nach BENUTZERNAMEN und SERIENNUMMER gefragt. Diese finden Sie auf dem kleinen Kärtchen, das dem *DRAW*-Paket beiliegt. Tippen Sie die Buchstaben und Ziffernfolge ein, und bestätigen Sie dann wieder mit WEITER.

▶ **5** Nun gelangen Sie in das Fenster für das angepasste Setup. Hier können Sie viele Komponenten Ihres Pakets an- oder abwählen. Fürs Erste genügt es, wenn Sie die Vorgaben so belassen, wie sie sind. Benötigen Sie später eine Komponente, können Sie diese jederzeit nachinstallieren.

6 Wenn Ihr Rechner nicht mit dem Internet verbunden ist, sollten Sie das Kontrollkästchen AUTOMATISCH AUF PRODUKTUPDATES ÜBERPRÜFEN deaktivieren.

7 Nach erneutem Klick auf WEITER gelangen Sie in das Fenster, in dem Sie den Zielordner angegeben müssen. Hier muss also der Order, in dem das Programm installiert werden soll, eingestellt werden. Wenn Sie mit der Standardvorgabe einverstanden sind (was im Regelfall auch genügt), müssen Sie hier nichts unternehmen. Ansonsten öffnen Sie mithilfe der Schaltfläche ÄNDERN das Dialogfenster zur Auswahl des gewünschten Ordners.

8 Das war es dann auch schon. Ein letzter Klick, diesmal auf INSTALLIEREN, und schon geht es los.

Bis das Programm installiert ist, können Sie sich jetzt einen Kaffee oder Tee gönnen und auf das abschließende Fenster warten. In diesem werden Sie auf die Möglichkeit der Produkt-Registrierung hingewiesen. Möchten Sie das gleich vornehmen, dann müssen Sie nur auf OK klicken. Ansonsten stellen Sie einen Termin ein, an dem Sie daran erinnert werden möchten.

9 Dann ist es geschafft. Sie erhalten ein Dialogfenster, das die erfolgreiche Installation bestätigt. Das müssen Sie nur noch mit FERTIGSTELLEN schließen.

Das Programm steht nun bereit, es geht los.

2.2 CorelDRAW 12 starten

Wie jedes Programm unter *Windows* muss *CorelDRAW 12* erst einmal gestartet werden. Folgen Sie einfach den Anweisungen:

1 Klicken Sie zunächst auf die Schaltfläche START, die Sie ganz unten links – auf der so genannten Taskleiste – auf Ihrem Bildschirm finden. Wenn Sie das Programm schon einmal gestartet haben, finden Sie das Symbol zur START-Schaltfläche bereits im Menü.

2 Bewegen Sie den farbigen Balken mit der Maus auf den Eintrag ALLE PROGRAMME, neben dem sich, wie Sie vielleicht bemerkt haben, an der rechten Seite ein kleines Dreieck befindet. Sobald Sie den Balken darauf bewegt haben, klappt ein weiteres Menü aus.

3 Auf diesem suchen Sie nun den Eintrag *Corel Graphics Suite 12* und bewegen dann den Balken darauf. Es öffnet sich ein weiteres Menü, das endlich das enthält, was Sie suchen.

4 In diesem Menü suchen Sie den Eintrag *CorelDRAW 12 und* klicken einmal darauf. Lassen Sie sich nicht verwirren. Jedes *Windows*-System und insbesondere die Anordnung der Programme kann anders aussehen.

Wie Sie festgestellt haben, habe ich auf meinem Computer *Windows XP* installiert. Dementsprechend haben alle Fotos in diesem Buch das entsprechende Aussehen. *CorelDRAW 12* läuft auch auf *Windows 2000* oder der *Windows Tablet PC Edition*. Es spielt aber für das Arbeiten mit *CorelDRAW* keine Rolle, welches Betriebssystem Sie verwenden. Die Arbeitsschritte sind jeweils völlig identisch.

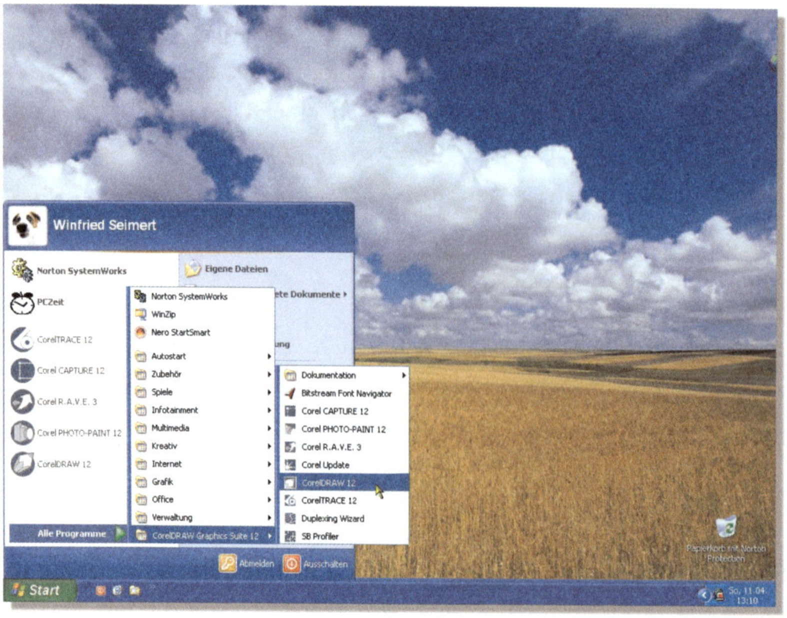

Bild 2.3 ~ Los geht's – so starten Sie *CorelDRAW 12*

Sobald Sie das Programm angeklickt haben, erscheint nach einer Weile der Willkommensbildschirm. Hier können Sie auswählen, ob Sie eine neue Grafik erstellen möchten, doch lieber auf die zuletzt geöffnete Datei zurückgreifen, oder eine andere Grafik öffnen.

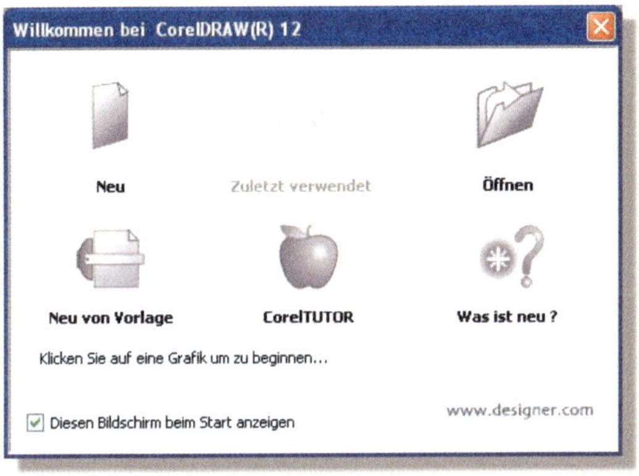

Bild 2.4 ~ Was möchten Sie jetzt anstellen?

▶ Wenn Sie Umsteiger von einer Vorgängerversion sind, können Sie mit einem Klick auf WAS IST NEU ? erfahren, was die neue Version für Sie an Überraschungen bereithält. Wenn Sie einen Privatlehrer wünschen, rufen Sie den *CorelTutor* auf, woraufhin das eingebaute Lernprogramm startet. Schließlich könnten Sie eine Grafik, basierend auf einer Vorlage, erstellen, wenn Sie auf das entsprechende Symbol (NEU VON VORLAGE) klicken.

Ganz unten finden Sie das Kontrollkästchen DIESEN BILDSCHIRM BEIM START ANZEIGEN. Lassen Sie es angehakt, da das Starten über diese Einstellung, wie Sie beim häufigen Arbeiten mit *CorelDRAW 12* sehen werden, sehr praktisch ist.

2.3 Die Oberfläche

▶ So, jetzt sind Sie bereit. Sie sollten erst einmal *CorelDRAW* näher kennen lernen. Klicken Sie auf NEU.

Das Fenster wird daraufhin geschlossen, nach wenigen Sekunden baut sich das Programmfenster, wie in der folgenden Abbildung ersichtlich, vor Ihnen auf.

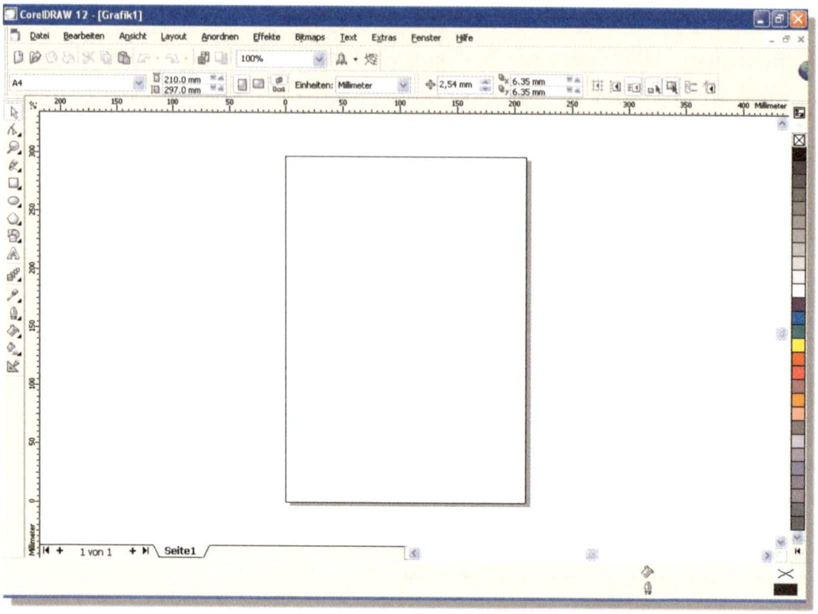

Bild 2.5 ~ *CorelDRAW 12* in voller Pracht

Ganz schön viel auf einmal!

Das Wichtigste ist zunächst einmal die große weiße Fläche, die Sie in der Mitte sehen. Das ist Ihr »Blatt«, auf dem Sie die Grafiken anlegen. Es ist also die Fläche, auf der Sie später zeichnen werden. Alle Objekte, die sich auf diesem Blatt befinden, werden dann auch ausgedruckt. Auf dem Bereich außerhalb der Zeichenfläche, der so genannten Arbeitsfläche, können Sie zwar auch Objekte erstellen und vor allem ablegen, jedoch erscheinen diese dann im Ausdruck nicht. Diese praktische Einrichtung kennen Sie von Ihrem Schreibtisch her. Wenn Sie einen Stift nicht mehr zum Schreiben benötigen, legen Sie ihn einfach auf dem Schreibtisch ab und greifen zu einem anderen.

Doch betrachten wir uns jetzt einmal die weiteren Elemente auf dem Schirm:

Die Programmtitelleiste

Ganz oben im Programmfenster von *CorelDRAW* finden Sie die so genannte Programmtitelleiste. Diese zeigt in jeder *Windows*-Anwendung den Namen des Programms, und dann, getrennt durch einen Bindestrich, den Namen des aktuell bearbeiteten Dokuments, also der Datei, in eckigen Klammern an.

Bild 2.6 ~ Die Programmtitelleiste enthält wichtige Informationen

Wie Sie sehen, lautet der Name der Datei in der Abbildung *[Grafik1]*. Das liegt daran, dass Sie ja gerade erst *CorelDRAW* geladen und bisher noch nicht abgespeichert haben. Das Programm benennt alle Dateien standardmäßig so und nummeriert sie dann einfach durch.

Ganz links erkennen Sie übrigens das Programmlogo. Wenn Sie auf diese Schaltfläche klicken, finden Sie das Systemmenüfeld, das alle Funktionen für das gesamte Programmfenster beinhaltet.

Sicherlich sind Ihnen schon die drei Schaltflächen am rechten Rand der Programmtitelleiste aufgefallen. Mit diesen können Sie

das Fenster minimieren,

zwischen den Fenstereinstellungen hin- und herschalten, oder auch

das Fenster auf volle Bildschirmgröße bringen.

Diese letzte Einstellung ist sicherlich die praktikabelste. *CorelDRAW* verfügt – wie Sie gesehen haben – über eine Menge an Leisten und Symbolen, die die Arbeitsfläche erheblich einengen. In dieser Ansicht nutzen Sie aber jeden Winkel des Bildschirms aus, was Sie bald zu schätzen wissen.

Dann gibt es noch die Schaltfläche FENSTER SCHLIESSEN, mit der Sie das Programm beenden können.

Ein Klick darauf sollte wohl bedacht sein, denn wer zu früh die Arbeit am PC beendet, der wird mit Dateiverlust bestraft. Im nächsten Kapitel werden Sie sehen, wie Sie diesen wohl am häufigsten vorkommenden Fehler am Computer meistern können.

Die Menüleiste

Unterhalb der Programmtitelleiste finden Sie die Menüleiste.

Bild 2.7 ~ Menüleiste

Hier werden die verschiedenen Funktionen des Programms in elf Menüs zusammengefasst.

Um eines dieser Menüs zu öffnen, klicken Sie einfach auf die Bezeichnung in dieser Leiste: Schon öffnet sich das dazugehörige Menü. Wenn Sie beispielsweise das Menü DATEI wählen, öffnet sich ein umfangreiches Menü.

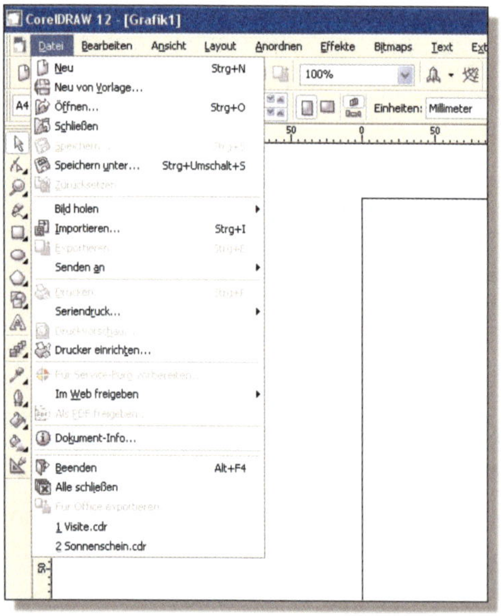

Bild 2.8 ~ Ganz schön umfangreich

Wenn Sie das einmal näher betrachten, dann werden Ihnen sicherlich einige Besonderheiten auffallen:

- Menüs, die einfach nur aus dem Befehl selbst bestehen und der bei Auswahl sofort ausgeführt wird.

- Menüs mit drei Auslassungspunkten. Diese zeigen Ihnen an, dass sich beim Anklicken ein Dialogfeld öffnet, in dem Sie bestimmte Eingaben tätigen müssen und

- Menüs mit kleinen Dreiecken am rechten Rand. Diese putzigen Dreiecke kennen Sie ja schon vom Start-Menü her und wissen, dass sich da ein weiteres Untermenü öffnet.

Sicherlich sind Ihnen auch die »komischen« Zeichen, wie Strg + N, am rechten Rand bei manchen Befehlen aufgefallen. Dahinter verbergen sich lediglich die Tastenkombinationen, mit denen Sie den Befehl alternativ ausführen könnten. Möchten Sie etwa ein neues Zeichenblatt anlegen, so können Sie natürlich die Menüreihenfolge DATEI / NEU aktivieren. Schneller geht es aber oft über die Tastatur. In dem Fall müssen Sie dann lediglich die Tastenkombination Strg+N betätigen.

Um ein geöffnetes Menü zu schließen, genügt es, erneut auf den Menüeintrag oder einfach auf die Arbeitsfläche zu klicken. Schneller geht es auch hier über die Tastatur, indem Sie die Esc-Taste betätigen.

Die Symbolleiste

Betrachten Sie jetzt die Leiste darunter. Sie wird Symbolleiste, ganz genau Standard-Symbolleiste genannt.

Bild 2.9 ~ Standard-Symbolleiste

Hier finden Sie die am häufigsten benötigten Funktionen des Programms. Ein Mausklick auf das entsprechende Symbol – schon wird die Funktion ausgeführt oder ein Fenster eingeblendet, das Ihnen weitere Anweisungen gibt bzw. von Ihnen ein paar Angaben verlangt.

Am Anfang werden Sie Mühe haben, die ganzen Schaltflächen auseinander zu halten. Doch es gibt eine kleine Hilfe. Schieben Sie einmal Ihren Mauszeiger über eine der Schaltflächen, und warten Sie zwei Sekunden. Es erscheint ein kleiner gelber Hinweis, das so genannte *QuickInfo*. Dies zeigt Ihnen immer, was sich hinter der Schaltfläche verbirgt.

Verschobene Leisten wieder anordnen

Des Weiteren kann man sich am Anfang ganz schön erschrecken, wenn man – aus Versehen und ungewollt – eine Symbolleiste aus dem Verbund löst. Das liegt daran, dass die Leisten, also etwa die Menüleiste, gar nicht fest verankert sind, sondern sich verschieben lassen.

Hier können Sie schnell wieder für Ordnung sorgen. Betrachten Sie eine solche Symbolleiste einmal genauer. Auf der linken Seite werden Sie sicherlich einen vertikalen Doppelstrich entdecken.

1 Bewegen Sie Ihren Mauszeiger auf diesen Strich.

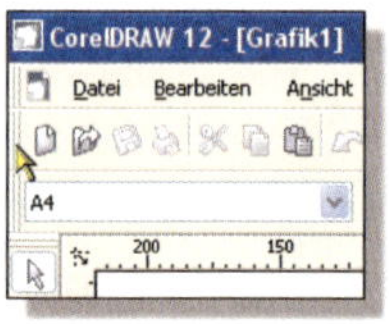

Bild 2.10 ~ Die Anfasspunkte werden durch zwei senkrechte Linien dargestellt

2 Klicken Sie darauf, und halten Sie dann die Maustaste gedrückt. Nun ziehen Sie die Leiste nach unten in die Arbeitsfläche. Dann »schwebt« sie allein im Arbeitsbereich und kann beliebig verschoben werden. Dazu müssen Sie lediglich auf die Titelleiste klicken und sie bei gedrückter Maustaste an einen Ort Ihrer Wahl verschieben. Aber Achtung, wenn Sie dabei dem Bildschirmrand zu nahe kommen, wird sie wie von einem Magneten angezogen.

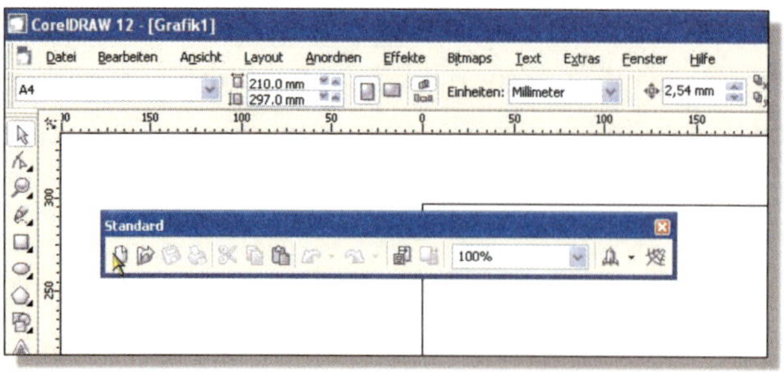

Bild 2.11 ~ Eine »frei schwebende« Symbolleiste

3 Möchten Sie die Leiste wieder in die ursprüngliche Position zurückbringen, schieben Sie sie an den linken Rand unterhalb der Menüleiste. Dort rastet sie ein.

Noch schneller geht es mit einem Doppelklick auf die Titelleiste. In diesem Fall befördern Sie die Leiste umgehend an die Position zurück, von der Sie sie »abgerissen« haben.

Verschwundene Symbolleisten wieder einblenden

Es ist schon manchmal verhext mit den Symbolleisten. Nicht nur, dass man sie »abreißen« kann, nein, sie »verschwinden« auch einfach.

Dummerweise hat eine herausgezogene Symbolleiste ein Schließfeld – das zieht einen magisch an, nicht wahr? Jedenfalls wird nach einem Klick darauf die Leiste nicht mehr angezeigt.

Wenn Sie eine so verschwundene Leiste wieder einstellen wollen, klicken Sie einfach mit der rechten Maustaste auf eine andere.

Achten Sie aber darauf, dass Sie auf keine der Schaltflächen klicken. Es klappt dann ein Kontextmenü aus. Diese Menüs stehen immer in direktem Zusammenhang mit der momentanen Aktion. Je nachdem, welches Objekt oder welchen Bildschirmbereich Sie anklicken, ändert sich deren Aussehen. Sie erhalten so schnellen Zugriff auf die gerade benötigte Aktion, ohne den Umweg über die Symbol- oder Menüleiste nehmen zu müssen.

Um dieses Problem zu beheben, müssen Sie nur mit einem weiteren Klick die fehlende Symbolleiste mit einem Häkchen versehen – schon ist sie wieder sichtbar.

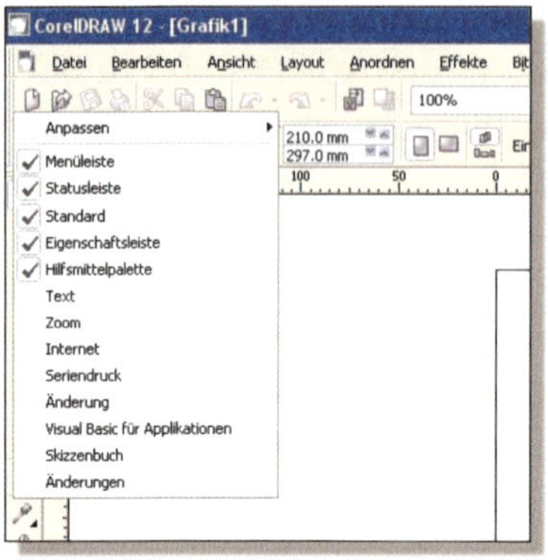

Bild 2.12 ~ So erhalten Sie eine verschwundene Leiste zurück

Die Hilfsmittelpalette

Auf der linken Seite des Fensters wird Ihnen sicherlich schon eine weitere Leiste aufgefallen sein. Es ist die so genannte Hilfsmittelpalette. Sie enthält die verschiedenen Werkzeuge, die Sie zum Gestalten Ihrer Grafiken benötigen. Deswegen wird sie auch Werkzeugleiste genannt. Jedem der verschiedenen Werkzeuge ist dabei ein Symbol zugeordnet. Die Werkzeuge selbst aktivieren Sie durch einfachen Mausklick darauf.

Sicherlich sind Ihnen auch schon die kleinen Dreiecke am rechten unteren Rand einiger Hilfsmittelsymbole aufgefallen. Klicken Sie doch einmal ein solches Symbol an. Sofort öffnet sich ein so genanntes Flyout-Menü, das weitere Hilfsmittel enthält. *CorelDRAW* verfügt nämlich über so viele Werkzeuge, das sie aus Platzmangel nicht alle gleichzeitig angezeigt werden können.

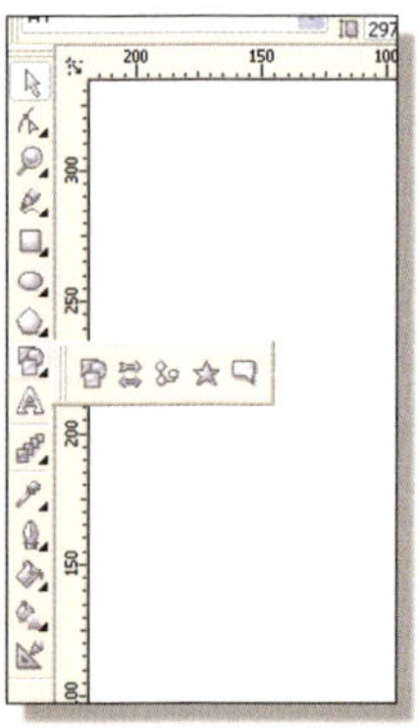

Bild 2.13 ~ Die Hilfsmittelpalette verfügt über eine große Anzahl so genannter Flyout-Menüs

▶ Wenn Sie es wünschen, können Sie diese Flyout-Menüs übrigens auch dauerhaft auf dem Bildschirm platzieren. Das bewerkstelligen Sie wieder mit den beiden vertikalen Strichen am Leistenanfang. Klicken Sie einfach darauf, und ziehen Sie das Menü in den Arbeitsbereich.

Anders als bei den Leisten können Sie diese Menüs mit einem Klick auf das Schließfeld beenden und müssen sie nicht wieder andocken. Sie werden automatisch wieder sichtbar, wenn Sie auf das kleine Dreieck klicken.

Die Eigenschaftsleiste

Von zentraler Bedeutung bei *CorelDRAW* ist die Eigenschaftsleiste. Sie finden sie unterhalb der Symbolleiste.

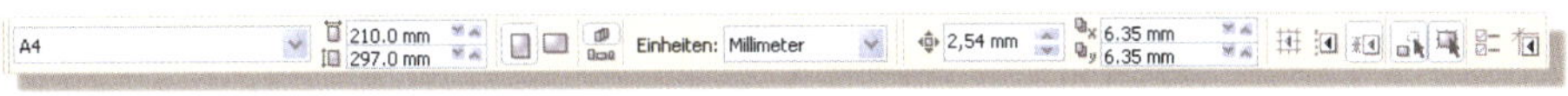

Bild 2.14 ~ Spielt eine zentrale Rolle: die Eigenschaftsleiste

Wie Sie vielleicht schon beim Ausprobieren des einen oder anderen Werkzeugs gemerkt haben, verändert sich der Leisteninhalt. Man nennt das »kontextsensitiv«. Sie werden diese Funktion sehr schätzen lernen. Mithilfe ihrer Funktionen können Sie die verschiedenen Objekte sehr schnell und vor allem exakt bearbeiten.

Die Lineale

Zwischen den Symbolleisten und der Arbeitsfläche befinden sich oben und auf der linken Seite zwei Linealleisten. Diese helfen Ihnen bei der Erstellung und Positionierung von Objekten.

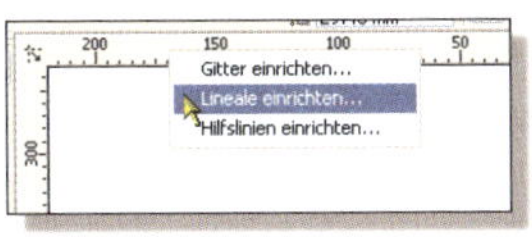

Bild 2.15 ~ Lineale einrichten

1 Sicherlich ist Ihnen eine Angabe in Millimetern vertrauter als in Punkten oder Pixeln. Sollten die Angaben auf Ihrem System nicht in Millimeter sein, können Sie dies schnell ändern. Klicken Sie dazu mit der rechten Maustaste auf das Lineal, und wählen Sie aus dem Kontextmenü den Eintrag LINEALE EINRICHTEN.

Es erscheint ein sehr umfangreiches Dialogfeld.

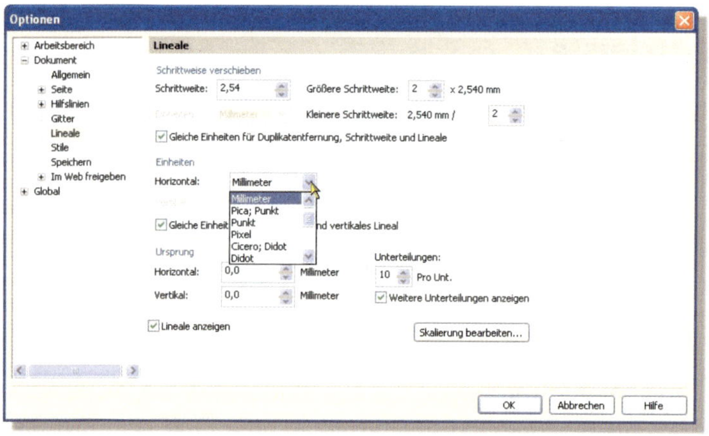

Bild 2.16 ~ Stellen Sie die Lineale nach Ihren persönlichen Bedürfnissen ein

2 Sie müssen lediglich im Rahmen EINHEITEN nach der Bezeichnung HORIZONTAL suchen und dann auf den kleinen, nach unten weisenden Pfeil klicken. Dort finden Sie mit Sicherheit die Angabe MILLIMETER, die Sie nun nur noch anklicken müssen. Achten Sie auch darauf, dass das Kontrollkästchen GLEICHE EINHEITEN FÜR HORIZONTALES UND VERTIKALES LINEAL aktiviert ist. So verwenden beide Lineale dieselben Maßeinheiten. Dann können Sie beherzt auf die Schaltfläche OK klicken. Ab sofort werden Ihre Objekte millimetergenau ausgerichtet.

Die Farbpalette

Bestimmt haben Sie sie schon ausgemacht: die Farbpalette am rechten Rand des Fensters. Sie zeigt Ihnen standardmäßig Farben der aktuellen Farbpalette in kleinen Quadraten an. Mit den beiden Pfeiltasten am oberen und unteren Rand können Sie durch die Farben »blättern«.

Wenn Sie auf den nach links weisenden Pfeil am unteren Rand der Palette klicken, werden Ihnen alle Farben angezeigt.

Die beiden Kästchen links oben haben übrigens eine besondere Bedeutung. Mit einem Klick auf das erste erhalten Sie Zugang zu den vielfältigen Einstellungsmöglichkeiten, mit Klick auf das Kästchen mit dem X entfernen Sie die aktuelle Füllfarbe.

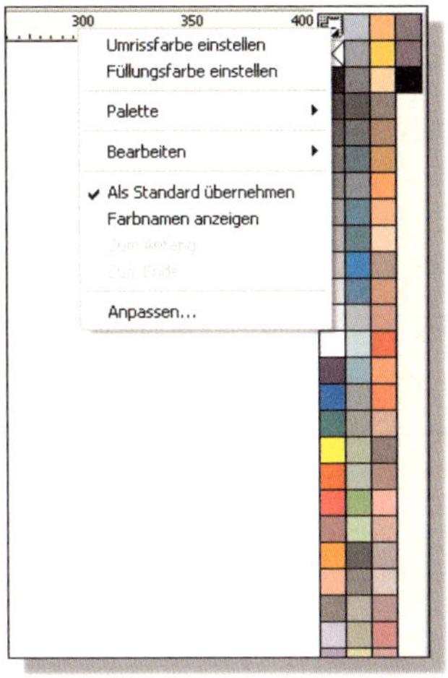

Bild 2.17 ~ Die ausgeklappte Farbpalette mit ihren Einstellungsoptionen

Die Farbpalette können Sie wie alle anderen Leisten »herausziehen«, was beim Arbeiten praktisch ist, weil Sie so mit der Maus keine weiten Wege zurücklegen müssen.

Der Seitenzähler

CorelDRAW, das werden Sie noch sehen, bietet Ihnen die Möglichkeit, mehrseitige Publikationen zu erstellen. In diesem Fall benötigen Sie den Seitenzähler am unteren linken Rand der Zeichenfläche.

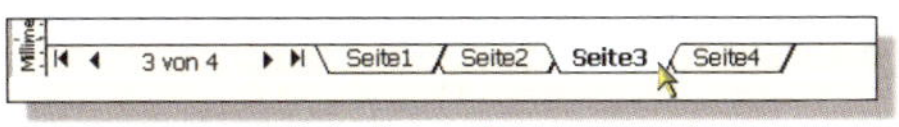

Bild 2.18 ~ Der Seitenzähler

Mit seiner Hilfe können Sie sich die einzelnen Seiten anzeigen und weitere Seiten in Ihr Dokument einfügen lassen.

Die Bildlaufleisten

Auf der rechten sowie der unteren Seite sehen Sie die so genannten Bildlaufleisten. Damit können Sie den sichtbaren Bereich der Arbeitsfläche so verschieben, dass Sie alles optimal sehen.

Bild 2.19 ~ Die horizontale Bildlaufleiste

Die Statusleiste

Schließlich gibt es noch die Statusleiste, die Sie ganz unten am Fensterrand finden. In ihr werden Ihnen zahlreiche Informationen, wie etwa die Koordinaten des Mauszeigers, sowie Informationen zum gerade ausgewählten Objekt und der gerade ausgeführten Aktion, angezeigt.

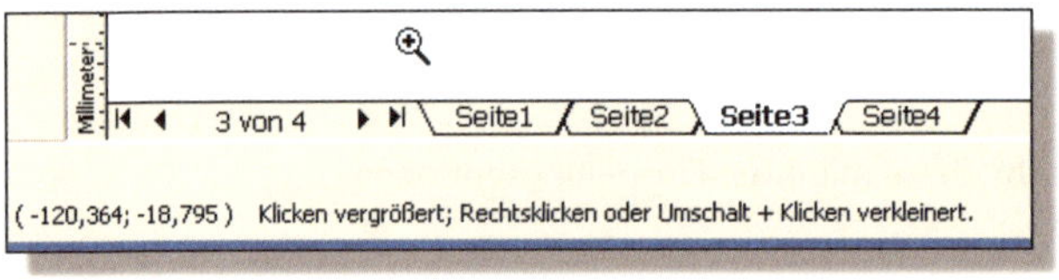

Bild 2.20 ~ Eine wahre Fundgrube, diese Statusleiste (hier: die Lupe)

Beispielsweise können Sie so bei aktiviertem Lupenwerkzeug ablesen, dass ein (Links-) Klick die Ansicht vergrößert, ein Rechtsklick dagegen genau das Gegenteil bewirkt. Gerade am Anfang sollten Sie deshalb immer mal wieder einen Blick auf die Leiste werfen. Sie werden sicherlich interessante Hinweise zu dem einen oder anderen Werkzeug erhalten.

Das Andock-Fenster

Das Andock-Fenster bietet raschen Zugriff auf eine Reihe von Funktionen.

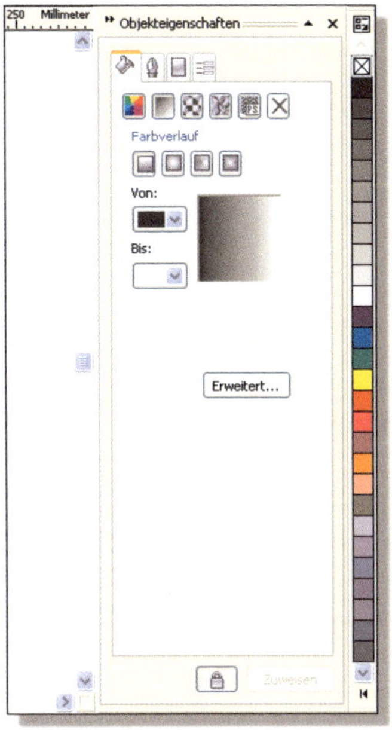

Bild 2.21 ~ Alles auf einem Blick: Andock-Fenster

Am oberen Rand des Fensters finden Sie zwei Symbole zum Schließen. Ein Klick auf das innere Symbol schließt das aktive Andockfenster, das äußere dagegen die gesamte Andock-Fenstergruppe.

Bild 2.22 ~ Die Andockfenster-Gruppe kann komplett geschlossen werden

Möchten Sie ein Andock-Fenster nicht schließen, sondern nur ausblenden, können Sie es durch einen Klick auf den Doppelpfeil am linken Rand des Fensters zusammengerollt an der Seite ablegen. Der Pfeil ändert dann seine Richtung, als Zeichen dafür, dass Sie das Fenster an der Stelle wieder einblenden können.

Zudem können Sie mehrere Andock-Fenster geöffnet haben. Diese werden dann, ähnlich Registerkarten, die Sie vermutlich aus vielen *Windows*-Fenstern kennen, übereinander dargestellt.

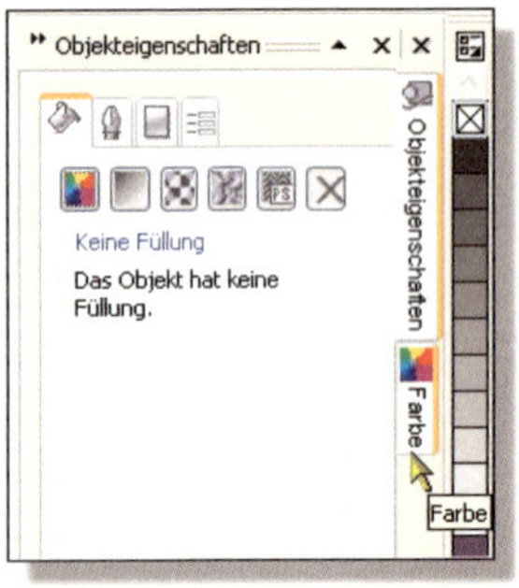

Bild 2.23 ~ Ein ausgeblendetes Andockfenster FARBE mit einem Klick öffnen

> Sie müssen nur auf das Fenster klicken, das Sie im Vordergrund sehen wollen.

2.4 Alles Ansichtssache ...

Bevor es richtig mit der Anwendung des Programms losgeht, hier noch einige Erläuterungen zu den verschiedenen Darstellungsmodi:

Grafiken werden in *CorelDRAW* in unterschiedlicher Weise am Bildschirm dargestellt. So verfügt das Programm über fünf Ansichten, die die Ansichtsqualität, also die Art und Weise, wie Objekte in einer Zeichnung dargestellt werden, ändern.

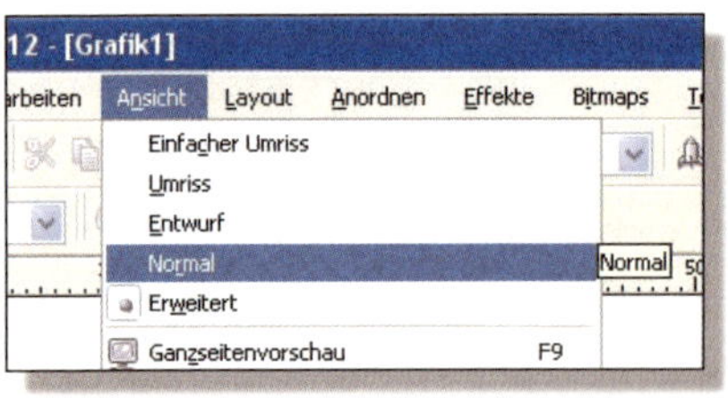

Bild 2.24 ~ Auswahl der verschiedenen Ansichten

Über das Menü ANSICHT können Sie folgende Ansichten einstellen:

- EINFACHER UMRISS: In dieser Ansicht werden nur die Umrisse der Objekte angezeigt. Es werden keine Extrusionen, Konturen oder Überblendschritte gezeigt. Was das ist, lesen Sie in Kapitel 8.
- UMRISS: Hier werden die Füllungen, Extrusionen, Konturen und Zwischenformen der Überblendung ausgeblendet.
- ENTWURF: Die Objekte werden in Entwurfsqualität angezeigt, d.h. gleichmäßige Füllungen und Bitmaps werden mit niedriger Auflösung dargestellt.
- NORMAL: Das ist die Standardeinstellung. Alle Füllungen (außer PostScript-Füllungen) und Bitmaps werden so dargestellt, wie sie auch gedruckt werden.

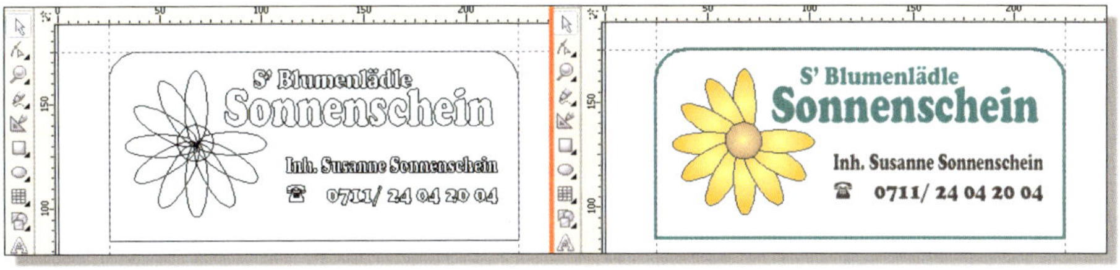

Bild 2.25 ~ Das Logo aus Kapitel 4 links im Umriss – und rechts im Normalmodus

- ERWEITERT: Diese Ansicht bietet Ihnen zwar die bestmögliche Darstellungsqualität, ist aber wegen des eminenten Leistungshungers nur für schnellste Rechner zu empfehlen.

In *CorelDRAW 12* gibt es noch eine weitere Ansicht: die Seitensortierungs-Ansicht. Was das ist, erfahren Sie in Kapitel 8.

Erste Schritte

Nachdem Sie nun fast schon mit dem Programm vertraut sind, möchten Sie bestimmt gleich damit loslegen. Deshalb erfahren Sie in diesem Kapitel,

- *wie Sie eine kleine Grafik gestalten,*
- *einen kurzen Text eingeben,*
- *wie und warum Sie Ihre Arbeiten speichern sollten,*
- *wie Sie sie zu Papier bringen und*
- *wie Sie **CorelDRAW 12** beenden.*

3.1 Eine Grafik mit CorelDRAW 12 gestalten

Entwerfen Sie ein Plakat für einen fiktiven Blumenladen! Sie werden überrascht sein, wie echt einfach das geht.

Neue Datei anlegen

Eine neue Datei können Sie gleich beim Start über den Eingangsdialog, oder über die Tastenfolge Strg+N oder aber über Menü DATEI / NEU anlegen.

Sie erhalten ein neues, leeres Blatt. Zudem erkennen Sie die neue Datei daran, dass in der Titelleiste der Name [GRAFIK] mit einer fortlaufenden Nummerierung erscheint.

Seitenformat einrichten

Plakate druckt man am besten im Querformat aus, damit man möglichst große Buchstaben verwenden kann.

Dazu benötigen Sie lediglich die Eigenschaftsleiste. Schauen Sie sich diese einmal näher an. Im vorderen Bereich finden Sie alles, was Sie benötigen.

Wenn Sie ein neues Dokument erstellen, zeigt die Eigenschaftsleiste gleich die abgebildeten Werte an. Möchten Sie diese später ändern, müssen Sie darauf achten, dass kein Objekt auf der Zeichenfläche markiert ist.

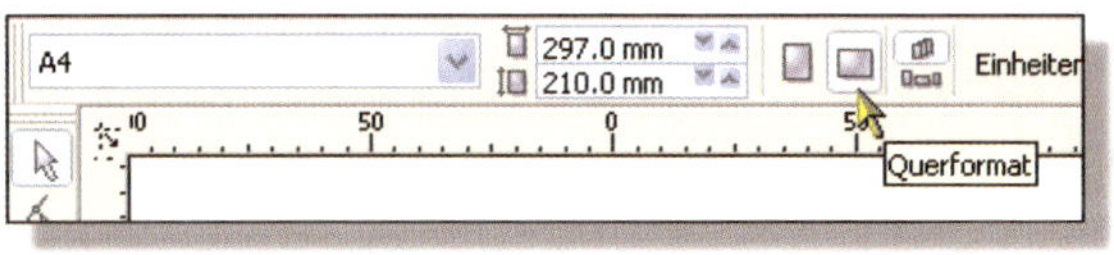

Bild 3.1 ~ Einstellen des Formats (hier: Querformat)

1 Um dem Dokument ein bestimmtes Format zuzuweisen, klicken Sie auf den nach unten weisenden Pfeil am Listenfeld PAPIERTYP/GRÖSSE. Da Sie wahrscheinlich einen normalen Tischdrucker, also einen Tintenstrahl- oder Laserdrucker von nicht gerade bombastischem Umfang verwenden, und Sie auch das Plakat nicht noch zusätzlich zuschneiden wollen, müssen Sie an der Grundeinstellung A4 nichts ändern.

2 Das Plakat soll aber im Querformat ausgedruckt werden, deswegen müssen Sie einmal auf die gleichnamige Schaltfläche klicken – das war es dann auch schon.

So, jetzt können wir uns an die Eingabe des Textes machen!

Text eingeben

Wenn Sie bereits mit einer Textverarbeitung, beispielsweise mit *Microsoft Word,* gearbeitet haben, werden Ihnen die folgenden Schritte teilweise sehr bekannt vorkommen.

Zwei verschiedene Textarten

Trotzdem muss ich eine Kleinigkeit vorausschicken, denn in *CorelDRAW* gibt es zwei Arten von Textobjekten:

- Grafiktext: Der Grafiktext ist ein grafisches Objekt und kann daher wie eine Grafik bearbeitet werden. Dieser Textart können Sie beispielsweise Spezialeffekte wie Schatten zuweisen. Sie erkennen diese Art von Text an den acht kleinen schwarzen Anfasspunkten (die kleinen schwarzen Quadrate), die ihn umgeben, wenn Sie ihn anklicken.

Bild 3.2 ~ Ein Grafiktextobjekt

- Mengentext: Den Mengentext können Sie mit dem Fließtext aus Ihrem Textverarbeitungsprogramm vergleichen. Er lässt sich nicht so gut grafisch verarbeiten, sondern ist mehr für längere Textabschnitte gedacht, die Sie entsprechend Ihren Vorstellungen formatieren können. Diese Textart setzt man vornehmlich bei der Gestaltung von Broschüren ein, denn sie erlaubt Ihnen nahezu alle gängigen Formatierungsarten der Zeichen- oder Absatzformatierung. Optisch erkennen Sie den Mengentext daran, dass er nur an den Ecken über Anfasspunkte verfügt. Die beiden Symbole in der Mitte am oberen und unteren Rand dienen zur Textverknüpfung.

Bild 3.3 ~ Ein Mengentextobjekt

Grafiktextobjekt erzeugen

Zunächst soll eine große Überschrift angelegt werden, die auf das Sonderangebot aufmerksam macht.

1 Klicken Sie dazu auf das Hilfsmittel TEXT, um es zu aktivieren. Mit

diesem Werkzeug können Sie an jeder beliebigen Stelle Texte eingeben. Schneller geht es, wenn Sie die F8-Taste drücken.

Wenn Sie jetzt den Mauszeiger über den Arbeitsbereich »fahren«, fällt Ihnen sicherlich auf, dass er sich in ein Fadenkreuz verwandelt hat. Zusätzlich wird auf der rechten unteren Seite ein »A« angezeigt.

2 Bewegen Sie den Mauszeiger an die Stelle, an der Sie den Text einfügen wollen, und klicken Sie einmal, um die Eingabemarke zu positionieren.

3 Geben Sie dann das folgende Wort ein:

```
Sonderangebot
```

Während Sie schreiben, bemerken Sie, dass der Rahmen um den Text automatisch vergrößert wird. Das ist gut so.

Sie haben sich vertippt?

Kein Problem. Auch hier funktioniert es wie bei einer Textverarbeitung. Mit der [←]-Taste können Sie die Zeichen links der Einfügemarke nacheinander entfernen. Soll es in die andere Richtung gehen, nehmen Sie die [Entf]-Taste.

Wenn Sie die [↵]-Taste betätigen, erhalten Sie wie bei Ihrer Textverarbeitung einen Zeilenumbruch und somit eine neue Zeile. Wie verlassen Sie denn nun die Texteingabe?

Das geht so:

- Entweder, Sie klicken mit der Maus auf diesen Text, damit die acht schwarzen Quadrate sichtbar werden und Sie die Formatierung über die Eigenschaftsleiste ändern können, oder Sie verändern die Textlage durch einfaches Ziehen mit der Maus.

- Sie können aber auch ganz einfach ein anderes Werkzeug auf der Hilfsmittelpalette anwählen.

> Grundsätzlich kann man zu dem vorherigen Werkzeug durch Drücken der [Strg]+[Leer]-Tasten zurückkehren.

So, das wäre geschafft.

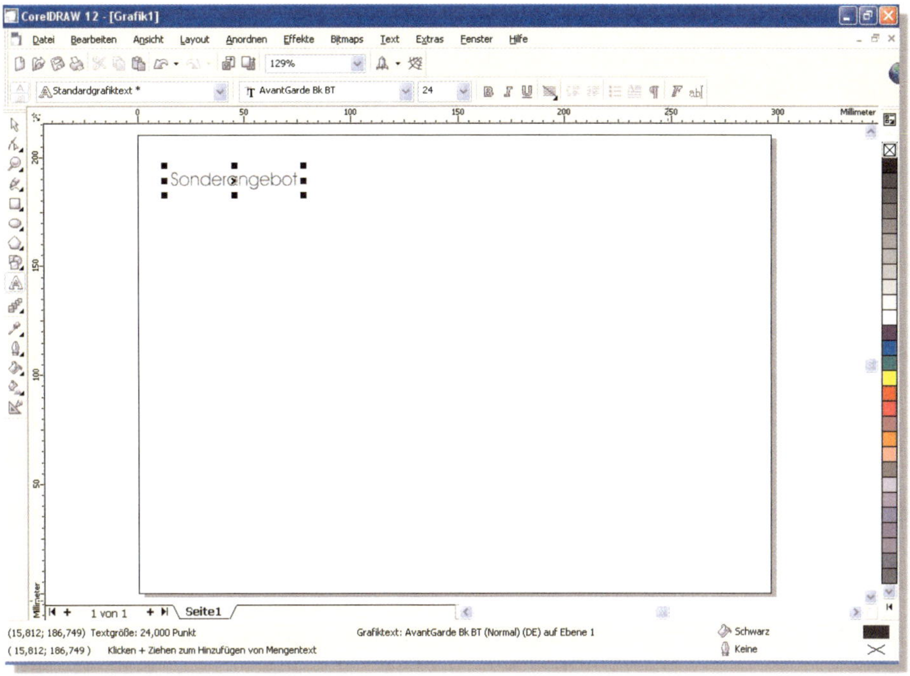

Bild 3.4 ~ Na ja, ein großes Angebot ist das noch nicht! ☺

Aber so besonders eindrucksvoll sieht der Text nun nicht aus, denken Sie bestimmt. Irgendwie ist das noch recht klein. Keine Sorge, das wird besser.

Grafiktext bearbeiten

Einer der Vorteile von Grafiktext ist, dass man ihn ganz einfach mit der Maus in eine beliebige Größe skalieren kann. Damit das Sonderangebot auch ein richtiger Blickfang wird, muss der Text viel größer werden.

1 Bewegen Sie dazu den Mauszeiger auf einen der Anfasspunkte am Eck. Es bietet sich hier der rechte, untere Anfasspunkt an.

Achten Sie beim Verändern eines Grafiktextes darauf, dass Sie einen der Eckpunkte verwenden. Wenn Sie nämlich einen der Haltepunkte nehmen, die sich zwischen den Eckpunkten befinden, dann wird die Schrift gedehnt oder gestaucht. Das sieht selten hübsch aus!

Führen Sie den Schritt aus, werden Sie bemerken, dass sich das Aussehen des Mauszeigers zu einem Doppelpfeil ändert. Das ist die Position, die Sie benötigen.

▶ 2 Klicken Sie nun mit der Maustaste, halten Sie sie gedrückt, und ziehen Sie den Text auf die gewünschte Größe. Dort lassen Sie die Maustaste los.

Wie Sie sehen, verändert sich die Größe des Grafiktextes, genauer, dessen Schriftgröße, in dem Maß, in dem Sie den Eckpunkt ziehen. Das ist praktisch wie einfach zugleich.

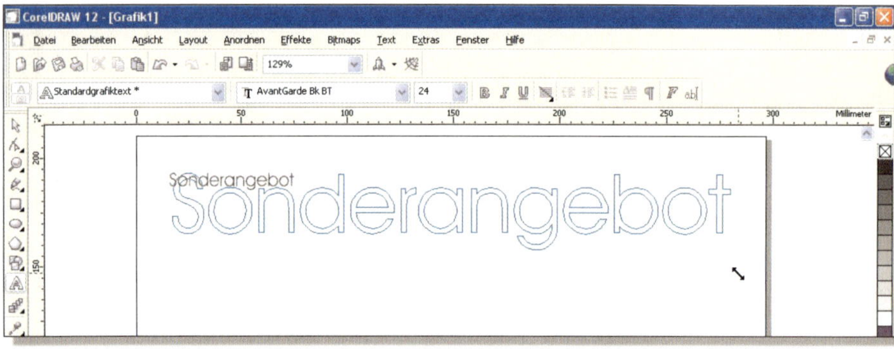

Bild 3.5 ~ Grafiktext skalieren (Aufnahme während des Ziehens, klein vorher, groß nachher)

Nun besitzt der Schriftzug schon die richtige Größe, aber so richtig gut sieht er noch nicht aus. Wie wäre es mit einer anderen Schriftart?

▶ 3 Vorweg sei angemerkt, dass Sie die Buchstaben nicht wie bei der

Textverarbeitung markieren müssen. Es genügt, das Textobjekt mit dem AUSWAHL-Hilfsmittel zu markieren.

Beobachten Sie dabei einmal die Eigenschaftsleiste. Sie verändert ihr Aussehen beim Anklicken.

Bild 3.6 ~ Die Eigenschaftsleiste passt ihr Aussehen dem markierten Objekt an

4 Die Schriftart können Sie nun recht einfach zuweisen. Klicken Sie auf den nach unten weisenden Pfeil der SCHRIFTENLISTE, öffnet sich eine enorme Schriftenliste. Bei der Anzahl kann man schon leicht den Überblick verlieren!

Doch schauen Sie, was passiert, wenn Sie den Mauszeiger auf einen Schriftnamen bewegen. Ein kleines Beispielfenster auf der rechten Seite erscheint, das Ihnen den markierten Text in der gerade ausgewählten Schriftart anzeigt.

Suchen Sie sich in dieser Liste eine passende Schriftart aus, indem Sie einmal durch das gesamte Angebot blättern.

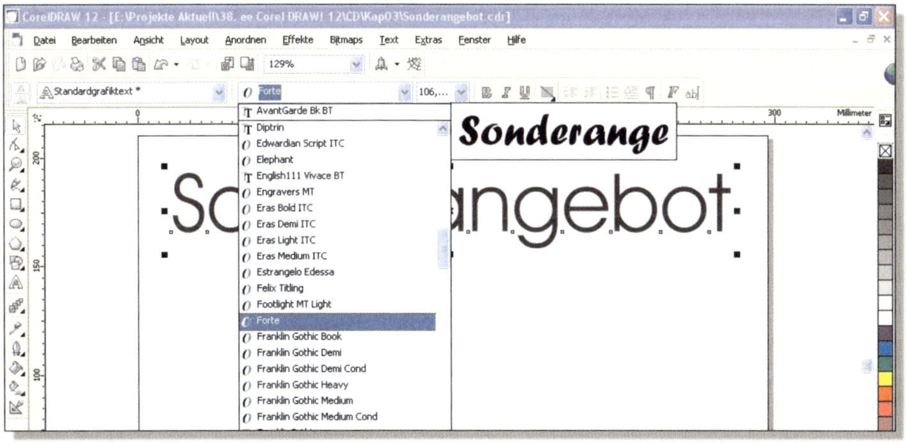

Bild 3.7 ~ Zuweisen der Schrift

Sicherlich wird Ihre Liste etwas anders aussehen als die in der Abbildung. Das liegt daran, dass man beim Installieren von *CorelDRAW* die eine oder andere Schrift zusätzlich auswählen muss.

Wenn Sie die abgebildete Schriftart *Forte* nicht finden, dann verwenden Sie einfach eine, die Ihnen gefällt. Schließlich ist es Ihr Plakat! Wenn Sie sie gefunden haben, klicken Sie einfach darauf, und schon wird der Text in dieser Schriftart dargestellt.

Ist Ihnen in der Abbildung der Strich unterhalb der ersten beiden Schriften aufgefallen? Sicherlich werden Sie nicht alle Schriften des Programms in einem Dokument verwenden. Wer macht das schon? Doch wenn Sie eine Schrift aus dem unteren Bereich der Liste zum zweiten Mal anwenden möchten, dann müssten Sie eventuell die Bildlaufleiste wieder ganz nach unten durchgehen. Das ist auf die Dauer umständlich. Deshalb listet das Programms im oberen Teil der Liste die fünf zuletzt verwendeten Schriftarten auf, sodass Sie sie schnell erneut verwenden können.

Natürlich können Sie die Schrift noch mit den üblichen Zeichenattributen fett, kursiv und unterstrichen versehen. Sie finden die dazu passenden Symbole auf der Symbolleiste.

Vielleicht wundern Sie sich bei einigen Schriften, dass Sie sie gar nicht fett oder kursiv darstellen können. Das liegt an der Schriftart. So lässt sich die Schriftart *AvantGarde Bk B*T im Nachhinein gar nicht fett formatieren, weil sie standardmäßig schon über einen fetten Schriftschnitt verfügt.

Weiteren Text eingeben

Erstellen Sie einen weiteren Text, der auf den Preis des Sonderangebots hinweist.

1 Legen Sie dazu ein zweites grafisches Textobjekt an, und geben Sie folgenden Text ein:

```
10 Rosen ↵

nur 12,– Euro
```

2 Formatieren Sie den Text in derselben Schriftart (im Beispiel mit *forte*) wie das erste Textobjekt.

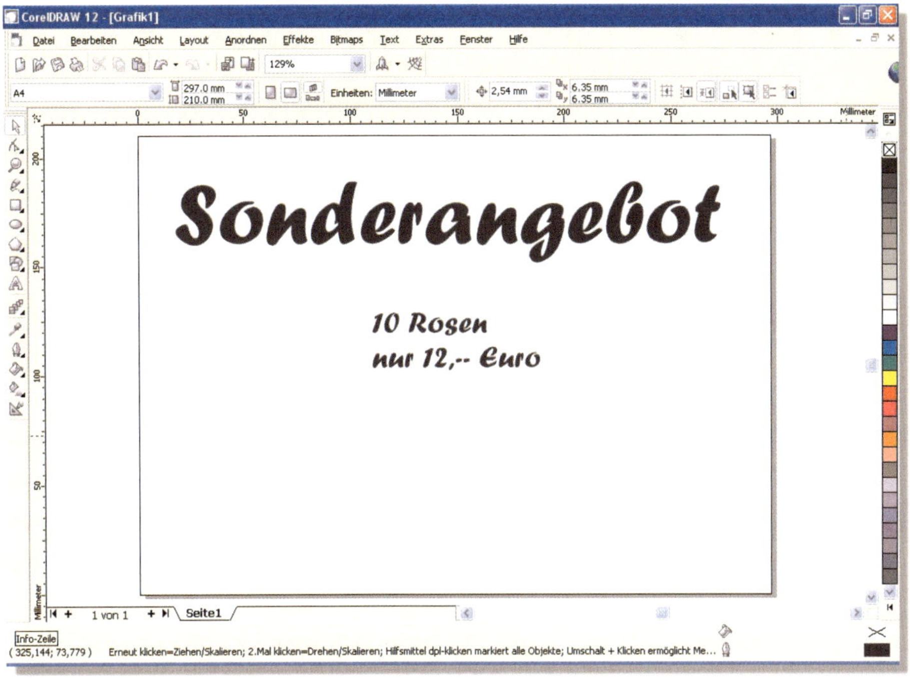

Bild 3.8 ~ Ein zweites Grafiktextobjekt

Sicherlich sind Sie auch der Meinung, dass das Textobjekt noch nicht optimal aussieht. Zunächst werden Sie es daher über die Absatzformatierung ausrichten.

Ist das zweite Textobjekt noch aktiviert? Wenn nicht, klicken Sie jetzt bitte darauf, denn wir benötigen es zur Absatzformatierung.

Betrachten Sie jetzt einmal die Eigenschaftsleiste. Die einfachen Zeichenformatierungen, also fett, kursiv und unterstrichen, haben Sie eben kennen gelernt. Direkt daneben befinden sich die Absatzformatierungen. Die kann man glatt übersehen, weil sie ein bisschen anders als bei den Textverarbeitungsprogrammen aussehen. Wenn Sie jedoch auf den kleinen nach unten weisenden Pfeil klicken, finden Sie alles, was Sie benötigen.

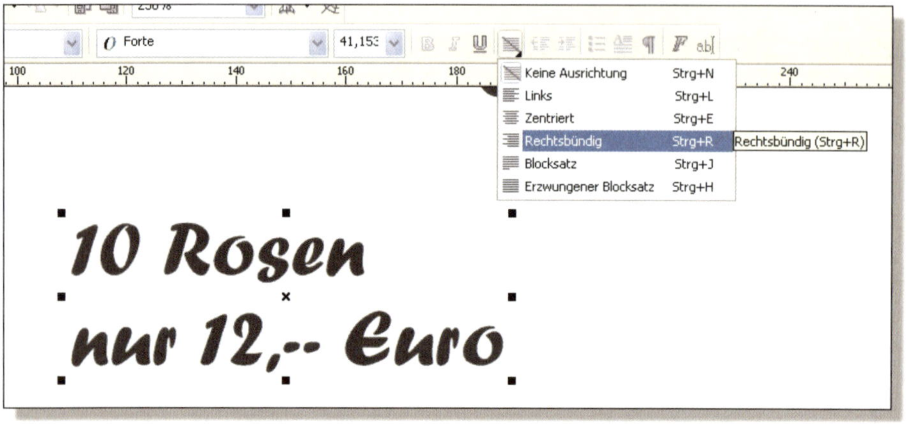

Bild 3.9 ~ Text rechtsbündig ausrichten

▶ Bewegen Sie jetzt die Markierung auf den Eintrag RECHTSBÜNDIG, und klicken Sie einmal.

Das Ergebnis ist zunächst verwirrend. Doch keine Sorge, Sie haben nichts falsch gemacht. Es liegt daran, dass *CorelDRAW* das ganze Textobjekt rechtsbündig ausrichtet.

Tippen Sie einmal auf die Leertaste, und schon können Sie das Objekt mit dem Auswahlwerkzeug an seine vorgesehene Position bringen.

Ein Objekt verschieben

Wie das geht? Stimmt, das habe ich Ihnen noch nicht verraten.

Ist das Objekt noch markiert? Wenn ja, dann sehen Sie sicherlich das kleine X in der Mitte des Textobjekts. Man bezeichnet es als Objektmittelpunkt.

▶ **1** Aktivieren Sie das AUSWAHL-Werkzeug, und setzen Sie es auf dieses

Kreuz. Wenn Sie sich über dem Kreuz befinden, nimmt der Cursor die Gestalt eines Fadenkreuzes an.

2 Klicken Sie an dieser Position mit der Maustaste. Nun können Sie das Objekt bei gedrückter linker Maustaste an die gewünschte Stelle verschieben.

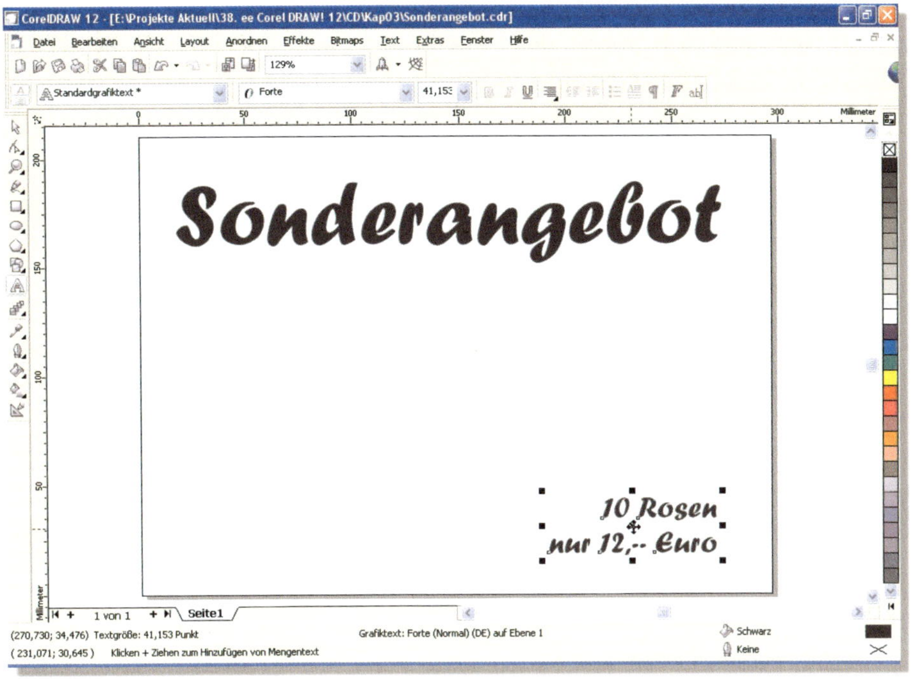

Bild 3.10 ~ Eine kleine »Schiebung« und alles ist an seinem Platz!

Wie Sie vielleicht bemerkt haben, ist das Verschieben mit der Maus »nicht so ganz ohne«. Einfacher geht es, wenn Sie markierte Objekte mit den Pfeiltasten verschieben. Leider werden dabei die Objekte standardmäßig in Schritten von 2,54 cm (das entspricht 1 Zoll) verschoben. Möchten Sie das ändern, rufen Sie über EXTRAS / OPTIONEN das gleichnamige Dialogfenster auf. Suchen Sie dort die Kategorie DOKUMENT (gegebenenfalls müssen Sie auf das Pluszeichen klicken), und markieren Sie den Punkt LINEALE. Im Feld SCHRITTWEITE tragen Sie dann am besten eine Schrittweite von 1 cm ein.

ClipArts und Fotos einfügen

So, das sieht doch schon recht gut aus! Aber ein grafisches Element fehlt, finden Sie nicht auch?

In dem großen *Corel*-Paket, das die gesamten Unterlagen zu dem Programm enthält, befinden sich neben der Installations- noch drei weitere CDs. Eine davon (die *CorelDRAW* CD2) enthält eine reichhaltige Sammlung fertiger ClipArts und Fotos. Diese sind sogar nach Themen in unterschiedlichen Ordnern zusammengefasst. Hier finden Sie zu fast jedem Bereich einen Ordner mit entsprechenden Bildern. Für unser Sonderangebot bietet sich der Ordner mit der Bezeichnung *Flowers*, Blumen, an.

ClipArt-Datei öffnen

Im Ordner *Clipart\Flowers* sehen Sie dann auch gleich einige interessante Dateien.

▶ **1** Legen Sie die CD2 ein.

▶ **2** Klicken Sie dann auf DATEI / ÖFFNEN, es erscheint das Dialogfeld ZEICHNUNG ÖFFNEN.

Beachten Sie, dass man zuerst immer den Speicherort suchen muss. Verfahren Sie also folgendermaßen:

▶ **3** Klicken Sie auf das Dreieck hinter SUCHEN IN.

▶ **4** Wählen Sie Ihr CD-ROM-/DVD-Laufwerk aus.

▶ **5** Doppelklicken Sie nun auf den Ordner CLIPART.

▶ **6** Fahren Sie mit einem Doppelklick auf den Ordner *Collection* fort.

▶ **7** Schließlich öffnen Sie mit einem Doppelklick den Ordner *Flowers*.

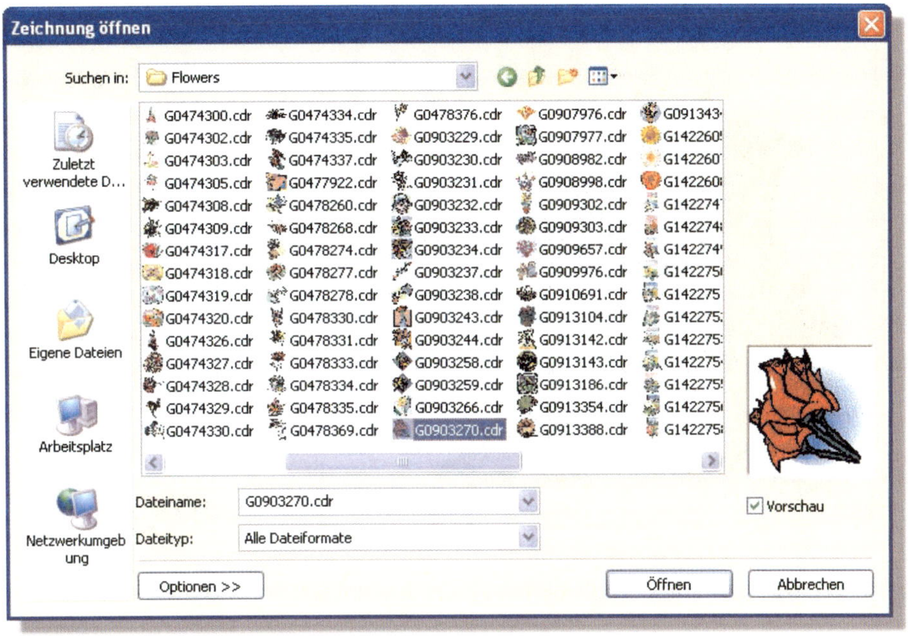

Bild 3.11 ~ Wählen Sie aus der großen Auswahl Ihren Favorit aus

▶ **8** Hier finden Sie eine Reihe an GRAFIKEN, die einen durchnummerierten Namen tragen. Aktivieren Sie das Kontrollkästchen VORSCHAU auf der rechten Seite, sodass Sie die Grafik besser erkennen können.

▶ **9** Markieren Sie nun beispielsweise die Datei *G0903270.cdr*, und

▶ **10** klicken Sie auf die Schaltfläche ÖFFNEN.

Schon entfaltet sich die Rose in voller Pracht.

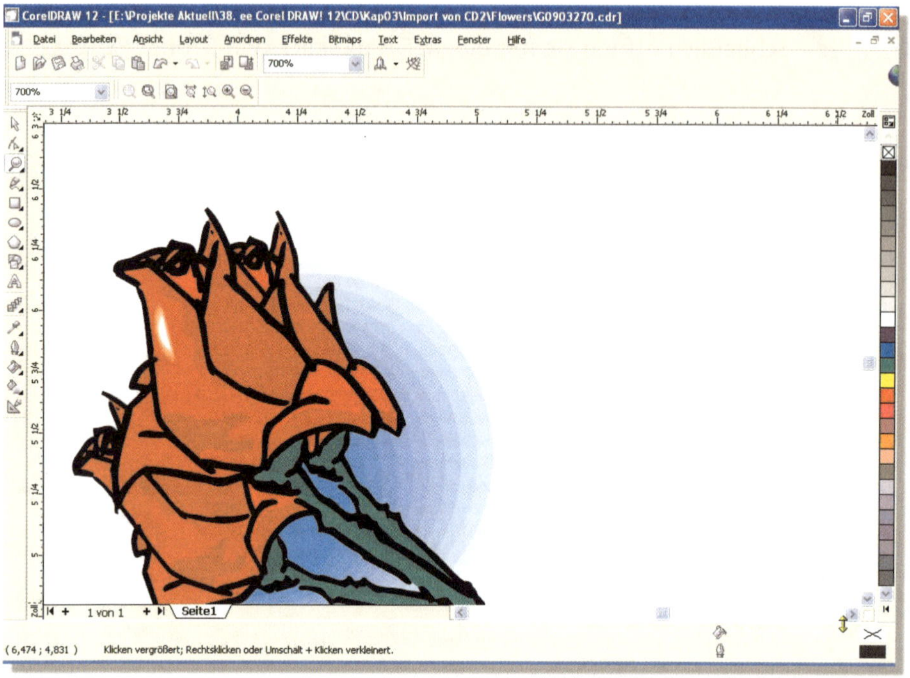

Bild 3.12 ~ Hm, eine schöne Rose – doch wo sind meine Texte?

Aber sicherlich fragen Sie sich jetzt auch, wo die Texte hingekommen sind?

Nun, das liegt daran, dass die Rose auf einem neuen hochformatigen Blatt platziert wird – wie man der Titelleiste entnehmen kann. Dort lesen Sie in eckigen Klammern: [G0903270.cdr].

Die Rose wird also als neue Datei geöffnet. In unserem Fall ist dieser Weg jedoch nicht sehr praktisch, sodass Sie diese Datei gleich wieder schließen sollten.

Da die Rose auf dem Blatt mit dem Sonderangebot erscheinen soll, ist es besser, die Datei zu importieren.

ClipArt importieren

1 Öffnen Sie wieder das Menü DATEI, und wählen Sie diesmal den Menüpunkt IMPORTIEREN.

Sie können aber auch gleich auf das Symbol IMPORTIEREN in der Symbolleiste klicken.

Es erscheint nun das Dialogfeld IMPORTIEREN. Das sieht auf den ersten Blick ganz genauso aus wie das Dialogfeld ZEICHNUNG ÖFFNEN. Doch lassen Sie sich nicht täuschen. Die Titelleiste verrät Ihnen, dass Sie es richtig gemacht haben.

2 Wählen Sie im Listenfeld SUCHEN IN wieder das CD-Laufwerk, dann den Ordner *Clipart\Flowers* und darin die Datei mit der Bezeichnung *G0903270.*

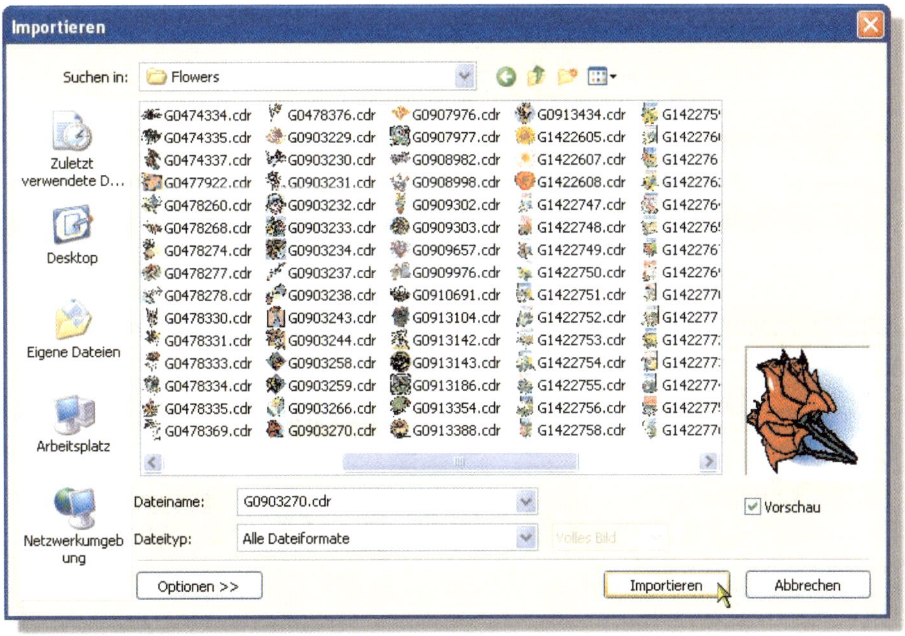

Bild 3.13 ~ Direkt auf das Arbeitsblatt: Import einer Datei

Wenn Sie sich nicht ganz sicher sind, aktivieren Sie doch das Kontrollkästchen VORSCHAU, dann wird Ihnen das ClipArt sofort angezeigt.

3 Wenn Sie die Datei gefunden und markiert haben, klicken Sie auf die Schaltfläche IMPORTIEREN.

Das Einzige, was daraufhin passiert, ist eine Veränderung der Cursoransicht. Er müsste jetzt so aussehen wie in der folgenden Abbildung:

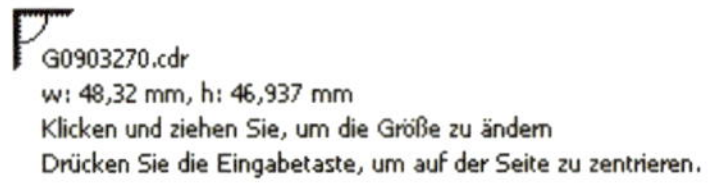

Bild 3.14 ~ Geänderter Mauscursor in Aktion

Der Cursor zeigt nun die Form eines Winkels, unterhalb des Winkels wird Ihnen der Dateiname angezeigt.

4 Klicken Sie mit diesem Cursor einmal auf das Arbeitsblatt. Und da ist die Rose!

Wenn Sie die Rose gleich skalieren möchten, halten Sie beim Klicken die Maustaste fest und ziehen einen Rahmen in der gewünschten Größe auf.

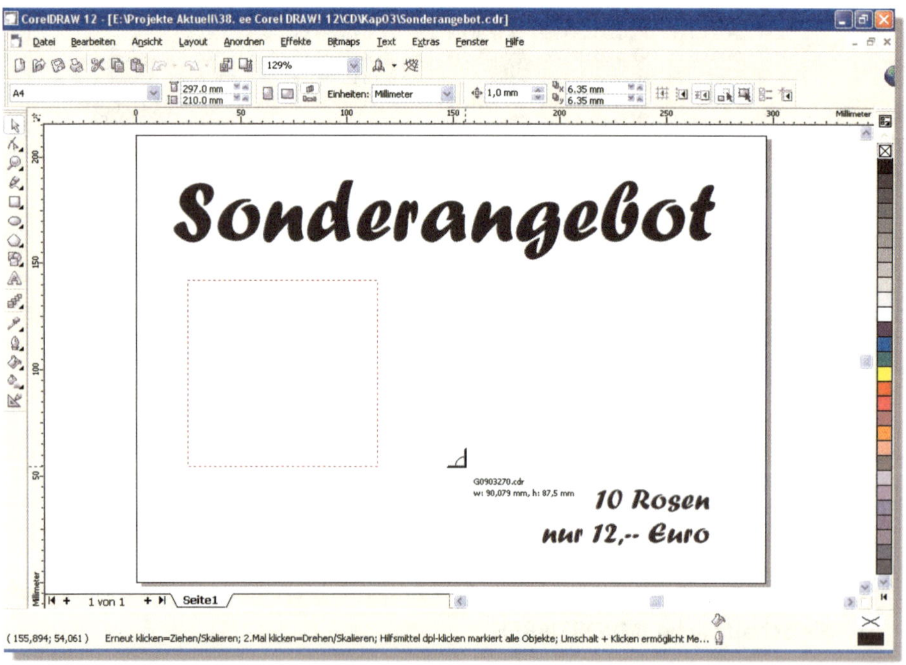

Bild 3.15 ~ Eine importierte Grafik gleich positionieren

Wenn Sie die Größe und Platzierung der Rose nachbearbeiten wollen oder müssen, so kennen Sie die erforderlichen Schritte bereits.

▶ Nehmen Sie das AUSWAHL-Hilfsmittel, und verändern Sie die Größe der Rose nach Ihren Vorstellungen.

▶ Sie wissen doch noch, dass Sie dabei am besten nur die Anfasspunkte am Eck der Markierung benutzen, weil sonst die Grafik gestaucht würde ...

3.2 Die Grafik speichern

Nun müssen wir aber dringend dafür Sorge tragen, dass Ihr Meisterwerk der Nachwelt erhalten bleibt. Oder möchten Sie etwa wegen eines Stromausfalls von vorne anfangen?

Eigentlich machen wir das an dieser Stelle viel zu spät. Sie sollten sich daran gewöhnen, gleich Ihre Datei abzuspeichern und dann jeden Schritt zwischenzuspeichern. Ich dachte aber, dass Sie erst einmal das Programm kennen lernen wollten und sicherlich einen Abschnitt über Speichern langweilig gefunden hätten ...

Menü, Symbol oder Tastenkombi

▶ **1** Das Abspeichern ist eigentlich ganz einfach. Wählen Sie dazu das Menü DATEI, und rufen Sie dort die Option SPEICHERN UNTER auf.

▶ Schneller geht's über die Tastenkombination Strg+S bzw. die Schaltfläche SPEICHERN.

Es öffnet sich das Dialogfenster ZEICHNUNG SPEICHERN.

2 Zunächst sollten Sie auch hier den Speicherort einstellen, indem Sie ihn im Listenfeld SPEICHERN IN einstellen. Am Anfang genügt es, wenn Sie Ihre Dateien im Ordner *Eigene Dateien*, der standardmäßig geöffnet wird, abspeichern. Hier finden Sie auch den Ordner *Corel User Files*, der bei der Installation des Programms automatisch angelegt wurde. Verwenden Sie am Anfang ruhig diesen, so finden Sie die Dateien, die Sie mit *CorelDRAW* erstellt haben, stets sofort wieder.

3 Als Nächstes sollten Sie dem Kind einen Namen geben. *CorelDRAW* gibt Ihnen zwar bereits einen Namen, *Grafik1*, vor. Das ist aber nicht sehr aussagekräftig. Es ist sinnvoller, einen Namen zu wählen, der etwas über seinen Inhalt aussagt, sodass Sie später auch noch am Namen erkennen können, um was es bei dieser Datei geht.

Solange der Name des Textes markiert, also mit einem farbigen Balken versehen ist, können Sie den vorgegebenen Namen einfach eintippen. Sobald Sie den ersten Buchstaben eingegeben haben, wird der Text durch diesen gelöscht. Es ist also nicht notwendig, dass Sie ihn erst, etwa mithilfe der [Entf]-Taste, löschen.

Sollte der Balken verschwunden sein, weil Sie bereits etwas anderes in das Dialogfenster eingetippt haben, dann klicken Sie in das Eingabefeld hinter dem Dateinamen und löschen den Eintrag mit der [←]-Taste.

> Durch Zufall habe ich übrigens folgenden Trick herausgefunden: Wenn Sie einen Doppelklick hinter dem Text vornehmen, wird dieser wieder markiert und es genügt dann, einmal die [Entf]-Taste zu betätigen.

4 Tippen Sie als Nächstes den Dateinamen `Sonderangebot` in das gleichnamige Feld ein.

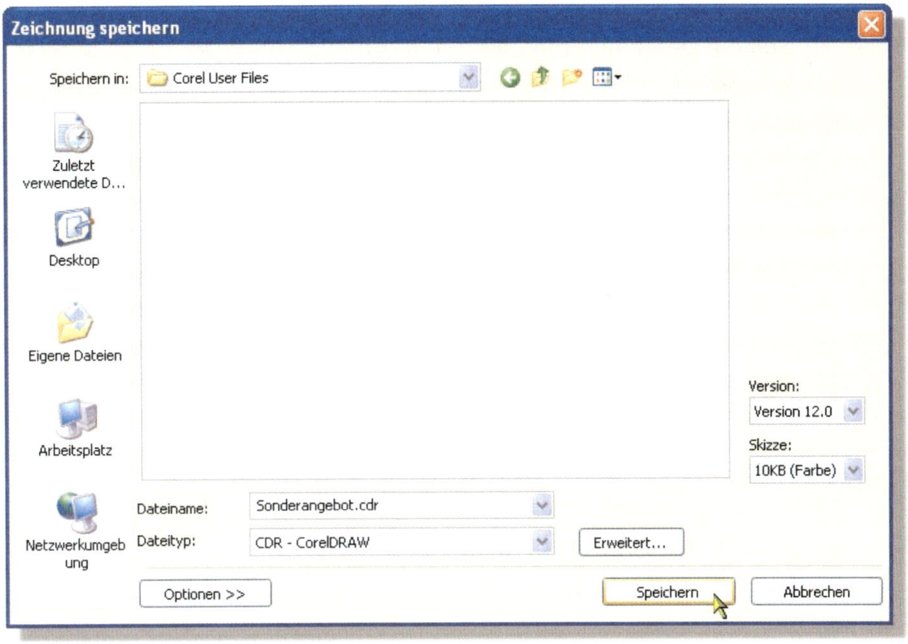

Bild 3.16 ~ So sichern Sie Ihr Plakat

Sie können für einen Dateinamen übrigens alle Buchstaben und Ziffern verwenden, also auch Leerzeichen einfügen, sodass sich einzelne Wörter leichter unterscheiden. Ein Dateiname im Stil `Sonderangebot Sommer` wäre also durchaus denkbar.

Allerdings gibt es einige Zeichen, die Sie nicht verwenden dürfen. Wenn Sie es trotzdem probieren, erhalten Sie einen Hinweis, dass der Dateiname ungültig ist. Zu diesen Zeichen gehören der Schrägstrich (/), der umgekehrte Schrägstrich (\), auch Backslash genannt, das Größer- (>) und das Kleinerzeichen (<), der Punkt (.), das Fragezeichen (?), die Anführungszeichen (»), der senkrechte Strich (|), der Doppelpunkt (:) und der Strichpunkt (;). Diese Zeichen haben oft eine eigene reservierte Bedeutung in *Windows* und würden deshalb zu Konflikten mit dem Betriebssystem führen.

Abschließend sollten Sie Ihre Aufmerksamkeit einmal auf das Listenfeld VERSION richten. Leider verwendet *CorelDRAW* in jeder Version ein anderes Format, und die Dateien sind nicht ohne Weiteres untereinander austauschbar.

1 Soll die Datei mit einer älteren Version von *CorelDRAW* weiterbearbeitet werden, öffnen Sie das Listenfeld, und wählen Sie die entsprechende Version aus.

2 Haben Sie den Namen eingegeben, klicken Sie im Dialogfeld mit der Maus auf die Schaltfläche SPEICHERN.

Die Datei wird nun gespeichert, und Sie erhalten sozusagen als Kontrolle in der Titelleiste den neuen Namen eingeblendet.

Wenn Sie jetzt übrigens noch Veränderungen an der Grafik vornehmen, können Sie über die Schaltfläche SPEICHERN auf der Symbolleiste den aktuellen Zustand der Datei abspeichern.

Weil's schneller geht, verwende ich auch hier die Tastenkombination Strg+S.

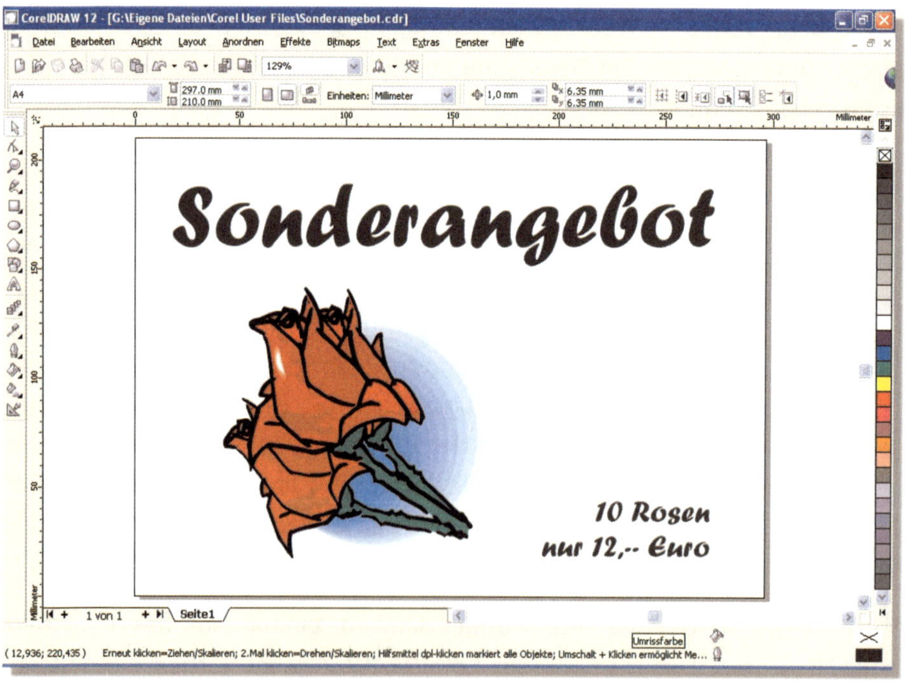

Bild 3.17 ~ Geschafft, das Plakat ist gesichert

Um größere Datenverluste zu vermeiden, sollten Sie übrigens alle 10 Minuten bzw. vor jedem nächsten größeren Arbeitsschritt Ihre Datei speichern. *CorelDRAW* führt zwar in bestimmten Intervallen eine Sicherung Ihrer Daten durch (die Einstellungen finden Sie im Menü EXTRAS / OPTIONEN). Doch sollten Sie sich nicht allein darauf verlassen.

3.3 Die Grafik ausdrucken

Abschließend soll das Plakat zu Papier gebracht werden. Schließlich wollen Sie es ja aufhängen und Ihrer Umgebung zeigen.

Damit jetzt nichts mehr schief geht, kontrollieren Sie zuerst folgende Punkte:

Ist der Drucker auch wirklich angeschaltet? Bei vielen neueren Modellen müssen Sie allerdings keinen Knopf mehr drücken, da die Drucker, sofern am Stromnetz, ständig in Bereitschaft sind.

1 Klicken Sie auf die Schaltfläche DRUCKEN in der Symbolleiste.

Nun dauert es einen Moment, bevor *CorelDRAW* das Dialogfenster DRUCKEN öffnet.

Es erscheint eventuell folgende Hinweismeldung:

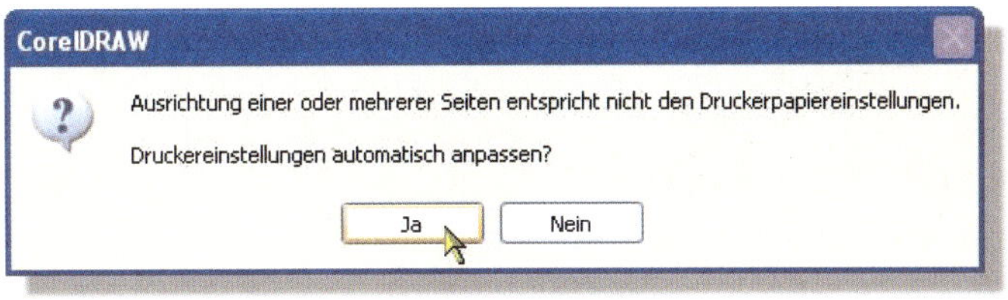

Bild 3.18 ~ *CorelDRAW* meldet einen Fehler

Das Programm führt nämlich eine Vorabkontrolle durch und hat festgestellt, dass Ihr Drucker im Hochformat eingestellt ist, Sie für das Plakat in *CorelDRAW* aber Querformat eingestellt haben. Jetzt will *CorelDRAW* »wissen«, was Sie wirklich wollen. Wenn Sie diese Meldung nicht erhalten, können Sie beruhigt weiterarbeiten. Wenn Sie sie erhalten, klicken Sie auf JA. *CorelDRAW* ändert dann selbstständig die Papiereinstellungen des Druckers, und Sie können mit Ihrer Arbeit fortfahren. Klicken Sie auf NEIN, können Sie, falls es Sie interessiert, genauer nachlesen, wie das Programm den Fehler behebt. Dann nämlich schließt sich das Fenster, und im folgenden Dialogfeld DRUCKEN prangt auf der rechten Seite der Hinweis 1 PROBLEM.

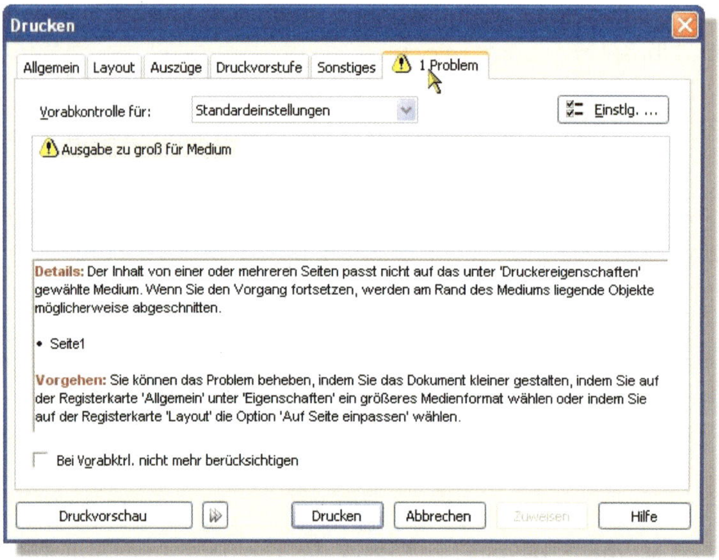

Bild 3.19 ~ *CorelDRAW* erklärt Ihnen, was da falsch lief

Das DRUCKEN-Dialogfenster von *CorelDRAW* ist sehr umfangreich. Doch wie Sie ja gelesen gesehen haben, nimmt uns das Programm die meisten Einstellungen ab.

▶ **2** Schauen Sie sich zuerst einmal das Dialogfenster DRUCKEN genauer  an. Neben der Schaltfläche DRUCKVORSCHAU finden Sie eine Schaltfläche mit einem Doppelpfeil. Klicken Sie jetzt einmal darauf.

Schieberartig wird das Fenster verbreitert, und auf der rechten Seite taucht eine DRUCKVORSCHAU auf.

Diese Vorschau zeigt es Ihnen klar und deutlich: Es kann gar nicht funktionieren, bevor Sie nicht auf Querformat umgestellt haben.

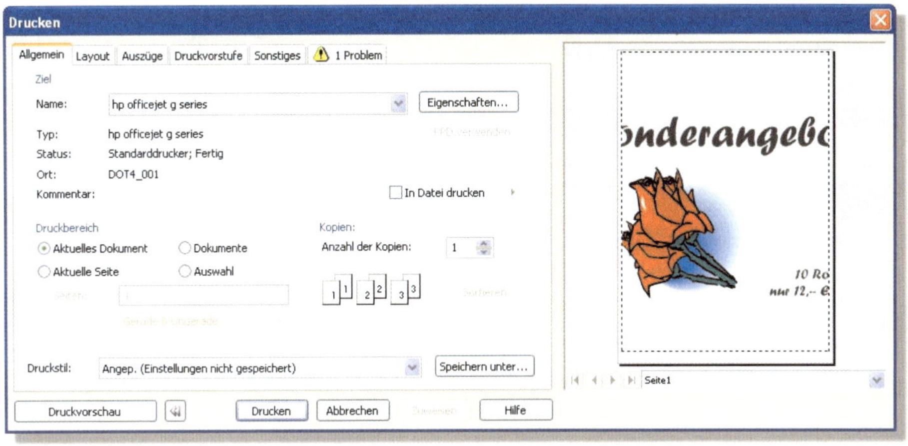

Bild 3.20 ~ Jetzt können Sie die Ursache der Fehlermeldung genau erkennen

3 Aktivieren Sie dazu die Registerkarte ALLGEMEIN, und klicken Sie dann auf die Schaltfläche EIGENSCHAFTEN, um Ihren Drucker auf Querformat umzustellen.

Sobald Sie das vorgenommen haben, müsste es auf Ihrem Bildschirm wie in der folgenden Abbildung aussehen:

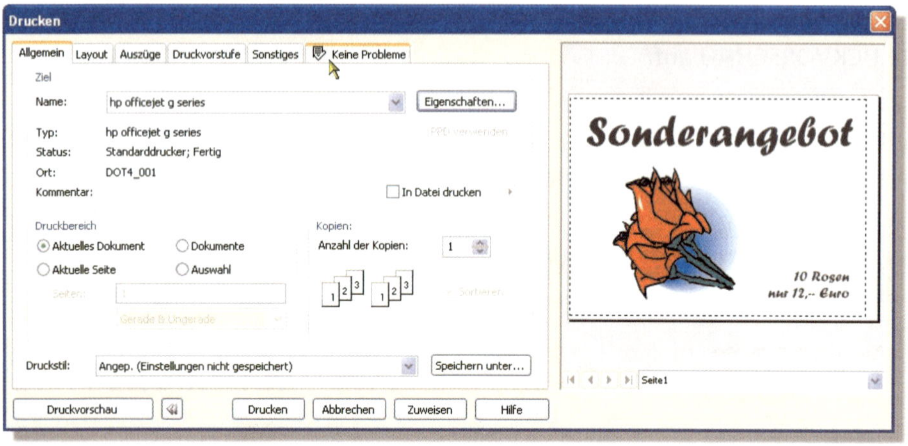

Bild 3.21 ~ Jetzt passt es – Drucken mit Vorschau

▶ **4** So, jetzt wollen Sie es aber bestimmt Schwarz auf Weiß, oder besser noch, in Farbe sehen! Klicken Sie daher auf die Schaltfläche DRUCKEN.

3.4 CorelDRAW 12 beenden

Bestimmt möchten Sie nach dem Erfolg so richtig loslegen und denken jetzt gar nicht ans Aufhören. Doch es ist auch wichtig zu wissen, wie Sie *CorelDRAW* beenden. Das können Sie wieder auf verschiedene Arten erledigen:

- Sie klicken auf DATEI SCHLIESSEN in der Titelleiste oder auf 
- Sie rufen den Menübefehl DATEI / BEENDEN auf, oder
- Sie verwenden die Tastenkombination [Alt]+[F4].

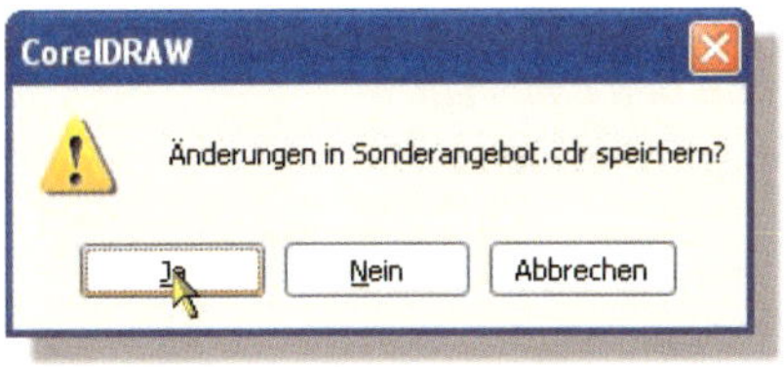

Bild 3.22 ~ Da hätten wir fast was vergessen ...

Erscheint ein Hinweis, hat *CorelDRAW* nur »gemerkt«, dass Sie seit der letzten Änderung noch nicht wieder gespeichert haben.

Sie müssen sich nun entscheiden und dann eine der drei Schaltflächen bestätigen.

- Möchten Sie die letzte Änderung speichern, klicken Sie beherzt auf JA.
- Möchten Sie diese Änderungen nicht gespeichert wissen, dann klicken Sie auf NEIN.
- Wenn Sie gar nicht aufhören wollen, klicken Sie auf ABBRECHEN und arbeiten Sie einfach weiter.

*Im letzten Kapitel haben Sie beim Erstellen eines Plakates einige grundlegende Funktionen von **CorelDRAW 12** kennen gelernt und dabei auf die vorhandenen ClipArts zurückgegriffen. In diesem Kapitel werden Sie nun Ihre erste Grafik ohne Vorlagen erstellen.*

Dabei werden Sie lernen,

- *wie Sie einfache grafische Objekte erstellen,*
- *wie man sie dreht,*
- *wie man mit Farben arbeitet,*
- *wie man Objekten ein plastisches Aussehen gibt,*
- *wie man Ecken abrundet,*
- *welche Hilfsmittel Sie überhaupt einsetzen können,*
- *welche Bedeutung Hilfslinien haben und nicht zuletzt:*
- *wie man Objekte gruppiert und sperrt.*

Ein individuelles Logo

4.1 Ausblick

Damit Sie sich von dem, was Sie gleich erarbeiten werden, vorab ein Bild machen können, sehen Sie sich hier bereits das fertige Logo an:

Bild 4.1 ~ So soll es später aussehen

Genau wie beim ersten Plakat müssen Sie zu Beginn der Arbeit wieder eine Seite einrichten.

1 Beginnen Sie also, indem Sie zunächst den Befehl NEU aus dem Menü DATEI aufrufen oder gleich auf die Schaltfläche NEU in der Symbolleiste klicken.

2 Da es praktischer ist, das Logo im Querformat zu erstellen, sollten Sie über die Eigenschaftsleiste die Ausrichtung auf QUERFORMAT umstellen. Klicken Sie einfach auf die entsprechende Schaltfläche.

4.2 Vor dem Start

Bevor Sie mit Ihrer Arbeit loslegen, sollten Sie stets die folgenden Grundregeln beachten:

Erst speichern, dann arbeiten

Vielleicht sind Sie ein bisschen verwundert, warum Sie jetzt schon Ihre Grafik abspeichern sollen. Sie haben doch noch gar nichts erstellt. Speichern kann man eigentlich nie genug. Wenn Sie die Datei gleich am Anfang und in regelmäßigen Abständen abspeichern, kann ein eventueller Computerabsturz Ihnen nicht viel anhaben.

▶ Wählen Sie deshalb das Menü DATEI an, und rufen Sie dort die Option SPEICHERN UNTER auf. Sie können natürlich auch auf das SPEICHERN-Symbol klicken. Als Dateinamen sollten Sie `Logo` eingeben.

Zwischenspeicherungen können Sie einfach mit der Tastenkombination Strg+S erledigen.

Hilfslinien verwenden

Beim Gestalten mit *CorelDRAW* werden Sie sicherlich schon bemerkt haben, dass es gar nicht so einfach ist, die einzelnen Objekte zu platzieren.

Zum Glück gibt es da eine Abhilfe: die Hilfslinien. Diese helfen Ihnen, Objekte in bestimmten Größen zu erstellen, zu platzieren und nicht zuletzt auszurichten.

Horizontale Hilfslinien

Diese sollen im Folgenden angelegt werden. Das geht ganz einfach. Allerdings müssen dazu die Lineale eingeblendet sein, was ja standardmäßig der Fall ist. Sollten sie »verschwunden« sein, blenden Sie sie über den Menüpunkt ANSICHT / LINEALE ein.

Beginnen wollen wir zunächst mit einer horizontalen, also waagerechten Hilfslinie.

▶ **1** Klicken Sie auf das Lineal am oberen Rand der Zeichenfläche, und halten Sie die Maustaste gedrückt.

▶ **2** Bewegen Sie den Mauszeiger an den Punkt, an dem die Hilfslinie platziert werden soll und lassen ihn dort los. Wie Sie sicherlich bemerken, »hängt« die Hilfslinie während der Aktion am Mauszeiger.

Vielleicht haben Sie sich über die Angaben der Einheiten der Lineale gewundert. Das liegt an dem so genannten Nullpunkt des auf den Linealen verwendeten Koordinatensystems. Der liegt bei *CorelDRAW* standardmäßig in der unteren linken Ecke der Seite, sodass im Bereich der Seite auf allen Linealen positive Werte gemessen werden.

▶ **3** Für den Anfang genügt es, wenn Sie die Linie in Höhe der Markierung 180 auf dem Lineal an der linken Seite ablegen. Als Orientierungshilfe wird Ihnen dabei die aktuelle Position des Mauszeigers und damit der Hilfslinie angezeigt. Zusätzlich können Sie die Position in der Statusleiste ablesen.

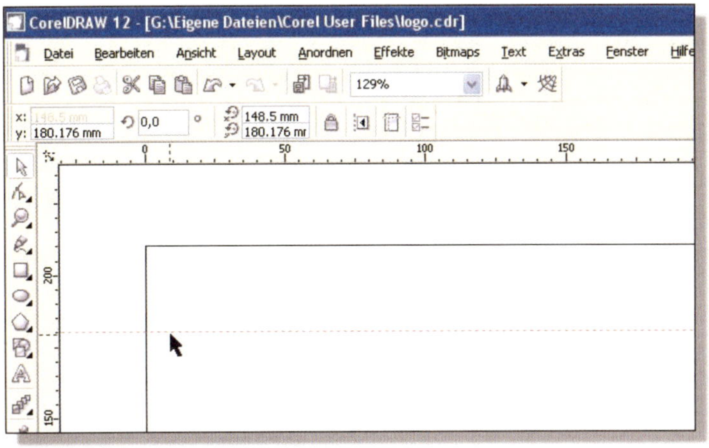

Bild 4.2 ~ Hilfslinien anlegen

Sie haben es nicht geschafft die Linie ganz genau auf die 180er Markierung abzulegen? Nicht so schlimm! Im Folgenden werden wir die Hilfslinie ohnehin exakt auf 175 legen.

Betrachten Sie zunächst die Hilfslinie. Sie erscheint rot, um Ihnen anzuzeigen, dass sie ausgewählt ist.

▶ **4** Klicken Sie einmal in die weiße Arbeitsfläche – schon wird die Hilfslinie in blauer Farbe dargestellt.

5 Um die Hilfslinie wieder zu markieren, bewegen Sie den Mauszeiger darauf. Sobald er die Form eines Doppelpfeils annimmt, klicken Sie einmal, dann ist sie wieder markiert.

Jetzt verschieben Sie die Hilfslinie auf die 175er Markierung. Betrachten Sie die Eigenschaftsleiste. Wie immer, wenn Sie etwas markieren, hat sie ihr Aussehen verändert. Schauen Sie ganz links, ob Sie dort ein Feld mit der Bezeichnung *y* ausmachen können. Mit den Angaben in diesem Feld können Sie die *y*-Koordinate, also die vertikale Position, beeinflussen.

6 Klicken Sie auf dieses Feld. Sobald es blau hinterlegt ist (als Zeichen, dass es markiert ist), tippen Sie ein: `175`.

7 Betätigen Sie dann die [↵]-Taste.

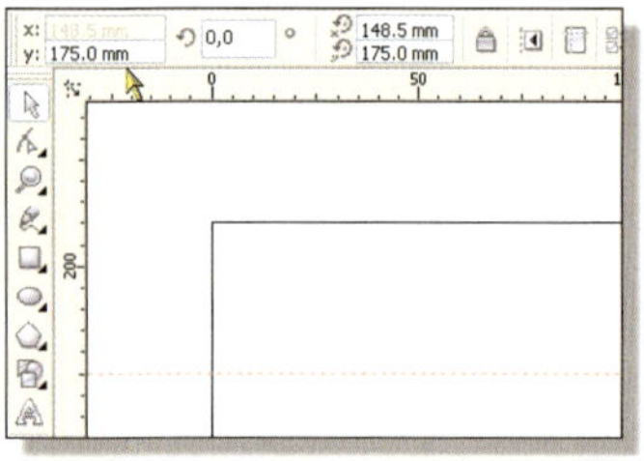

Bild 4.3 ~ Eine Hilfslinie exakt ausrichten

> Wenn Sie aus Versehen die Millimeterangabe gelöscht haben, ist das nicht schlimm. Sie müssen nur den gewünschten Wert als Zahl eingeben. Wenn Sie mit [↵] bestätigen, fügt *CorelDRAW* automatisch die Angabe »mm« hinzu.

Jetzt benötigen Sie noch eine zweite Hilfslinie. Nur diesmal eine vertikale, also senkrechte.

Vertikale Hilfslinien

Diese Hilfslinie soll in einem Abstand von 25 mm vom linken Seitenrand platziert werden. Das können Sie jetzt schon bewerkstelligen. Achten Sie einfach auf die Eigenschaftsleiste! Nur diesmal müssen Sie den Wert der *x*-Koordinate eingeben.

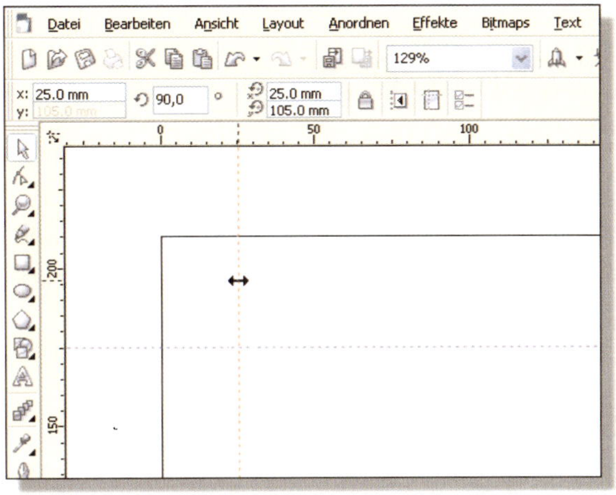

Bild 4.4 ~ Achten Sie auf die Eigenschaftsleiste

Hilfslinien löschen

Haben Sie eine Hilfslinie zu viel aus dem Lineal gezogen oder möchten Sie eine löschen? Kein Problem!

1 Markieren Sie diese Hilfslinie, sodass sie wieder rot dargestellt wird.

2 Dann drücken Sie nur noch die [Entf]-Taste.

> Sie können diese Aktion mit der Tastenkombination [Strg]+[Z] annullieren.

Einrastfunktion aktivieren

Eine letzte Vorbereitungsarbeit bleibt noch. Der große Vorteil von Hilfslinien liegt darin, dass die verschiedenen Hilfsmittel und Objekte an diesen Linien einrasten, sobald sie einen bestimmten Abstand unterschreiten. Sie werden praktisch wie von einem Magneten angezogen. Das geschieht allerdings nur, wenn der Menüpunkt ANSICHT / AN HILFSLINIEN AUSRICHTEN aktiviert wurde.

 Ob diese Funktion aktiviert wurde, können Sie in der Eigenschaftsleiste sehen. Wenn die entsprechende Schaltfläche eingedrückt erscheint, werden die Objekte angezogen, sonst nicht.

▶ Aktivieren Sie diese Einstellung für die folgenden Arbeiten!

Ansicht vergrößern

Es ist immer wichtig, möglichst so zu arbeiten, dass Sie die Grafik groß und lesbar vor sich sehen. Wichtig ist aber auch, dass Sie die Grafik im Überblick behalten, um die Proportionen besser einschätzen zu können.

Arbeiten mit den Zoomebenen

Bisher haben Sie sich damit begnügt, das ganze Arbeitsblatt zu überblicken. Im Folgenden wird in Ihnen aber öfters der Wunsch reifen, das Objekte besser sehen zu können.

Suchen Sie in der Symbolleiste ein Listenfeld mit der Bezeichnung ZOOMEBENEN. Sie finden es bestimmt sofort, da man es an dem voreingestellten Wert von 100% gleich erkennt.

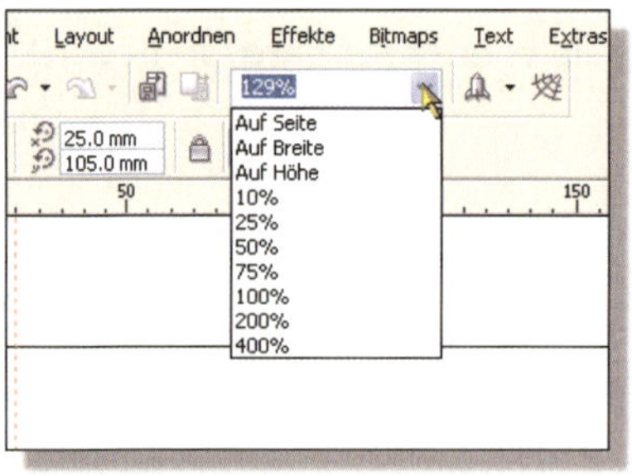

Bild 4.5 ~ Zoomebene einstellen

▶ **1** Klicken Sie auf den nach unten weisenden Pfeil. Es öffnet sich eine Liste, die mehrere Einträge enthält.

2 Um einen Zoomfaktor zu verwenden, verschieben Sie die Markierung mit der Maus darauf und klicken einmal.

3 Für das weitere Vorgehen sollten Sie den Wert 200% wählen.

Arbeiten mit dem Zoom-Hilfsmittel

Es gibt noch ein weiteres Werkzeug, das Ihre Augen schont. Das Hilfsmittel ZOOM. Sie finden es in der Hilfsmittelpalette und es ist ganz leicht auszumachen, da es das Symbol einer Lupe trägt.

1 Klicken Sie einmal darauf, und bewegen Sie dann den Mauszeiger auf das Arbeitsblatt. Der Mauszeiger nimmt nun die Form einer kleinen Lupe mit einem Plussymbol in der Mitte an.

Wenn Sie sich den Arbeitsbereich mithilfe dieses Werkzeugs vergrößern möchten, gehen Sie wie folgt vor:

2 Setzen Sie die Lupe an eine Ecke des Bereichs, den Sie im Arbeitsfenster sichtbar machen wollen.

3 Drücken Sie dann die Maustaste, und halten Sie sie gedrückt.

4 Bewegen Sie nun die Lupe diagonal zum gegenüberliegenden Eckpunkt des gewünschten Abschnitts. Parallel zu Ihren Bewegungen wird der so überstrichene Bereich durch einen blauen Rahmen gekennzeichnet.

5 Sobald Sie die Maustaste loslassen, wird der ausgewählte Bereich auf die volle Fenstergröße vergrößert.

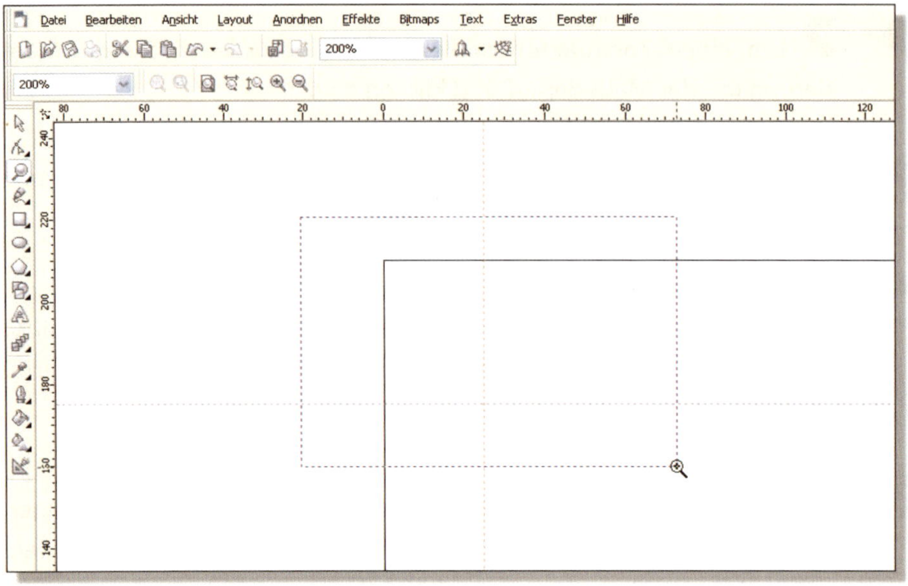

Bild 4.6 ~ Einen Ausschnitt mit der Lupe vergrößern

Abschließend wechseln Sie über die [Leer]-Taste wieder zum AUSWAHL-Werkzeug zurück.

4.3 Ein Rechteck anlegen

Die Vorarbeiten sind damit erledigt, und es kann losgehen. Zunächst benötigen Sie ein Rechteck, das das Grundgerüst des Logos bildet.

Rechteck zeichnen

1 Klicken Sie auf das Hilfsmittel RECHTECK. Am Mauszeiger erscheint sofort das entsprechende Objekt.

Bild 4.7 ~ So sieht der Cursor jetzt aus

2 Bewegen Sie diesen Mauszeiger an den Startpunkt des Objekts. Wählen Sie dazu am besten einen Punkt unterhalb des Schnittpunkts der beiden Hilfslinien.

3 Klicken Sie einmal an diese Stelle, und ziehen Sie nun mit gedrückter Maustaste diagonal einen Rahmen auf. Wie Sie sehen, wird das Objekt dabei gleich erstellt.

Sollten Sie später einmal ein Quadrat mit *CorelDRAW* zeichnen wollen, müssen Sie beim Aufziehen des Rahmens lediglich die Strg-Taste gedrückt halten.

4 Sobald es die gewünschte Form und Größe besitzt, lassen Sie die Maustaste los.

Ziehen Sie erst einmal das Rechteck nach Augenmaß auf. Die optimale Größe und Position werden in einem zweiten Schritt eingerichtet. Als Anhaltspunkt können Sie die folgende Grafik nehmen:

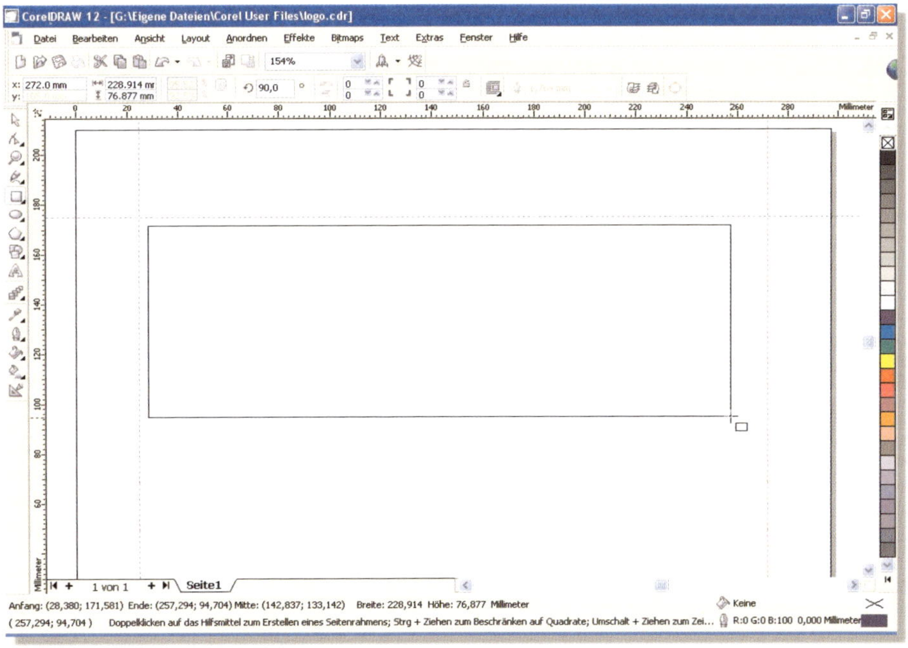

Bild 4.8 ~ Ein Rechteck aufziehen

Im nächsten Schritt wird nun das Rechteck an die gewünschte Größe angepasst.

Das Objekt an Hilfslinien ausrichten

Gleich werden Sie auch verstehen, warum die Hilfslinien mit der Einrastfunktion versehen werden sollten.

▶ **1** Setzen Sie den Mauszeiger auf das Fadenkreuz innerhalb des Rahmens, und

▶ **2** bewegen Sie es dann bei gedrückter Maustaste an die beiden Hilfslinien heran.

Sehen Sie, wie ab einem bestimmten Punkt das Rechteck richtiggehend »angezogen« wird?

In folgendem Bild sehen Sie, wie das Rechteck bereits an der oberen Hilfslinie eingerastet ist (auf Ihrem Bildschirm erkennen Sie das an einem breiten, blauen Strich) und gleich auf der linken Seite einrasten wird.

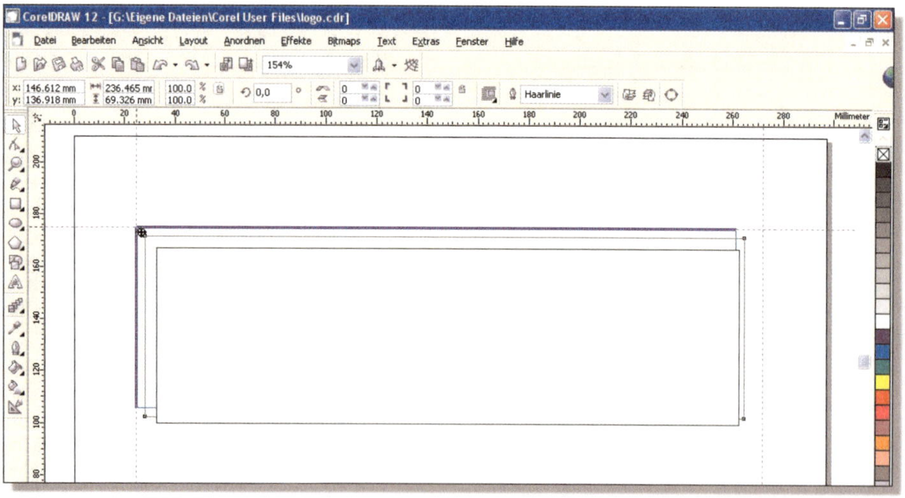

Bild 4.9 ~ Magnetisch angezogen

Damit ist das Rechteck in seiner Ausgangslage.

Dem Objekt die richtige Größe geben

Nun müssen Sie nur die Größe richtig einstellen. Die passenden Werte können Sie einfach über die Eigenschaftsleiste einstellen.

An der zweiten Position finden Sie die Felder für die Objektgröße.

In diesen beiden Eingabefeldern können Sie die genaue Breite und Höhe der Objekte einstellen.

1 Klicken Sie jetzt doppelt in das erste Feld, und geben Sie den Wert 200 ein.

2 Drücken Sie dann einmal die [Tab]-Taste. So markieren Sie automatisch den Wert im zweiten Feld.

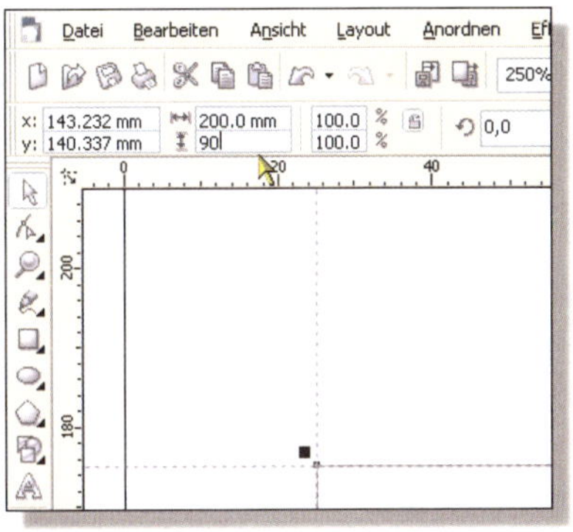

Bild 4.10 ~ Objektgröße einstellen

3 Hier geben Sie dann den Wert 90 ein, und drücken die [Enter]-Taste, um damit den Vorgang abzuschließen.

Beabsichtigen Sie, die Objekte proportional zu skalieren, klicken Sie am besten vorher auf das kleine Schlosssymbol. So müssen Sie nur einen Wert eingeben, während der zweite Wert beim Betätigen der [Tab]-Taste oder der [Enter]-Taste automatisch proportional berechnet wird.

Aufgrund der eben vorgenommenen Einstellungen ist wahrscheinlich das Rechteck von den Hilfslinien »weggerutscht«. Das müssen Sie korrigieren.

Zeigen Sie auf das Fadenkreuz in der Mitte des Rechtecks, und ziehen Sie es wieder an die Hilfslinien heran.

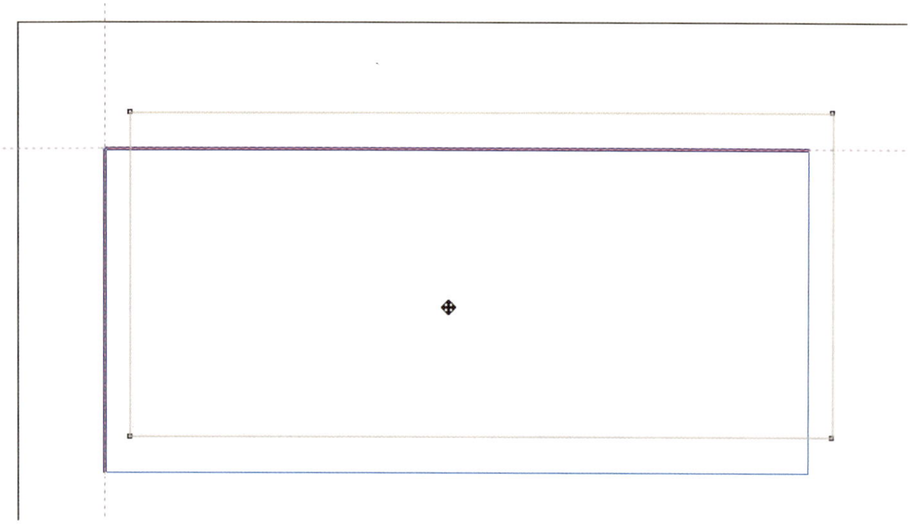

Bild 4.11 ~ Richten Sie das Rechteck endgültig aus

4.4 Ecken abrunden

Standardmäßig werden Rechtecke (und auch Quadrate) mit rechtwinkligen Ecken erzeugt. Für ein gutes Logo sieht das bisherige Ergebnis ein bisschen steif aus. Abgerundete Ecken machen das Ganze freundlicher ...

Ecken intuitiv abrunden

Zunächst werden Sie sehen, wie man die Ecken eines Rechtecks intuitiv abrunden kann.

▶ **1** Stellen Sie sicher, dass Sie das Rechteck markiert haben. Ist das nicht mehr der Fall, dann holen Sie es mit dem Hilfsmittel AUSWAHL nach.

2 Aktivieren Sie dann das Werkzeug FORM.

3 Zeigen Sie mit diesem Werkzeug – von innen herkommend – auf die oberste, linke Markierung.

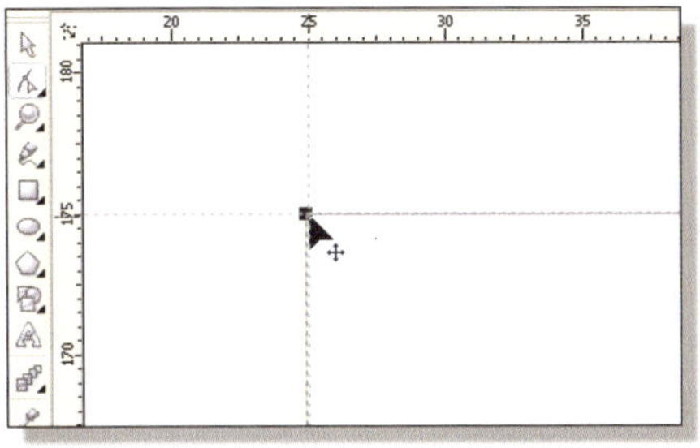

Bild 4.12 ~ Mauszeiger auf den inneren Markierungen platzieren

4 Klicken Sie dann mit der linken Maustaste auf die Markierung und halten Sie diese Taste gedrückt.

5 Bewegen Sie den Mauszeiger jetzt nach rechts oder diagonal nach innen.

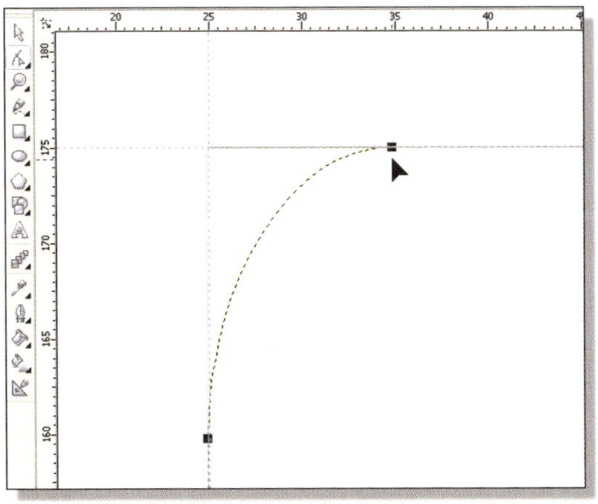

Bild 4.13 ~ Ziehen Sie den Mauszeiger nach innen, um die Ecken abzurunden

Obwohl Sie nur an einer Ecke ziehen, werden alle Ecken gleichmäßig abgerundet.

Um die Rundungen wieder herauszunehmen, müssen Sie lediglich die kleinen Markierungen wieder auf einen der Eckpunkte ziehen.

Sie können aber auch die Rückgängig-Funktion von *CorelDRAW* verwenden. Klicken Sie dazu einfach auf das Symbol RÜCKGÄNGIG.

Einzelne Ecken gezielt abrunden

Bei dem Logo sollen aber nur die beiden oberen Ecken des Rechtecks abgerundet werden. Dazu bietet Ihnen *CorelDRAW* die Möglichkeit, jede einzelne Ecke gezielt durch die Angabe eines Prozentwerts abzurunden.

Stellen Sie auch hier zunächst wieder sicher, dass das Rechteck markiert ist.

Beim Abrunden einzelner Ecken spielt die Eigenschaftsleiste wieder eine große Rolle. Sie finden im hinteren Bereich die entsprechenden Felder.

Da nicht alle Ecken abgerundet werden sollen, achten Sie darauf, dass die Arretierungsfunktion nicht aktiviert ist: das Schloss sollte also nicht eingedrückt erscheinen.

1 Doppelklicken Sie nun in das erste Feld, das die Bezeichnung RECHTECK: RUNDUNG DER LINKEN ECKEN trägt.

2 Geben Sie hier die Zahl 42 ein, und betätigen Sie zweimal die [Tab]-Taste, damit Sie in das Feld RECHTECK: RUNDUNG DER RECHTEN ECKEN gelangen.

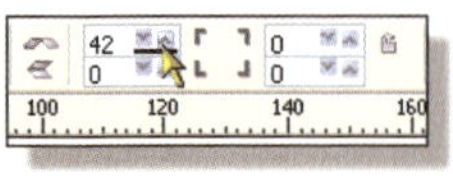

Bild 4.14 ~ Ecken unterschiedlich abrunden

3 Dort geben Sie ebenfalls die Zahl 42 ein, und bestätigen mit der ⏎-Taste.

Et voilà, schon hat das Rechteck die gewünschten Rundungen.

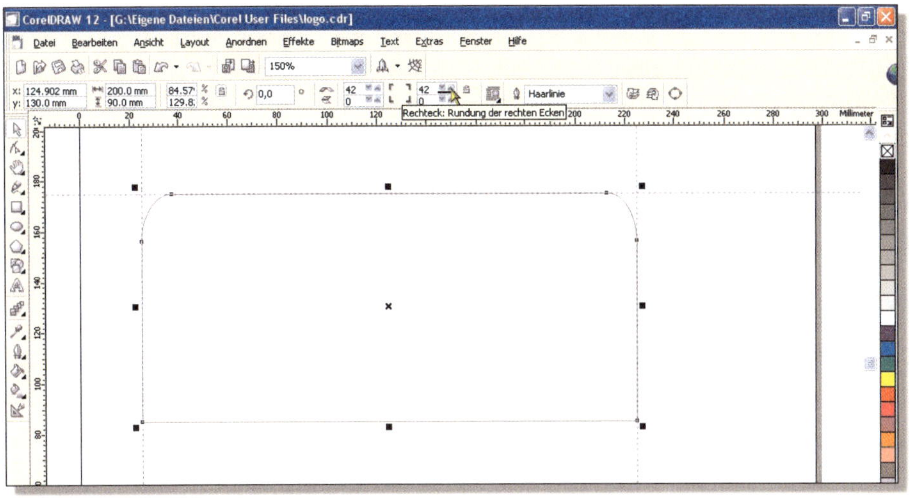

Bild 4.15 ~ Die erste Hürde ist geschafft

4 Klicken Sie abschließend mit dem AUSWAHL-Werkzeug einmal außerhalb des Rahmens.

Den Umriss verändern

Gefällt Ihnen der dünne Umriss des modifizierten Rechtecks nicht? Er sollte deshalb etwas breiter, ausdrucksstärker erscheinen.

Standardmäßig erhalten alle Objekte in *CorelDRAW* einen schwarzen, durchgezogenen Umriss mit der Bezeichnung HAARLINIE. Diese Eigenschaft können Sie jederzeit verändern.

Am schnellsten geht das über das Flyout UMRISS, das Sie am Füllfederhalter erkennen.

Die Flyout-Menüs öffnen Sie durch Anklicken des kleinen Dreiecks am unteren rechten Rand der Hilfsmittelsymbole.

1 Klicken Sie deshalb auf das Hilfsmittel UMRISS, und halten Sie die Maustaste einen Moment gedrückt. Dann erscheint das folgende Flyout-Menü:

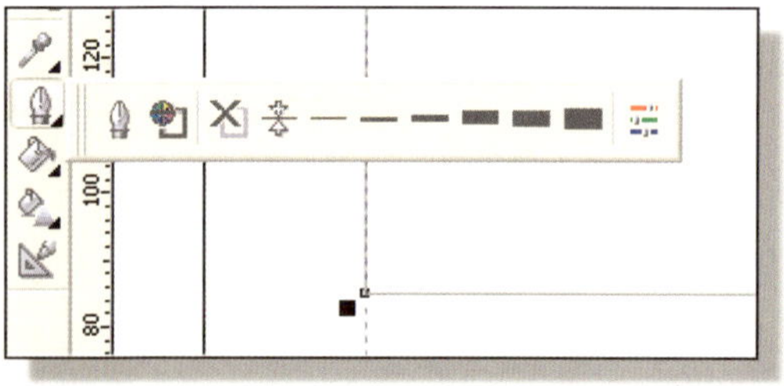

Bild 4.16 ~ Das Flyout-Menü UMRISS

Die für die Standardeinstellungen eines Umrisses zutreffenden Schaltflächen finden Sie ab der dritten Schaltfläche von links. Die dritte Fläche entfernt einen Umriss. Die folgenden sechs Schaltflächen erlauben Ihnen, einen Umriss als Haarlinie, also sehr fein, und mit jeweils 1/2, 2, 8, 16 und 24 Punkt Stärke zu gestalten.

2 Wenn Sie mit keinem dieser vorgegebenen Umrisse zufrieden sind, klicken Sie auf die erste Schaltfläche mit dem Füllfederhalter. Es erscheint das Dialogfeld UMRISSSTIFT. Hier können Sie den Umriss ganz nach Ihren Vorstellungen gestalten.

Bevor Sie jetzt eine Einstellung vornehmen, sollten Sie noch Folgendes bedenken: Wenn Sie in diesem Dialogfenster auf OK klicken, werden die Standardeinstellungen verändert. Das heißt, alle zukünftig erstellten Objekte besitzen genau diese Eigenschaften, die Sie eben eingestellt haben. Wenn Sie das nicht wollen, sondern nur die Eigenschaften eines bestimmten Objekts ändern möchten, muss dieses zuvor markiert sein.

Aktivieren Sie gegebenenfalls das AUSWAHL-Werkzeug, und wiederholen Sie die letzen beiden Schritte.

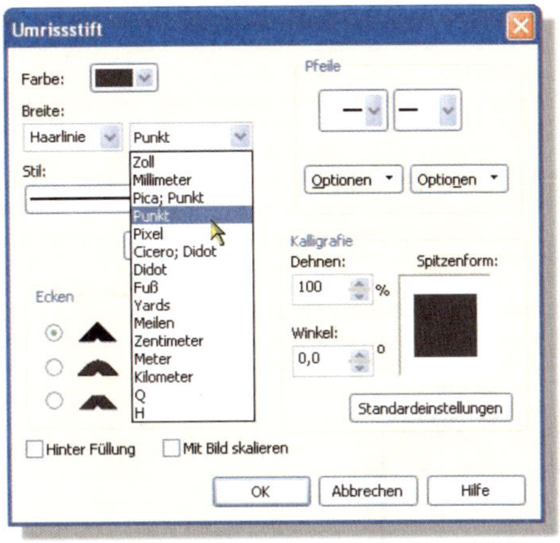

Bild 4.17 ~ Dialogfeld UMRISSSTIFT

▶ **3** Wählen Sie zunächst in dem zweiten Listenfeld bei der Bezeichnung BREITE die Einheit PUNKT aus.

▶ **4** Danach stellen Sie im Listenfeld, BREITE, die Umrissbreite ein.

Das Logo soll einen kräftigeren Rahmen haben. Deshalb sollten Sie sich für einen Rahmen von 5 Punkten entscheiden.

▶ **5** Doppelklicken Sie in das Feld, und

▶ **6** überschreiben Sie den angezeigten Wert mit *5*.

▶ **7** Drücken Sie die ⏎-Taste, um die Eingabe zu übernehmen. Wie Sie sehen, fügt das Programm automatisch die Bezeichnung PKT. an.

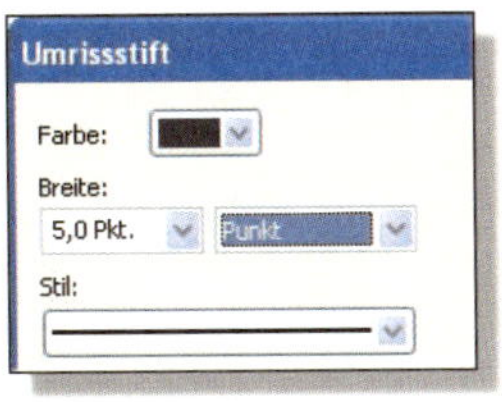

Bild 4.18 ~ Festlegen der Umrissbreite

Kapitel 4 ~ Ein individuelles Logo

An dieser Stelle bietet es sich an, das Ganze gleich auch ein bisschen farbig zu gestalten.

▶ **1** Klicken Sie dazu auf das Feld FARBE, und

▶ **2** wählen Sie einen grünen Farbton aus der Palette.

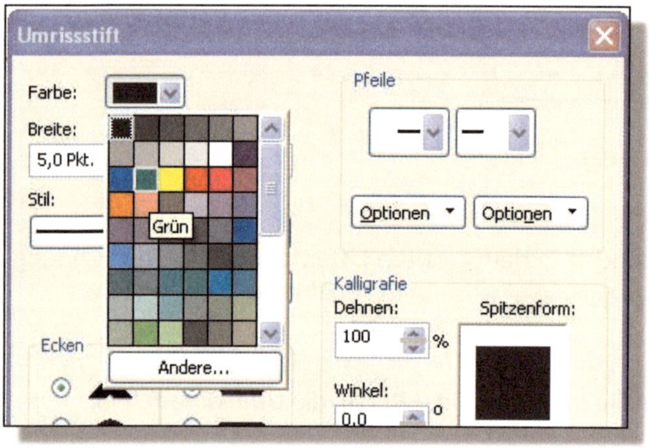

Bild 4.19 ~ Jetzt kommt Farbe ins Spiel

▶ **3** So, das waren dann gleich zwei Schritte auf einmal. Um zu sehen, wie das Ganze aussieht, klicken Sie auf OK, damit das Dialogfeld geschlossen wird.

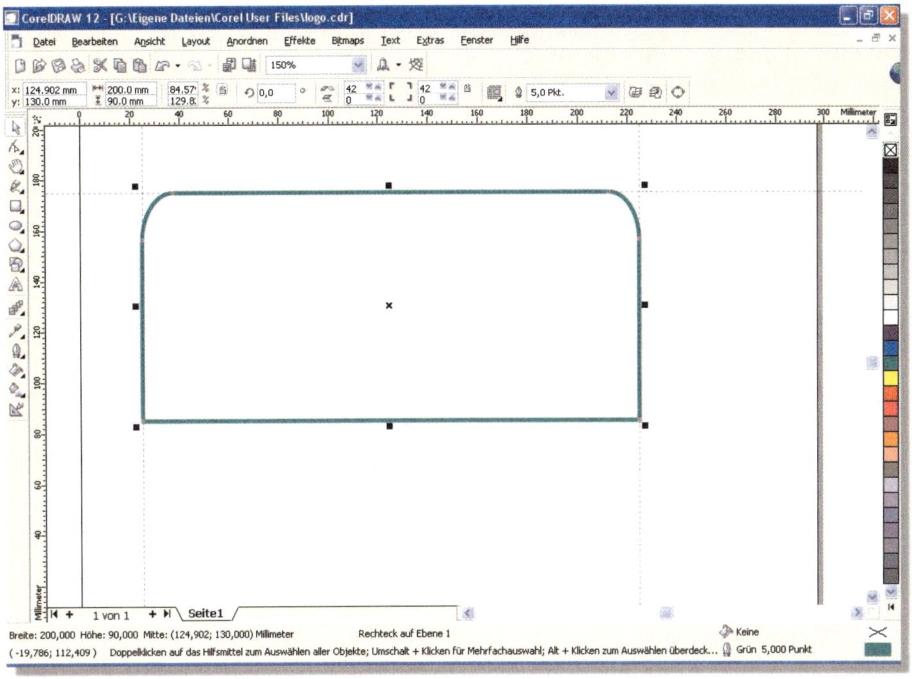

Bild 4.20 ~ Nicht schlecht für den Anfang

4.5 Wie eine Blume entsteht

Das Logo besteht im Wesentlichen aus einer Blume und einem Schriftzug. Im Folgenden werde ich Ihnen zunächst einmal zeigen, wie man mit recht einfachen Mitteln eine Blume gestalten kann.

Ein Blatt erstellen

Ausgangspunkt der Arbeiten ist eine Ellipse, die das Grundobjekt der einzelnen Blätter darstellt. *CorelDRAW* stellt Ihnen dazu wieder ein eigenes Hilfsmittel zur Verfügung.

1 Klicken Sie in der Hilfsmittelpalette auf das Symbol ELLIPSE, und bewegen Sie den Mauszeiger auf die Arbeitsfläche.

Der Mauszeiger ändert wieder sein Aussehen und zeigt Ihnen so an, dass Sie nun eine Ellipse zeichnen können.

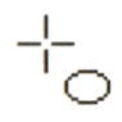

Bild 4.21 ~ Der Mauszeiger sollte jetzt so aussehen, damit Sie eine Ellipse erstellen können

2 Klicken Sie mit der Maus auf das Blatt, und halten Sie die Maustaste gedrückt. Bewegen Sie anschließend den Mauszeiger diagonal nach unten, und ziehen Sie so eine Ellipse auf. Dabei reicht es wieder, wenn Sie die Größe nur annähernd festlegen.

Sobald Sie die Maus loslassen, wird die Ellipse erzeugt, und Sie können sich im nächsten Schritt mit der Größe befassen.

Sollten Sie einen Kreis mit *CorelDRAW* zeichnen wollen, müssten Sie beim Aufziehen des Rahmens lediglich die Strg-Taste gedrückt halten.

Genauso, wie Sie es beim Rechteck vorgenommen haben, geben Sie nun die Größe der Ellipse über die Eigenschaftsleiste ein.

3 Als Breite sollten Sie 12 mm und als Höhe 35 mm eingeben. Tippen Sie diese Werte deshalb in die entsprechenden Felder ein.

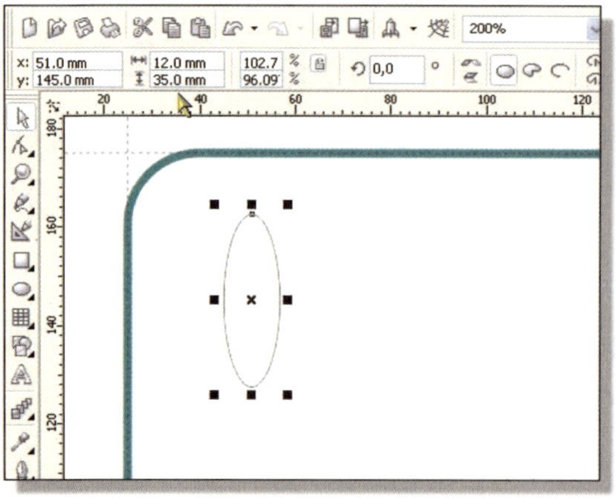

Bild 4.22 ~ Das erste Blatt

▶ **4** Beenden Sie die Eingabe durch Drücken der [↵]-Taste.

Dem Blatt Farbe zuweisen

Als Nächstes werden Sie dem Blatt eine Farbe zuweisen. Schließlich verfügt *CorelDRAW* über eine Reihe verschiedener Farbpaletten.

Füll- und Linienfarben festlegen

Um der Ellipse eine Farbe zuzuweisen, muss die Form markiert sein.

Die Farbe selbst weisen Sie dann über die Farbpalette auf der rechten Seite zu.

▶ **1** Bewegen Sie einfach den Mauszeiger über die Farbe, die Sie verwenden möchten und

▶ **2** klicken einmal darauf.

Neben den Farben, die in der Farbpalette angezeigt werden, verfügt jede Farbe darüber hinaus über insgesamt 49 Nuancen, die Sie als Füllfarbe verwenden können.

So funktioniert's mit der Füllfarbe:

▶ **1** Klicken Sie auf Ihre Wunschfarbe, und

▶ **2** halten Sie dann die Maustaste zwei Sekunden gedrückt.

Schon erscheint eine kleine Palette, in der die verschiedenen Farbtöne der ausgewählten Farbe angezeigt werden.

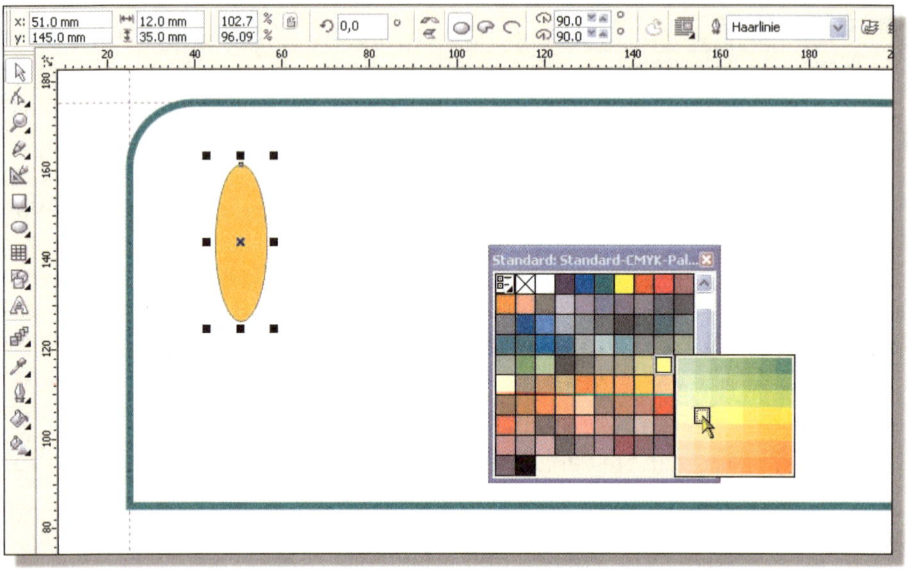

Bild 4.23 ~ Füllfarbe mit eingeblendeter Nuancen-Palette

In der Abbildung wurde die Palette von der rechten Seitenwand »abgerissen«, um alle Farben der Farbpalette dauerhaft anzeigen zu lassen. Diese Vorgehensweise ist dann besonders praktisch, wenn Sie mehrere Objekte mit einer Farbe versehen wollen. Wenn Sie die Palette nicht mehr benötigen, schieben Sie sie einfach an ihre ursprüngliche Position zurück.

Es macht einen Unterschied, mit welcher Maustaste Sie auf ein Farbfeld klicken. Merken Sie sich einfach folgende Regel:

- Mit der linken Maustaste weisen Sie die Füllfarbe zu.
- Mit der rechten Maustaste wählen Sie dagegen die Umrissfarbe.

Möchten Sie einem Objekt keine Füll- und/oder Linienfarbe zuweisen, klicken Sie entsprechend auf das Kästchen mit dem Kreuz in der Farbpalette.

Bild 4.24 ~ Mit einem Klick entfernen Sie die Füllfarbe

Farbverlauf verwenden

Im Folgenden werden Sie sehen, dass die Blume viel besser aussieht, wenn ihr eine räumliche Wirkung gegeben wird. Dies lässt sich in *CorelDRAW* ganz einfach mithilfe von Farbverläufen realisieren. Bei solchen Farbverläufen geht eine Füllfarbe mehr oder weniger stufenlos in eine andere über.

1 Klicken Sie, um einen Farbverlauf zu erstellen, auf das Werkzeug

FÜLLUNG.

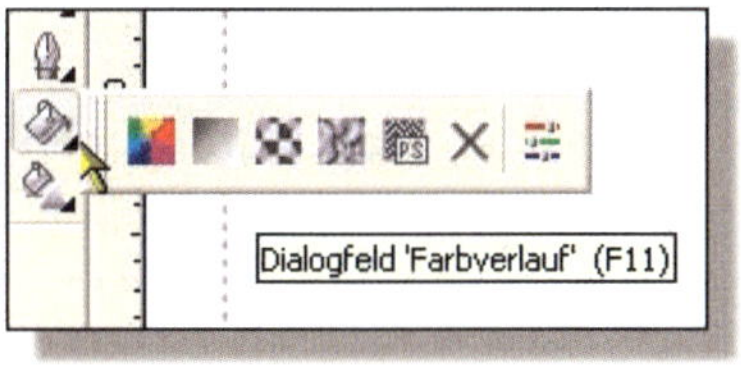

Bild 4.25 ~ Das geöffnete Flyout-Menü FÜLLUNG

2 Klicken Sie dann im Flyout-Menü auf das Symbol DIALOGFELD FARBVERLAUF.

Es öffnet sich das folgende Dialogfeld, in dem Sie alle erforderlichen Einstellungen vornehmen können.

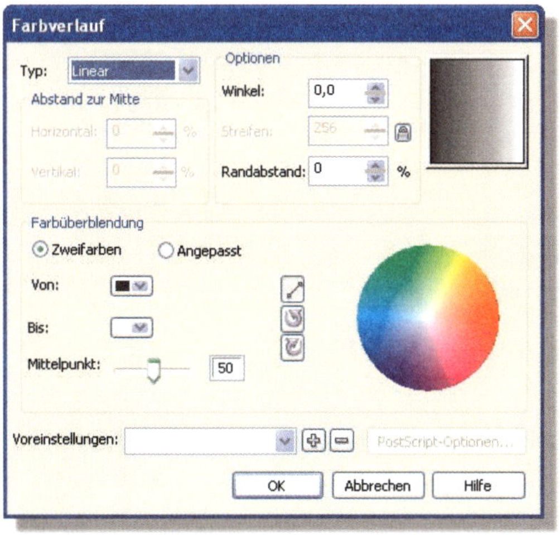

Bild 4.26 ~ Das Dialogfeld FARBVERLAUF in voller Pracht

Im Listenfeld TYP können Sie das Aussehen des Verlaufs bestimmen. Von den zur Auswahl stehenden Typen kommt ein radialer Farbverlauf der Blattstruktur am Nächsten.

Ein Farbverlauf besteht aus zwei Farben, die ineinander überführt werden. Deshalb müssen Sie im Dialogbereich FARBÜBERBLENDUNG die Ausgangs- und die Zielfarbe bestimmen.

▶ **3** Klicken Sie zunächst auf das Farbfeld VON, und wählen Sie beispielsweise einen orangefarbenen Ton aus.

▶ **4** Klicken Sie dann in das Farbfeld BIS. Hier sollten Sie sich für einen gelben Farbton entscheiden.

▶ **5** Bestimmen Sie abschließend intuitiv den Winkel des Verlaufs, indem Sie mit der Maus in das Vorschaufenster klicken und das angezeigte Fadenkreuz entsprechend bewegen.

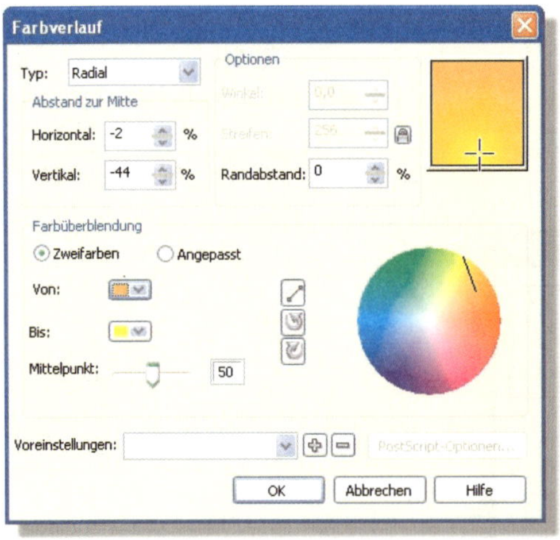

Bild 4.27 ~ Winkel des Farbverlaufs anordnen

Da es empfehlenswert ist, die Blätter in der Nähe des Blütenstempels heller zu gestalten, sollten Sie hier die Maus nach unten ziehen.

6 Haben Sie alle Einstellungen zu Ihrer Zufriedenheit getroffen, können Sie dieses Dialogfeld mit einem Klick auf OK verlassen.

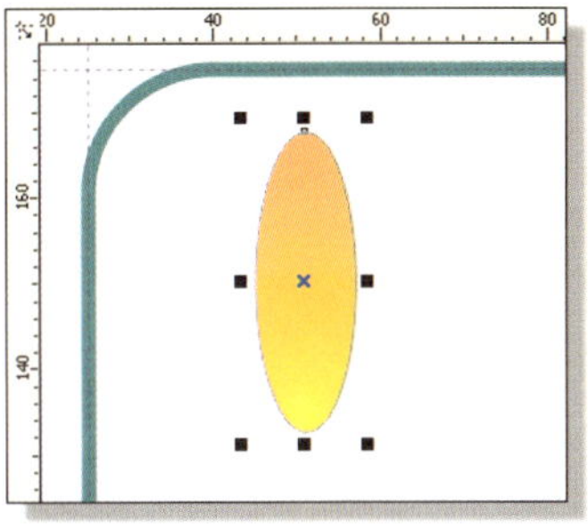

Bild 4.28 ~ Das erste Blatt ist fertig

Weitere Blätter erstellen

Vielleicht fragen Sie sich jetzt, ob Sie die anderen Blätter nun auch auf diese Art und Weise erstellen müssen?

Das geht echt einfach – Sie werden die fehlenden Blätter einfach durch Kopieren herstellen.

Aber: Jedes Blatt ist ein bisschen anders angeordnet.

Das ist kein Hindernis, denn die Blätter werden einfach gedreht. Sie werden sehen, die folgenden Schritte fassen zwei Arbeitsvorgänge zusammen.

Doch jetzt los.

Markieren Sie die Ellipse mit dem Hilfsmittel AUSWAHL, sofern sie nicht mehr ausgewählt ist.

Drehpunkt verschieben

Es erscheinen die bereits schon bekannten Haltepunkte.

1 Klicken Sie das Objekt erneut an.

Die Haltepunkte nehmen nun die Form von Doppelpfeilen an.

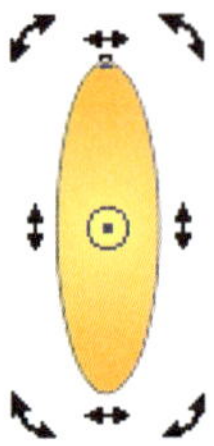

Bild 4.29 ~ Die Ellipse im Drehmodus

Zusätzlich wird Ihnen sicherlich die kreisrunde Markierung in der Mitte auffallen. Diese Markierung stellt den Punkt dar, um den gedreht wird.

Für Ihr Vorhaben befindet sich diese Markierung allerdings an der falschen Stelle. Die Blütenblätter einer Blume sind stets um den Blumenkelch angeordnet.

2 Bewegen Sie deshalb den Mauszeiger auf diese runde Markierung, und

3 ziehen Sie sie, sobald der Mauszeiger die Form eines Fadenkreuzes annimmt, an den unteren Rand der Ellipse.

Bild 4.30 ~ Verschieben des Drehpunkts

Objekt drehen

Jetzt wird es ernst. Ihre ganze Konzentration ist nun gefordert. Es sind nämlich mehrere Schritte auf einmal zu erledigen.

▶ **1** Bewegen Sie den Mauszeiger an den linken oberen Drehdoppelpfeil, bis er die Form eines Kreises mit zwei Pfeilenden annimmt.

Bild 4.31 ~ Das ist die richtige Position

▶ **2** Klicken Sie dann, und halten Sie die Maustaste gedrückt. Drehen Sie nun das Objekt, indem Sie es langsam mit der Maus nach links wegbewegen.

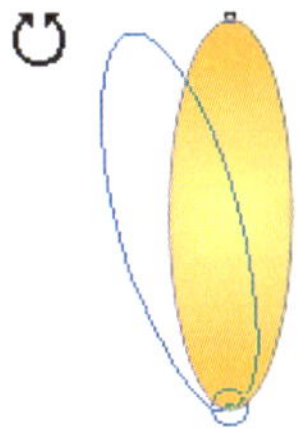

Bild 4.32 ~ Und ab geht es!

▶ **3** Nun kommt der schwierigste Teil der Übung. Betätigen Sie während dieser Drehung die [Strg]-Taste, und halten Sie sie gedrückt. So wird die Drehung in 15°-Schritten ausgeführt.

▶ **4** Für die Blume wählen Sie einen 30°-Abstand, sodass Sie die Maus zweimal bewegen müssen.

! Nein, bitte jetzt die Maustaste noch nicht loslassen! Denn dann hätten Sie lediglich das Objekt gedreht. Es soll aber ein neues Blatt in diesem Abstand eingefügt werden. Dazu muss es dupliziert werden.

5 Klicken Sie dazu einmal mit der rechten Maustaste.

Sie sehen als Bestätigung dafür, dass Sie eine Kopie angelegt haben, ein kleines Pluszeichen neben dem Cursor.

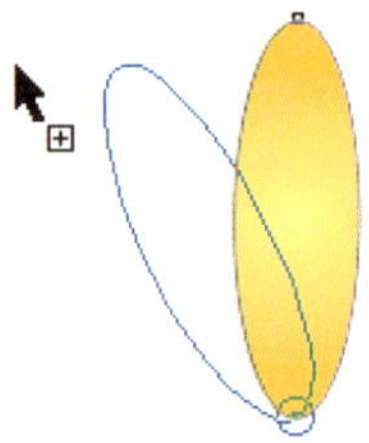

Bild 4.33 ~ Ein neues Blatt entsteht

Geschafft! Sie haben jetzt zwei Blätter!

Gleichartige Schritte wiederholen

Diese Übung ist die schwerste in diesem Kapitel, und Sie werden erfahrungsgemäß ein bisschen Training brauchen.

Vielleicht erstellen Sie das eine oder andere weitere Blatt auf diese Art. Allerdings müssen noch acht weitere Blätter erstellt werden – da bietet es sich an, eine weitere Funktion des Programms einzusetzen.

In der Praxis kommt es häufiger vor, dass Sie bestimmte Objekte auf dieselbe Art und Weise verschieben, bewegen oder drehen wollen. Hierzu bietet Ihnen *CorelDRAW* den Menübefehl BEARBEITEN / WIEDERHOLEN an. Mit diesem Menüpunkt können Sie den letzten Arbeitsschritt auf ein markiertes Objekt wieder anwenden. Diesen Befehl verwenden wir für die restlichen Blätter.

Rufen Sie jetzt den Befehl BEARBEITEN / WIEDERHOLEN auf.

Das war es auch schon: Es erscheint sofort ein neues, gedrehtes Objekt in demselben Abstand wie das zuerst gedrehte.

Ich persönlich bevorzuge die Tastenkombination Strg+R, was zum selben Ergebnis führt.

Versuchen Sie es doch einmal, und fügen Sie dann noch die restlichen Blätter ein, bis die Blume so wie in folgendem Bild aussieht:

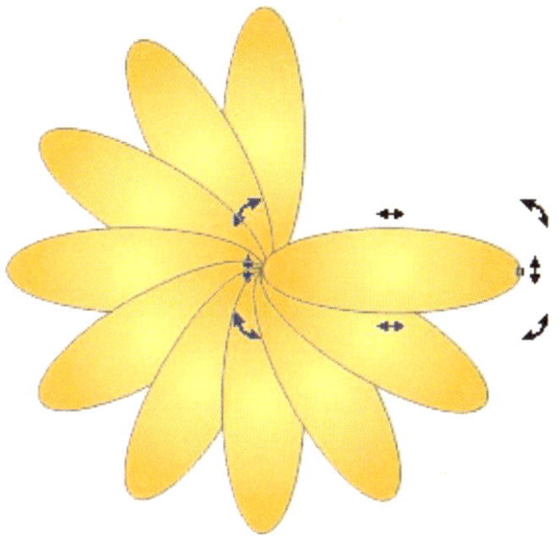

Bild 4.34 ~ Eins, zwei, drei – fertig

Füllmuster effektiv einsetzen

Die Blume sieht doch schon recht ordentlich aus. Doch etwas fehlt ... richtig, der Blütenkelch. Er besteht zunächst aus einem Kreis.

1 Aktivieren Sie das Hilfsmittel ELLIPSE.

2 Ziehen Sie dann auf der Arbeitsfläche einen ca. 17 mm großen Kreis auf.

Halten Sie dabei die [Strg]-Taste gedrückt, erhalten Sie ohne Mühen einen schönen Kreis.

3 Verschieben Sie diesen in die Mitte der Blume.

Das eigentliche plastische Aussehen soll mit einem Füllmuster erzielt werden. *CorelDRAW* bringt eine Vielzahl von Füllmustern mit. Doch manchmal sucht man trotzdem oft vergebens das wirklich passende.

Allerdings kann man – wie Sie gleich sehen werden – die Füllmuster für seine Zwecke abwandeln.

1 Markieren Sie den Kreis, sofern er das nicht schon ist.

2 Klicken Sie auf das Werkzeug FÜLLUNGEN.

3 Klicken Sie im sich öffnenden Flyout-Menü auf die vierte Schaltfläche.

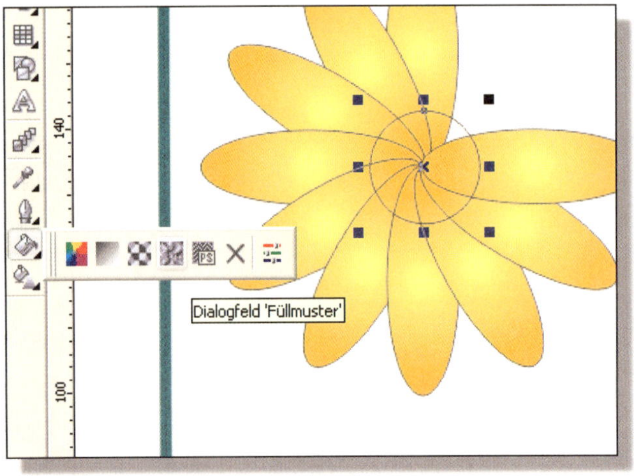

Bild 4.35 ~ Aufruf des FÜLLMUSTER-Dialogsfelds

Es öffnet sich das Dialogfeld FÜLLMUSTER.

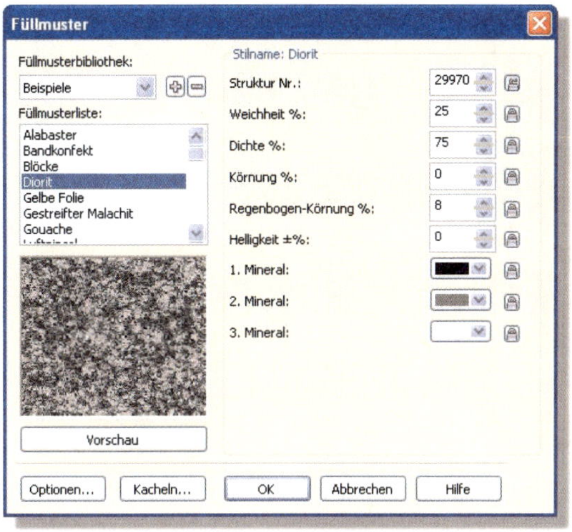

Bild 4.36 ~ Dialogfeld FÜLLMUSTER

In diesem Dialogfeld können Sie zunächst aus einer Reihe von Füllmusterbibliotheken auswählen:

1 Wählen Sie für Ihre Blume die Füllmusterbibliothek BEISPIELE aus.

2 Wählen Sie den Eintrag DIORIT aus, da er sich für diesen Zweck am besten eignet.

Nach einer kleinen Wartezeit erscheint das Vorschaubild zur gewählten Füllung. Im unteren Bereich können Sie nun Einstellungen zu Struktur, Helligkeit und einzelnen Farben vornehmen.

3 Klicken Sie auf die Farbfelder mit der Bezeichnung MINERAL, und stellen Sie braune Farbtöne ein. Am besten wählen Sie für das obere Feld einen dunkelbraunen Ton und stufen dann nach unten ab.

4 Klicken Sie zur Kontrolle immer auf die Schaltfläche VORSCHAU, andernfalls können Sie die Veränderungen nicht einschätzen.

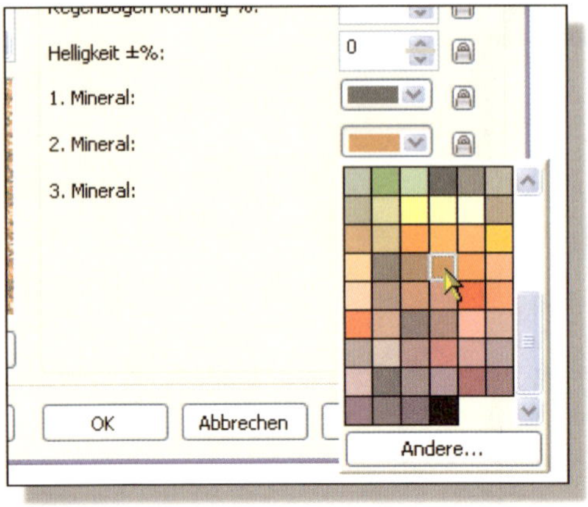

Bild 4.37 ~ Gestalten Sie die Farben nach Ihren Vorstellungen

Sicherlich müssen Sie hier ein bisschen jonglieren, bis es so aussieht, wie Sie sich das vorstellen.

5 Sind Sie fertig, klicken Sie auf OK: Der Kreis erhält die gewünschte Füllung.

Bild 4.38 ~ Es geht voran, die Blume ist (fast) fertig!

Wie Sie bemerken, ist der Kreis von einer kleinen dünnen Linie umgeben. Diese soll im Folgenden noch entfernt werden, da sie zu stark auffällt.

▶ **1** Klicken Sie auf das Symbol des Hilfsmittels UMRISS.

▶ **2** Im geöffneten Flyout-Menü klicken Sie auf die Schaltfläche KEIN UMRISS.

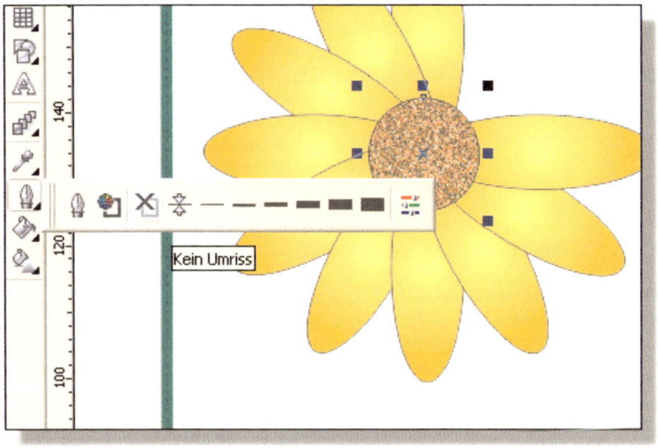

Bild 4.39 ~ Entfernen des Umrisses

4.6 Den Schriftzug gestalten

Das Logo ist somit fast fertig und soll nun mit Schriftzügen versehen werden.

Textobjekte formatieren

▶ **1** Aktivieren Sie das Werkzeug TEXT, und geben Sie den Schriftzug `Sonnenschein` ein.

▶ **2** Klicken Sie oberhalb dieses Textes, und schreiben Sie die Firmenbezeichnung `S' Blumenlädle` in ein eigenes Textobjekt.

▶ **3** Dann wechseln Sie zu dem Werkzeug AUSWAHL und markieren das erste Objekt.

4 Über die Eigenschaftsleiste weisen Sie dem Objekt die Schriftart COOPER BLACK zu. Wenn Sie diese Schrift nicht finden, nehmen Sie eine Ihnen vorliegende.

5 Anschließend klicken Sie noch auf einen grünen Farbton in der Farbpalette.

6 Verfahren Sie mit dem zweiten Textobjekt genauso.

Textobjekte ausrichten

Nachdem die Textobjekte die richtige Schriftart aufweisen, sollen sie nun ausgerichtet werden. Dazu bedienen Sie sich am besten wieder der Hilfslinien.

1 Ziehen Sie eine Linie aus dem oberen Lineal heraus, und platzieren Sie sie oberhalb des Blütenkelchs.

2 Sehen Sie nach, ob die Einrastfunktion (über das Menü ANSICHT / AN HILFSLINIEN AUSRICHTEN) aktiviert ist. Ziehen Sie dann das erste Objekt an die Hilfslinie heran.

3 Vergrößern Sie nun die Schrift bzw. das Textobjekt durch Ziehen an den Eckanfasspunkten, so wie im Bild unten dargestellt.

Wenn Sie das erledigt haben, verfahren Sie mit dem zweiten Textobjekt genauso. Hier sollten Sie das Wort `S' Blumenlädle` genau zwischen dem `S` und dem `h` des Namens `Sonnenschein` anordnen.

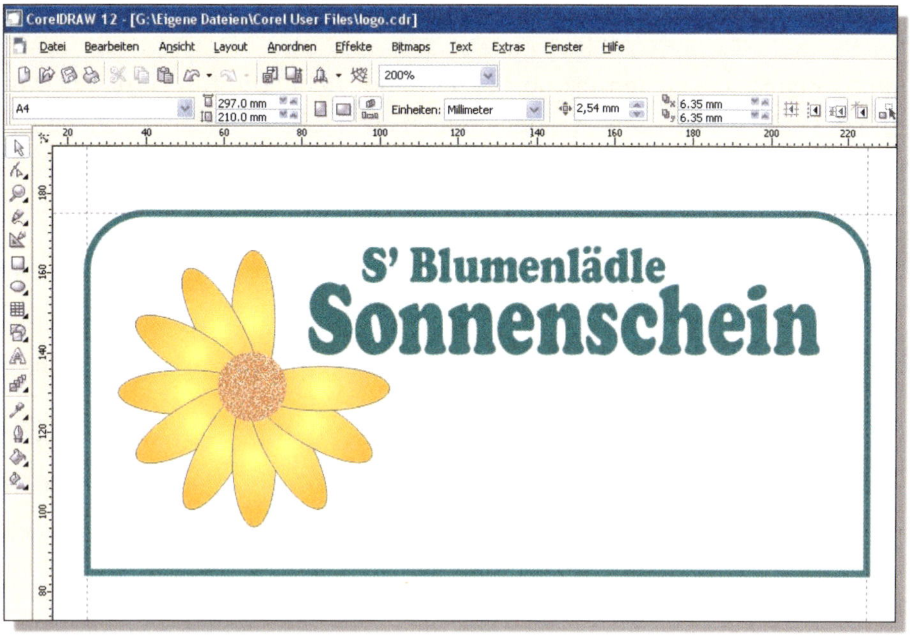

Bild 4.40 ~ Ausrichten des Textes

Nun fehlt noch das Textobjekt mit der Inhaberangabe und – ganz wichtig fürs Geschäft – die Telefonnummer.

- Aktivieren Sie das Textwerkzeug, und legen Sie zwei grafische Textobjekte an. Beim ersten geben Sie ein `Inh. Susanne Sonnenschein` ein, beim zweiten `( 0123/ 24 04 20 04`.

Die runde, öffnende Klammer ist übrigens kein Druckfehler. Das hat, wie Sie gleich sehen werden, schon seine Richtigkeit. Bitte geben Sie also eine sich öffnende Klammer ein und schließen Sie sie nicht.

- Ziehen Sie dann zwei Hilfslinien aus dem oberen Lineal heraus. Platzieren Sie die erste am unteren Rand der Sonnenblume, die zweite am unteren Rand des übernächsten Blattpaares (vgl. Bild 4.41).

Markierung erweitern und formatieren

Nun müssen Sie die beiden Textobjekte noch mit einer Schriftart versehen. Das können Sie zwar auch nacheinander vornehmen, doch Sie werden gleich sehen, wie man solche Routineschritte in einem Arbeitsgang erledigen kann.

1 Klicken Sie auf das erste Textobjekt.

2 Drücken Sie dann die [⇧]-Taste, und klicken Sie auf das zweite Objekt.

Dadurch erweitert sich die Markierung auch auf das zweite Objekt, sodass beide markiert sind.

Haben Sie aus Versehen ein Objekt zu viel oder das falsche markiert, dann können Sie dieses jederzeit aus der Auswahl entfernen, indem Sie es einfach mit gedrückter [⇧]-Taste erneut anklicken.

Nun muss nur noch die passende Schrift zugewiesen werden.

3 Weisen Sie diesen beiden Objekten also die Schriftart COOPER BLACK (oder die Ihrer Wahl) zu.

Telefonsymbol erstellen

Um nun noch das Telefonsymbol sichtbar werden zu lassen, müssen Sie noch einen kleinen weiteren Schritt vollziehen. Dazu markieren Sie zunächst die Klammer vor den Telefonzahlen, um sie zu bearbeiten.

1 Aktivieren Sie wieder das TEXT-Werkzeug.

2 Klicken Sie vor die Klammer, und bewegen Sie die Maus bei gedrückter Maustaste über die Klammer hinweg.

Dadurch wird die Klammer farblich dargestellt und ist somit markiert.

Um die Klammer zu markieren, gibt es übrigens einen kleinen Trick. Zeigen Sie mit dem aktivierten Mauszeiger vor die Klammer und klicken Sie einmal doppelt.

3 Da sich das Telefonsymbol in dem Zeichensatz WINGDINGS befindet, müssen Sie nun nur noch genau diesen über die Eigenschaftsleiste auswählen.

Und schon sehen Sie das Telefonsymbol.

Bild 4.41 ~ Die letzten Schritte

4.7 Abschlussarbeiten

Geschafft, das Logo ist soweit fertig. Bei so viel Arbeit wäre es schade, wenn Sie jetzt aus Versehen etwas verschieben oder gar löschen würden. Das unbeabsichtigte Verändern von Objekten kann man aber echt einfach verhindern. Wie das geht, erfahren Sie in den nächsten beiden Abschnitten.

Objekte gruppieren

Wenn Sie nicht wollen, dass Sie versehentlich eines Ihrer Objekte verschieben, fassen Sie alle Objekte zu einer Gruppe zusammen.

Beim Gruppieren werden die markierten Objekte zu einem zusammenhängenden Objekt bebündelt. Alle Funktionen, wie Verschieben oder Verkleinern, können nur auf die markierte Gruppe angewendet werden. Vor allem erreichen Sie damit, dass die relative Lage der Objekte erhalten bleibt und die Objekte vor unbeabsichtigtem Verschieben gesichert sind.

1 Um eine Gruppe zu erstellen, wählen Sie das Hilfsmittel AUSWAHL.

2 Ziehen Sie dann einen Rahmen um die Objekte, die Sie zusammenfassen wollen. Wenn Sie die Objekte nicht mit einem Rahmen umschließen können, klicken Sie die Objekte nacheinander mit gedrückter [⇧]-Taste an.

Im vorliegenden Beispiel positionieren Sie am besten die Maus am linken oberen Rand, und ziehen sie diagonal über alle Objekte hinweg zum unteren rechten Rand des Logos. Dort lassen Sie die Maus los. Die Objekte, die Sie dabei überstreift haben, sind jetzt zusammenhängend markiert.

3 Um sie als Gruppe zusammenzufassen, klicken Sie auf die Schaltfläche

GRUPPE in der Eigenschaftsleiste, oder betätigen Sie die Tastenkombination [Strg]+[G].

Bild 4.42 ~ Objekte gruppieren in zwei Schrittfolgen

Einzelobjekte in einer Gruppe ändern

▶ Speichern Sie Ihre Datei zur Sicherheit an dieser Stelle.

Das eine oder andere Mal wird sicherlich der Wunsch in Ihnen auftreten, ein Objekt aus einer Gruppe zu ändern. Dafür sind allerdings ein paar Einstellungen notwendig, da alle Arbeitsschritte zunächst für das komplette, gruppierte Objekt gelten. Diese Besonderheit sollten Sie sich zunächst einmal ansehen:

▶ **1** Klicken Sie einmal mit dem Werkzeug AUSWAHL auf das gruppierte Logo.

Rundherum sehen Sie die bekannten acht Anfasspunkte, die Ihnen hier symbolisieren, dass Sie ein Objekt vor sich sehen.

2 Klicken Sie einmal mit der linken Maustaste auf die Farbe Rot der Farbpalette.

Sie sehen nur noch rot, ein paar Punkte und einen grünen Umriss? Das liegt eben daran, dass ein Objekt als zusammengehörig betrachtet wird und Eigenschaftsänderungen auf alle Objekte Auswirkungen haben.

Mithilfe der *Windows*-Zauber-Tastenkombination Strg+Z oder einen Klick auf RÜCKGÄNGIG können Sie diesen Schritt aber schnell wieder rückgängig machen.

Wenn Sie ein einzelnes Objekt innerhalb einer Gruppe bearbeiten wollen, ohne die Gruppe gleich ganz aufzulösen, müssen Sie auf einen kleinen Trick zurückgreifen:

- Klicken Sie einfach auf das jeweilige Objekt, während Sie die Strg-Taste gedrückt halten.

Probieren Sie das aus, indem Sie entsprechend auf ein Blatt der Blume klicken.

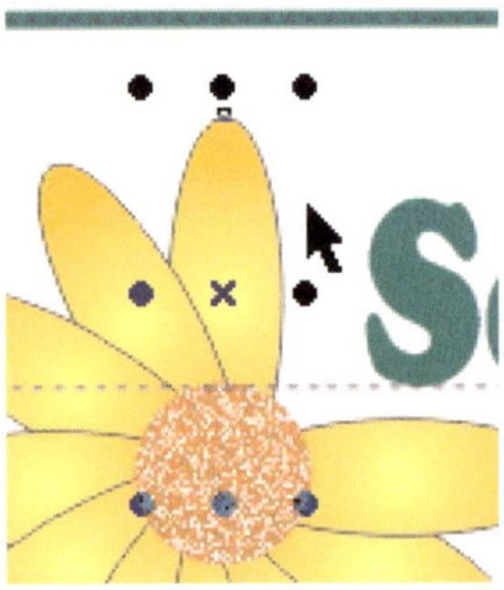

Bild 4.43 ~ Ein markiertes Einzelobjekt

Sie sehen dann anstelle der acht quadratischen Anfasspunkte runde Anfassmarken. Das ist das Zeichen dafür, dass Sie ein Objekt innerhalb einer Gruppe markiert haben.

Ein so ausgewähltes Objekt kann dann beliebig verändert werden: Klicken Sie beispielsweise auf die rote Farbschaltfläche in der Palette. Jetzt wird nur das einzelne Blatt rot gefärbt.

Den Schritt sollten Sie dann auch wieder mit Strg+Z oder per Klick auf die Schaltfläche RÜCKGÄNGIG ungeschehen machen.

Gruppierung aufheben

Sie können eine Gruppierung auch wieder aufheben, etwa, wenn Sie einzelne Objekte für eine andere Grafik benötigen oder bestimmte Veränderungen vornehmen.

1 Markieren Sie dazu die Gruppe mit dem Werkzeug AUSWAHL.

2 Klicken Sie dann in der Eigenschaftsleiste auf die Schaltfläche GRUPPIERUNG AUFHEBEN.

Schneller geht es auch hier, wenn Sie die Tastenkombination Strg+U verwenden.

Sicherlich werden Ihnen die beiden Schaltflächen in der Eigenschaftsleiste aufgefallen sein.

Bild 4.44 ~ Eine Gruppierung aufheben

> Die zweite findet eigentlich nur Anwendung bei einer so genannten verschachtelten Gruppierung. Das ist eine Gruppierung, bei der eine Gruppe von Objekten wiederum Bestandteil einer größeren Gruppe ist. Die Schaltfläche GRUPPIERUNG AUFHEBEN löst nur die letzte Gruppierung innerhalb dieses Verbundes auf. Wenn Sie alle Objekte aus ihrem bzw. irgendeinem Gruppenverband lösen wollen, dann verwenden Sie die Schaltfläche GRUPPIERUNG ALLER OBJEKTE AUFHEBEN.

Objekte gegen Veränderung sperren

Wie Sie eben beim Gruppieren gesehen haben, bleiben die Positionen der gruppierten Objekte beim Verschieben unverändert. Das verhindert aber nicht, dass Sie das Objekt selbst weiterhin verschieben können.

Möchten Sie sicher stellen, dass die Position von Objekten auf der Zeichenfläche erhalten bleibt, und damit vor unabsichtlichem Verschieben geschützt wird, müssen Sie die Objekte sperren.

1 Markieren Sie das Logo mit dem Hilfsmittel AUSWAHL..

2 Rufen Sie das Menü ANORDNEN auf, und wählen Sie dort den Eintrag OBJEKT SPERREN.

Augenblicklich erscheinen anstelle der bekannten Anfasspunkte kleine Schlosssymbole.

Bild 4.45 ~ Ein gesperrtes Objekt

Wenn Sie jetzt versuchen, das Objekt zu verschieben, werden Sie bemerken, dass es von jeder Bearbeitung ausgenommen ist.

Und wie hebt man die Sperre wieder auf? Ganz einfach: Rufen Sie den Menüpunkt ANORDNEN abermals auf. Nun können Sie den Menüeintrag OBJEKTE ENTSPERREN aktivieren. Sollten Sie mehrere Objekte auf einer Seite gesperrt haben, können Sie die gesamte Sperrung über den Menüpunkt ALLE OBJEKTE FREIGEBEN aufheben.

4.8 Das Logo ausdrucken

Jetzt wollen Sie sicher Ihre Arbeit zu Papier bringen. Dem steht nichts mehr im Wege. Sofern Ihr Drucker nicht stets im Stand-by-Modus ist, müssen Sie ihn nun einschalten.

Dann betätigen Sie nur noch die DRUCKEN-Schaltfläche in der Symbolleiste.

Vom letzten Kapitel her wissen Sie ja, dass jetzt unter Umständen ein Hinweisfenster und die Druckdialogfenster erscheinen. Wenn Sie sich nicht ganz so sicher sind, wie Sie damit verfahren sollten, können Sie in Kapitel 3 noch einmal nachsehen, wie's geht.

Bestimmt kennen Sie die Visitenkartenautomaten, die an jedem Bahnhof stehen, oder die vielen »Komplettprogramme«, die Ihnen eine Visitenkarte in Windeseile erstellen. Wenn Sie jedoch eine gute, eindrucksvolle Visitenkarte wünschen, sollten Sie zu ***CorelDRAW 12*** *greifen.*

Sie werden auf den folgenden Seiten lernen,

- *wie man eindrucksvolle Visitenkarten gestaltet,*
- *wie man verschiedene Papiersorten handhabt,*
- *wie man Hilfslinien effizient verwendet,*
- *wie man Texte optimal ausrichtet und*
- *wie man die Visitenkarten schließlich ausdruckt.*

Eine eindrucksvolle Visitenkarte

5.1 Grundeinstellungen für die Visitenkarte

Bisher haben Sie ausschließlich mit einem DIN-A4-Blatt gearbeitet.

Die Visitenkarte, die Sie anlegen wollen, soll 85 x 54 mm groß sein, das entspricht der Größe gängiger Scheckkarten. Dieses Format besitzt den Vorteil, dass Sie die vielen Blankokarten mit Mikroperforierung oder anderen Techniken einsetzen können, die der Handel bereithält. Damit lassen sich echt einfach sehr gute Karten erstellen.

Seitenformat verändern

Zunächst sollten Sie wie gewohnt eine neue Datei anlegen.

Speichern Sie sie unter dem Namen `Visite` ab.

Damit Sie diese Karten verwenden können, müssen Sie das Seitenlayout, wie es in *CorelDRAW* heißt, ändern. Die dazu erforderlichen Eingaben nehmen Sie im Dialogfeld OPTIONEN vor.

1 Um dies auf dem Bildschirm zu bringen, müssen Sie das Menü LAYOUT / SEITE EINRICHTEN auswählen.

Betrachten Sie das Dialogfeld einmal genauer. Auf der linken Seite finden Sie eine baumähnliche Struktur, die Ihnen vom *Windows-Explorer* her vertraut sein dürfte.

2 Suchen Sie dort den Eintrag ETIKETT, der unterhalb der Seiteneinstellungen angeordnet ist.

Wenn Sie ihn nicht sofort sehen, finden Sie bestimmt vor dem Eintrag SEITE ein kleines Quadrat mit Pluszeichen. Dieses zeigt Ihnen, dass da noch etwas »versteckt« ist.

3 Klicken Sie einmal darauf, und schon müssten Sie den Eintrag sehen.

Wenn Sie diesen Eintrag markiert haben, verändert sich das Aussehen des Dialogfelds im rechten Bereich. Hier finden Sie nun alles, was Sie benötigen.

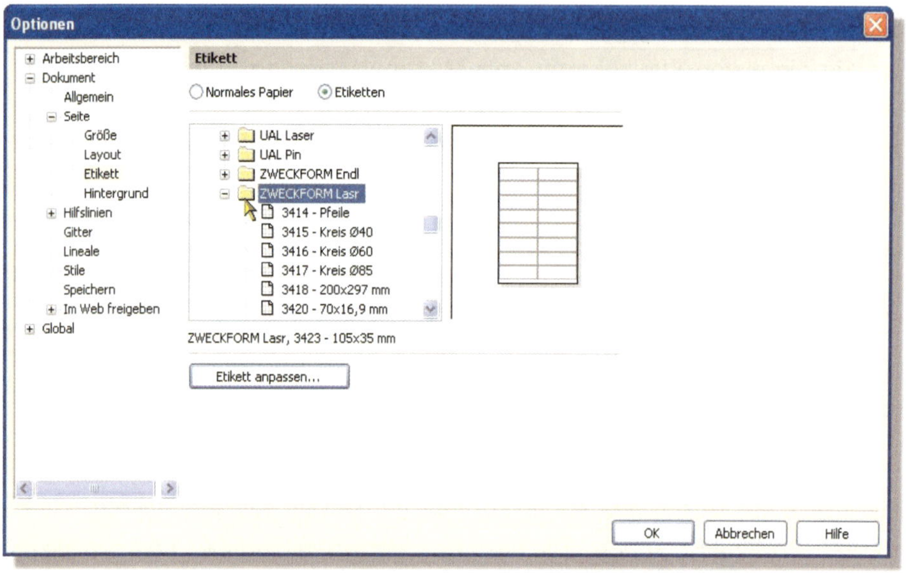

Bild 5.1 ~ Wählen Sie das Etikettenformat aus

4 Stellen Sie zuerst die Optionsschaltfläche ganz oben auf ETIKETTEN ein.

Der folgende Schritt hängt nun davon ab, welche Etiketten Sie bei Ihrem Händler bekommen. Schauen Sie zunächst auf die Verpackung der Software, und suchen Sie nach der entsprechenden Nummer.

Für das Beispiel wurden die der Firma *Zweckform* verwendet. Diesen Ordner finden Sie ganz weit unten.

▶ **5** Klicken Sie hier auf das Pluszeichen vor der ausgewählten Firma. Schon klappt eine große Liste mit den Produkten der betreffenden Firma auf.

Wenn Sie Glück haben, finden Sie die Nummer Ihrer Visitenkarten aufgelistet, und Sie müssen diese nur anklicken.

Eigenes Format definieren

Im folgenden Beispiel werden die Visitenkarten mit der Nummer *32010* als Vorlage verwendet, die wie folgt Ihren Wünschen angepasst wird:

▶ **1** Klicken Sie einmal auf die Schaltfläche ETIKETT ANPASSEN.

Lassen Sie sich nicht von der Vielfalt der Einstellmöglichkeiten abschrecken! Sie werden sehen, dass das Anlegen eines eigenen Etikettenstils oder die Anpassung vorhandener Stile echt einfach ist.

Nehmen Sie zunächst die Einstellungen des neuen Etikettenformats vor.

▶ **2** Zunächst beschränken Sie im Bereich LAYOUT die Anzahl der ZEILEN auf 5. Die Anzahl der SPALTEN bleibt dagegen mit 2 bestehen.

▶ **3** Dann tragen Sie im Bereich ETIKETTENGRÖSSE als BREITE 85 ein, in das Feld HÖHE 54.

▶ **4** Im Bereich Ränder aktivieren Sie zunächst das Kontrollkästchen RÄNDER gleich, und tragen dann in das Feld Links den Wert 21,5 ein.

▶ **5** Klicken Sie dann auf OK.

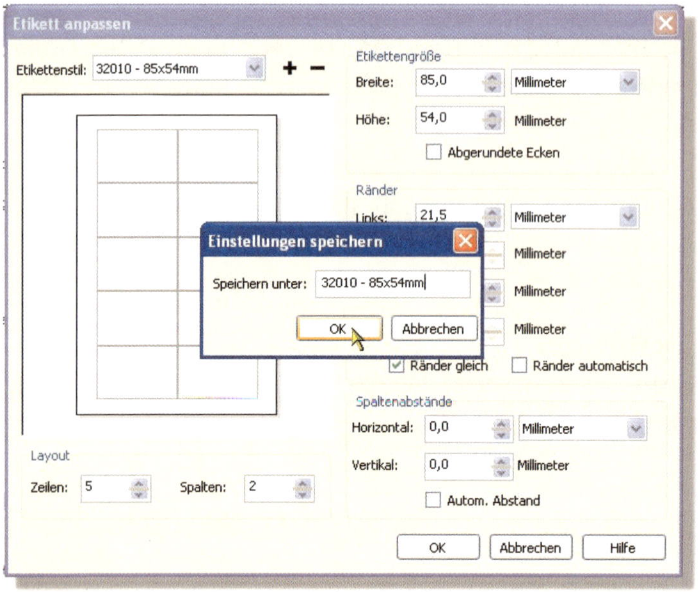

Bild 5.2 ~ Nachdem Sie die Einstellungen vorgenommen haben, müssen Sie noch einen Namen vergeben

▶ **6** Im folgenden Dialogfenster EINSTELLUNGEN SPEICHERN vergeben Sie einen aussagekräftigen Namen und bestätigen ihn mit OK.

Sie erhalten dann den neuen Stil in einer eigenen Kategorie aufgelistet.

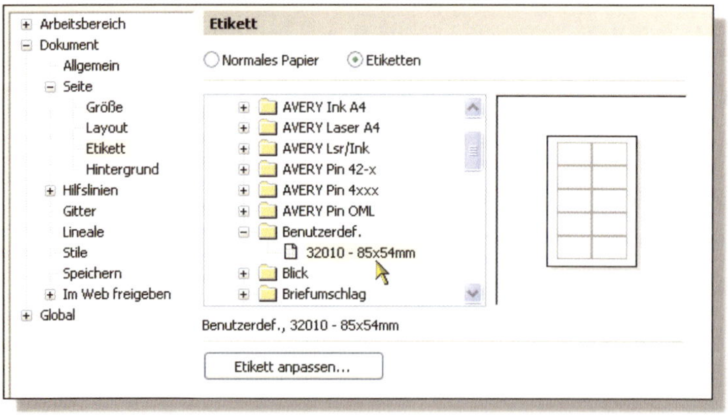

Bild 5.3 ~ Der neue Stil wird in einer eigenen Kategorie aufgelistet

▶ 7 Markieren Sie ihn, und klicken Sie dann auf OK.

Wenn Sie jetzt vielleicht ein Raster mit zehn Visitenkarten erwartet haben, wird Sie der Anblick überraschen. *CorelDRAW* stellt Ihnen nur eine Karte zur Verfügung, die Sie gestalten müssen. Die restlichen neun Karten werden dann von dem Programm automatisch richtig angeordnet, und zwar so, dass Sie nichts weiter dafür unternehmen müssen.

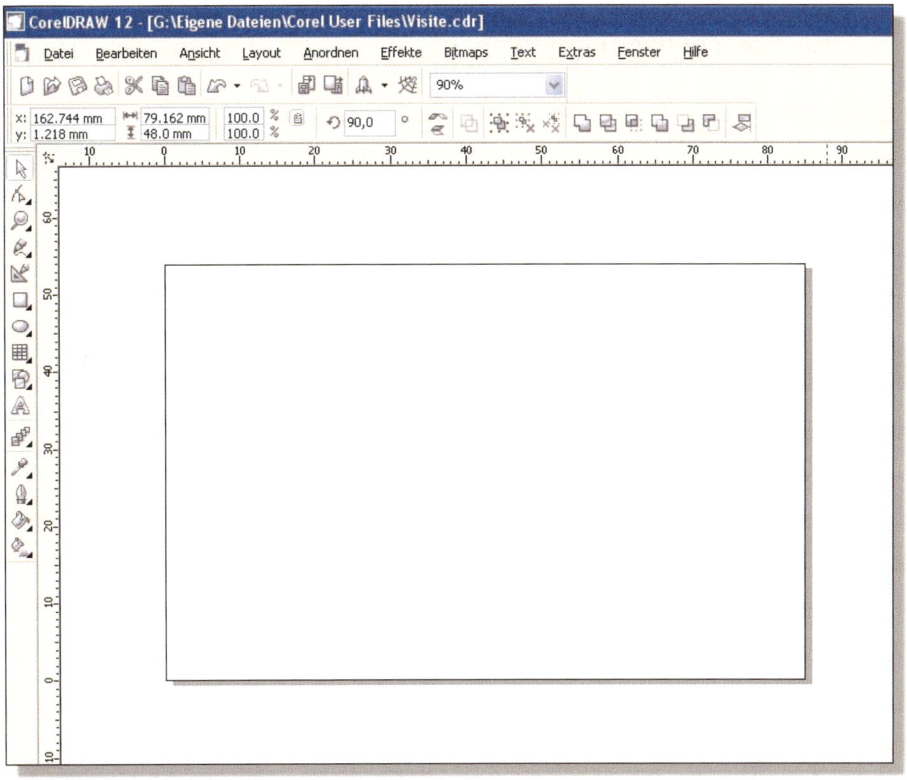

Bild 5.4 ~ Wo sind denn die restlichen Visitenkarten?

Doch diese erste Karte gilt es im Folgenden erst einmal zu gestalten.

Kapitel 5 ~ Eine eindrucksvolle Visitenkarte

5.2 Den Text eingeben

Text haben Sie schon eingegeben, und es ist kein Geheimnis mehr, wie das geht.

Legen Sie also los, und aktivieren Sie das TEXT-Werkzeug. Zunächst wird wieder grafischer Text verwendet, der gerade bei kleineren Texten seine Überlegenheit ausspielen kann.

1 Klicken Sie zunächst in die obere linke Ecke, damit Sie den Cursor auf dem Blatt positionieren.

Schreiben Sie bitte nicht gleich los, sondern verändern Sie erst einmal die Schriftgröße. Standardmäßig verwendet *CorelDRAW* nämlich eine Größe von 24 Punkt. Wenn Sie jetzt losschreiben würden, würden Sie schnell den Überblick verlieren. Deshalb stellen Sie die Schriftgröße über die Eigenschaftsleiste auf einen niedrigeren Wert ein, ich schlage 16 Punkt vor.

2 Klicken Sie deshalb auf den nach unten weisenden Pfeil und dann auf die 16, um diese Größe auszuwählen.

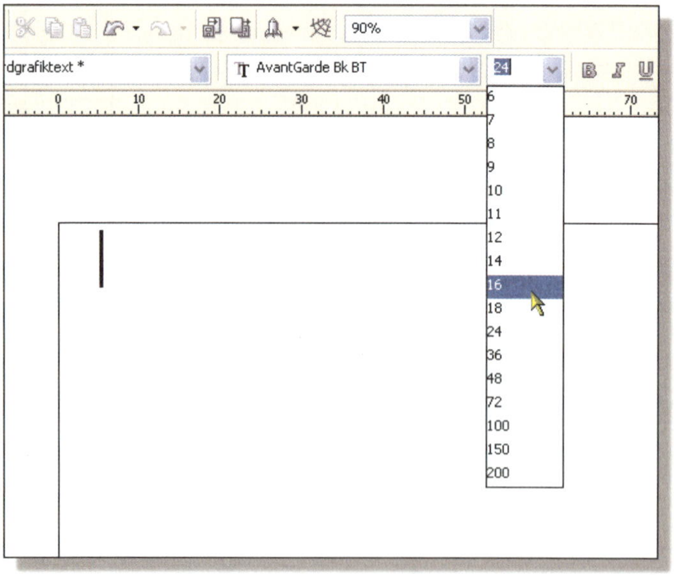

Bild 5.5 ~ Eine kleinere Schriftgröße wählen

▶ **3** Als Nächstes tippen Sie folgenden Text ein: `S' Blumenlädle`.

Und weil Sie sicherlich gerade so schön in Schwung sind, legen Sie auch das zweite Textobjekt an.

▶ **1** Dazu klicken Sie ungefähr in die Mitte der Visitenkarte und geben den nachfolgenden Text ein. Bitte beachten Sie, dass Sie bei der Texteingabe in grafischen Textobjekten jede Zeile mit der [↵]-Taste abschließen müssen, da das Programm in diesem Fall keinen automatischen Zeilenumbruch durchführt.

`Susanne Sonnenschein` [↵]

`Rosengasse 1` [↵]

`63414 Blumenhausen` [↵]

`( 0123 / 24 04 20 04`

Doch Vorsicht. Leider kann sich *CorelDRAW* nicht ohne Weiteres merken, dass Sie eben mit einer Schriftgröße von 16 Punkten geschrieben haben – das Programm hat wieder seinen Standardwert 24 eingestellt. Im vorliegenden Fall ist das nicht ganz so schlimm, denn im Folgenden wird sowieso ein noch kleinerer Schriftgrad benötigt.

▶ **2** Markieren Sie den zweiten Text, und

▶ **3** stellen Sie den Schriftgrad auf 12.

Falls Sie sich bei der Eingabe des Textes verschrieben haben, ist das kein Problem, denn schließlich arbeiten Sie ja mit einem Computer.

Voraussetzung für alle Bearbeitungen am Text ist allerdings, dass Sie in der Hilfsmittelpalette das Werkzeug TEXT aktiviert haben. Dieses müssen Sie dann an der Stelle positionieren, an der die Korrektur vorgenommen werden soll.

Am einfachsten geht das, wenn Sie den Mauszeiger genau über die zu bearbeitende Textstelle setzen und dann einmal mit der Maustaste klicken. Dadurch wird die Texteinfügemarke im Text abgesetzt.

Die eigentliche Textkorrektur können Sie dann wie in *Windows* üblich vornehmen:

- Mit der [←]-Taste löschen Sie von rechts nach links die betreffenden Textzeichen.
- Mit der [Entf]-Taste geht es genau anders herum, also von links nach rechts.

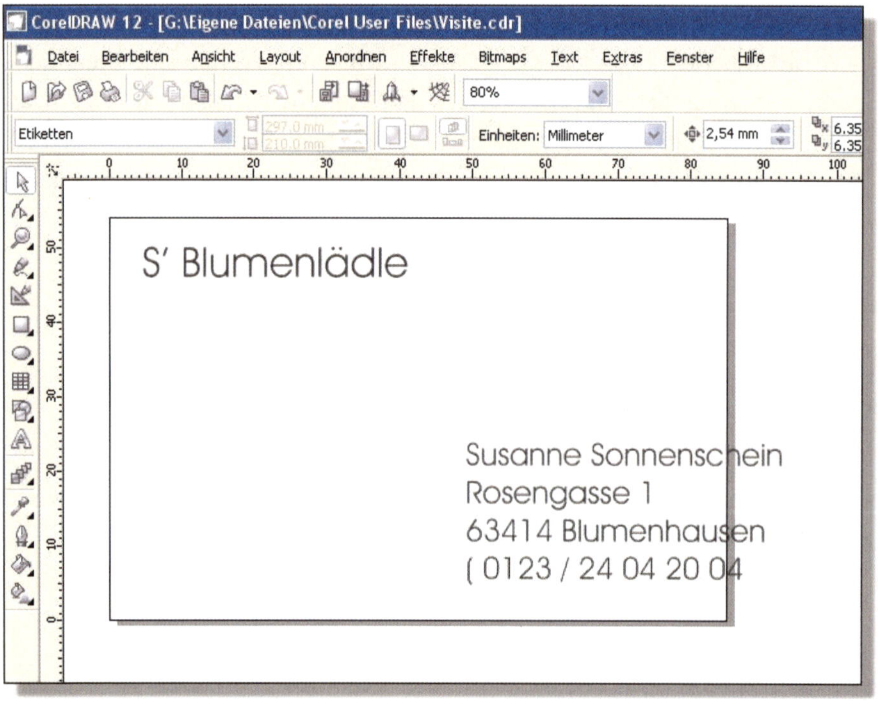

Bild 5.6 ~ Das sieht noch ein bisschen chaotisch aus

Lassen Sie sich nicht verwirren, wenn der Text noch in die Arbeitsfläche hinausragt.

> Sicherlich könnten Sie ihn jetzt mit dem Auswahlwerkzeug anordnen. Es werden jedoch gleich Veränderungen vorgenommen, die Ihre ganze Mühe zunichte machen würden. Lassen Sie deshalb an dieser Stelle ruhig die Objekte so chaotisch stehen, und nehmen Sie stattdessen eine Speicherung vor.

5.3 Grafischen Text perfekt formatieren

Bevor weitere Bearbeitungen am Text vorgenommen werden können, wie beispielsweise das so genannte Auszeichnen mit einer bestimmten Schriftart oder Größe, muss der betreffende Text ausgewählt sein.

Die erste Methode, einen Text zu markieren, haben Sie schon kennen gelernt. Sie klicken mit dem Auswahlwerkzeug auf ein Textobjekt und weisen ihm eine Schriftart zu. Doch eigentlich markieren Sie dabei nur den Container, der den Text enthält, nicht aber den Text selbst.

Im Folgenden werden Sie sehen, wie Sie einen Text markieren können. Dabei gibt es – wie immer am Computer – viele Wege, die zum Ergebnis führen.

Markieren durch Überstreichen

Die erste Methode erfordert, dass Sie recht gut mit der Maus umgehen können. Dazu verwenden Sie am besten das Textobjekt mit dem Namenszug.

1 Setzen Sie die Einfügemarke mit der Maus an die Anfangsposition, im Beispiel also vor den Buchstaben S, und halten Sie dann die Maustaste gedrückt.

2 Ziehen Sie dann die Maus, während Sie die deren Taste gedrückt halten, über den zu markierenden Text. Alle dabei überstrichenen Stellen erscheinen grau hinterlegt.

Bild 5.7 ~ Markieren eines Textbereichs

3 Wenn Sie den Endpunkt erreicht haben, lassen Sie die Maustaste los.

Markieren durch Positionieren

Die zweite Methode erfordert kein Überstreichen der Textstellen, was bei kleineren Textobjekten sehr hilfreich ist, da Sie nicht unbedingt auf eine sehr präzise arbeitende Maus angewiesen sind.

1 Hier setzen Sie die Einfügemarke ebenfalls an die Anfangsposition und klicken einmal.

2 Nun bewegen Sie den Mauszeiger – ohne eine Taste zu drücken – an die Endposition, also direkt hinter das letzte Zeichen, das markiert werden soll.

3 Drücken Sie dann die [⇧]-Taste, und klicken Sie einmal mit der linken Maustaste. Sofort wird der gesamte Bereich ab der Anfangsposition markiert.

Formatieren mit Format

Nachdem Sie wissen, wie man effizient markiert, können Sie sich an die Formatierung machen. Nach der Eingabe erscheint der Text in einer Standardschrift (in der Regel AVANT GARDE) und in einer Standardgröße (normalerweise 24 PT), die in der Regel nicht optimal für den vorgesehenen Verwendungszweck Ihrer Grafik sein wird. Deshalb müssen diese Werte geändert werden, was in der Computersprache Formatieren genannt wird.

Im Folgenden werden Sie sehen, wie Sie Ihren Text optimal für die Visitenkarte formatieren.

Damit sie einheitlich aussehen, werden wir alle Textobjekte mit der Schriftart COOPER BLACK formatieren. Dabei sollten Sie so effizient wie möglich vorgehen:

1 Aktivieren Sie zuerst das AUSWAHL-Werkzeug.

2 Klicken Sie dann auf das erste Textobjekt, drücken Sie die ⇧-Taste, und klicken Sie auf das zweite. Dadurch werden beide Objekte markiert.

3 Jetzt können Sie beiden Textobjekten die Schriftart COOPER BLACK in einem Vorgang zuweisen, indem Sie sie aus der Liste der Schriftarten in der Eigenschaftsleiste auswählen.

Nachdem die Schriftart einheitlich zugewiesen wurde, muss die Schriftgröße individuell eingestellt werden.

Das soll aber nur am zweiten Textobjekt geschehen. Mit dem ersten werden Sie noch einen grafischen Trick lernen.

Der Name soll in einer Größe von 12 Punkten dargestellt werden. Da diese Größe bereits zugewiesen wurde, müssen Sie hier nichts ändern. Die verbleibenden drei Zeilen sollen in einer Größe von 10 Punkten erscheinen.

▶ 1 Dazu markieren Sie sie zunächst mit einer der gezeigten Methoden und klicken dann auf den Pfeil der Schriftgrößenliste in der Eigenschaftsleiste.

▶ 2 Wählen Sie in der Liste den Wert 10 an.

Sie können aber auch den gewünschten Wert direkt in das Feld eingeben, indem Sie den voreingestellten Wert doppelt anklicken und dann den neuen Wert über die Tastatur eingeben. Anschließend müssen Sie nur noch mit der [↵]-Taste bestätigen.

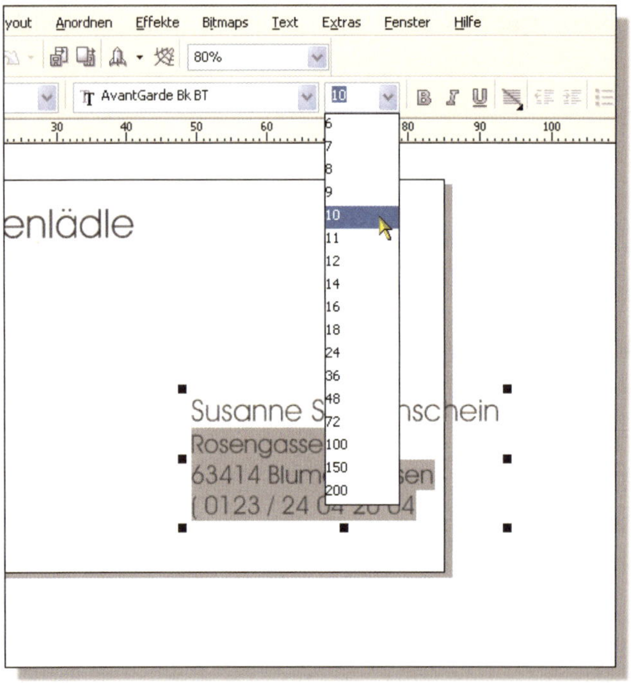

Bild 5.8 ~ Schriftgröße einstellen

Text rechtsbündig ausrichten

Nun muss das Textobjekt noch rechtsbündig ausgerichtet werden.

1 Klicken Sie hierzu mit dem TEXT-Werkzeug in den Text, sodass die Schreibmarke abgesetzt wird.

2 Dann klicken Sie auf den kleinen nach unten weisenden Pfeil der Schaltfläche HORIZONTALE AUSRICHTUNG der Eigenschaftsleiste.

3 Klicken Sie auf den Eintrag RECHTSBÜNDIG.

Vom letzten Mal wissen Sie vermutlich noch, dass nun der Text ein bisschen nach rechts »hüpft«, was Sie mithilfe des Auswahlwerkzeugs wieder leicht korrigieren können.

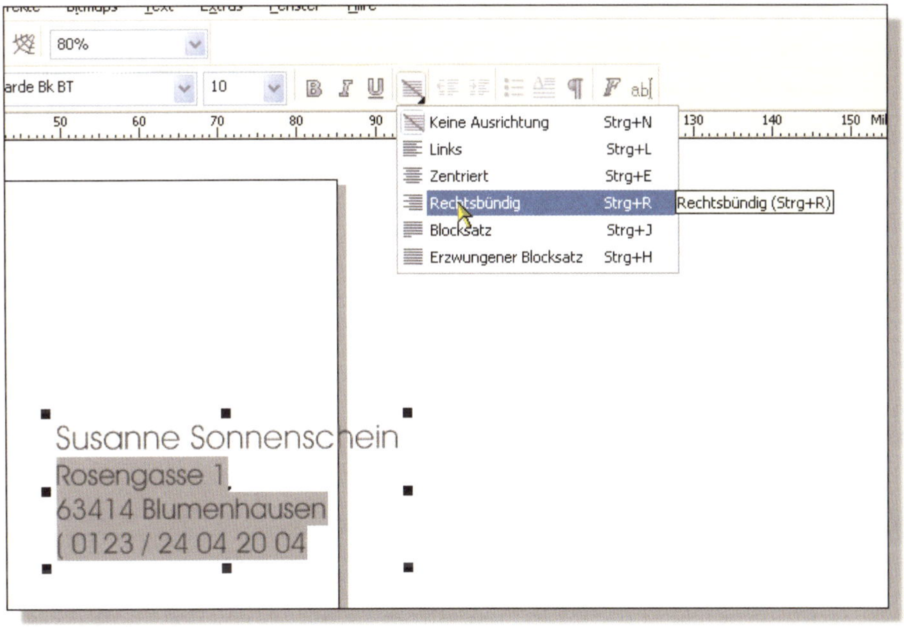

Bild 5.9 ~ Rechtsbündig ausrichten

Abschließend formatieren Sie – falls noch nicht geschehen – beide Textobjekte mit der Schriftart COOPER BLACK (oder eine beliebige andere) und wandeln noch die öffnende Klammer mithilfe der Schriftart WINGDINGS in ein Telefonsymbol um.

5.4 Textobjekte an Hilfslinien ausrichten

Bisher haben Sie der Ausrichtung der beiden Textobjekte kaum Beachtung geschenkt. Eine Visitenkarte soll aber überzeugen, und deshalb ist es wichtig, dass Sie auf die richtigen Proportionen achten.

Deshalb bedienen Sie sich nun wieder der Hilfslinienfunktion. Allerdings werden diese nicht aus dem Lineal herausgezogen und auf der Arbeitsfläche abgelegt. Diese Methode ist für manche Arten von Publikationen, wie etwa für Visitenkarten, etwas ungenau. Vielmehr werden die Einstellungen über ein entsprechendes Dialogfenster vorgenommen.

▶ Sie erhalten es, wenn Sie das Menü ANSICHT / HILFSLINIEN EINRICHTEN anwählen.

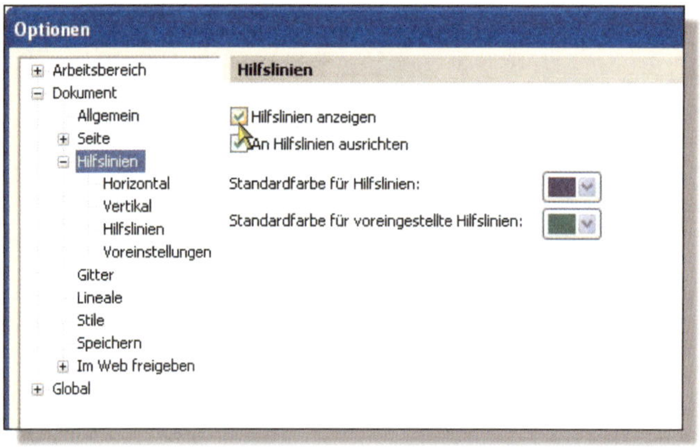

Bild 5.10 ~ Grundeinstellungen für Hilfslinien

▶ **1** Hier bestimmen Sie zunächst, ob die Hilfslinien angezeigt und ob daran die Objekte ausgerichtet werden sollen. Aktivieren Sie dazu das entsprechende Kontrollkästchen. Haken Sie auch gleich das Kontrollkästchen AN HILFSLINIEN AUSRICHTEN an, da wir im weiteren Verlauf diese Option benötigen.

2 Um die weiteren Einstellungen vornehmen zu können, müssen Sie anschließend noch in der linken Strukturansicht auf das Pluszeichen vor HILFSLINIEN klicken. Klicken Sie auf den Eintrag HORIZONTAL. Daraufhin ändert das Dialogfenster sein Aussehen.

3 Zunächst sollten Sie die entsprechende Maßeinheit wählen. Für unser Beispiel ist der Eintrag MILLIMETER ideal. Falls er auf Ihrem Bildschirm nicht angezeigt wird, klicken Sie auf den kleinen nach unten weisenden Pfeil und wählen die Einheit aus der Liste aus.

Bild 5.11 ~ Hilfslinien einrichten

4 Tragen Sie in das links daneben liegende Feld die Position der ersten Hilfslinie ein. Für unseren Fall müssen Sie eine 3 eintippen. Diese Angabe bezieht sich auf den aktuellen Nullpunkt, der links oben auf unserer Visitenkarte liegt und besagt, dass die Hilfslinie genau 3 mm vom oberen Rand entfernt angebracht werden soll.

Mit einem Mausklick auf die Schaltfläche HINZUFÜGEN erscheint die Positionsangabe im unteren Feld.

5 Erzeugen Sie die zweite Hilfslinie auf dieselbe Art. Sie soll 51 mm vom oberen Rand entfernt liegen.

Jetzt fehlen nur noch die beiden vertikalen Hilfslinien. Die Dialogfenster für horizontale und vertikale Hilfslinien sind völlig identisch.

6 Tippen Sie nacheinander die Werte 3 und 82 ein, und fügen Sie sie der Liste hinzu.

7 Entsprechen alle Einstellungen Ihren Vorstellungen, schließen Sie das Dialogfenster durch Anklicken der Schaltfläche OK.

CorelDRAW hat die Hilfslinien angelegt, und Sie können gleich das untere Objekt daran ausrichten.

Objekt an den Hilfslinien ausrichten

- Zeigen Sie auf das Kreuz in der Mitte des Textobjekts, und ziehen Sie es an die Hilfslinien heran. Wenn diese dann das Objekt anziehen, lassen Sie die Maustaste einfach los.

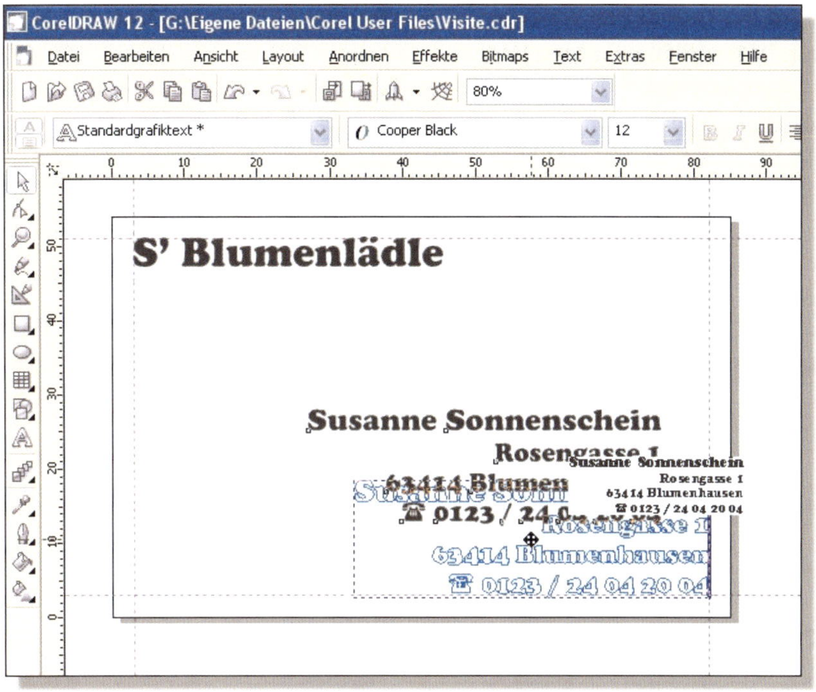

Bild 5.12 ~ Ausrichten des unteren Objekts an der Hilfslinie

Der Firmenname muss zunächst gedreht werden. Das geht am schnellsten mit der Maus.

Objekt drehen

1 Klicken Sie einmal in das markierte Textobjekt, sodass *CorelDRAW* in den Drehmodus schaltet.

2 Zeigen Sie dann mit der Maus auf einen der Eckpfeile, und ziehen Sie das Objekt bei gedrückter Strg-Taste um 90° nach links.

3 Zeigen Sie anschließend auch hier auf das Kreuz in der Mitte des Textobjekts, und ziehen Sie es an die linke Hilfslinie heran, bis es einrastet.

Passen Sie es dann über die mittleren Anfasspunkte noch so an, dass es unten und oben mit der Hilfslinie abschließt.

Bild 5.13 ~ Drehen des oberen Textobjekts um 90°

▶ **4** Schieben Sie abschließend den Schriftzug `S' Blumenlädle` passgenau an die linke Seite, und passen Sie ihn gegebenenfalls über die Anfasspunkte entsprechend an.

5.5 Wie ein Farbverlaufsstreifen entsteht

Eine Visitenkarte soll immer etwas Besonderes sein. Da helfen Farben oftmals weiter. So bietet sich für das Beispiel, das `Blumenlädle`, ein frisches Grün an. Damit der Farbton nicht zu aufdringlich wirkt, werden Sie einen Farbverlaufsstreifen verwenden. Dieser soll sich im linken Teil der Karte befinden. Er besteht im Prinzip aus nichts anderem als einem Rechteck in entsprechender Größe.

Das Grundgerüst für den Verlauf

Das Grundgerüst für einen solchen Farbverlauf besteht aus einem einfachen Rahmen.

▶ Ziehen Sie deshalb zunächst ein Rechteck in der linken Hälfte der Karte mithilfe des gleichnamigen Hilfsmittels auf.

Ein Rechteck haben Sie ja schon einmal angelegt. Doch diesmal werden Sie etwas Neues kennen lernen: Das Hilfsmittel 3-PUNKT-RECHTECK.

Konstruieren mit der 3-Punkt-Methode

▶ **1** Klicken Sie auf das kleine Dreieck des Hilfsmittels RECHTECK, um das Flyout-Menü zu öffnen.

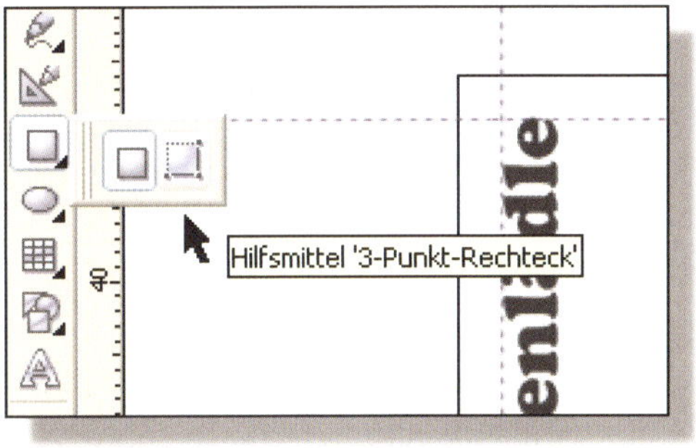

Bild 5.14 ~ Schneller ein Rechteck zeichnen mit dem Hilfsmittel 3-Punkt-Rechteck

▶ **2** Aktivieren Sie dieses Werkzeug durch Anklicken.

▶ **3** Setzen Sie den Cursor an die oberen linken Ecke, an der sich die beiden Hilfslinien schneiden.

▶ **4** Klicken Sie einmal mit der Maus, und halten Sie die Taste gedrückt.

▶ **5** Ziehen Sie mit dem Mauszeiger an der vertikalen Hilfslinie entlang, bis Sie an der unteren horizontalen angelangt sind.

6 Dort klicken Sie ein weiteres Mal und ziehen nun den Mauszeiger nach rechts weg.

Bild 5.15 ~ Ein Rechteck mit dem 3-Punkt-Rechteck anlegen

7 Da das Rechteck eine Breite von 40 cm haben soll, beobachten Sie dabei die Eigenschaftsleiste, und lassen Sie die Maus beim Erreichen dieser Marke los.

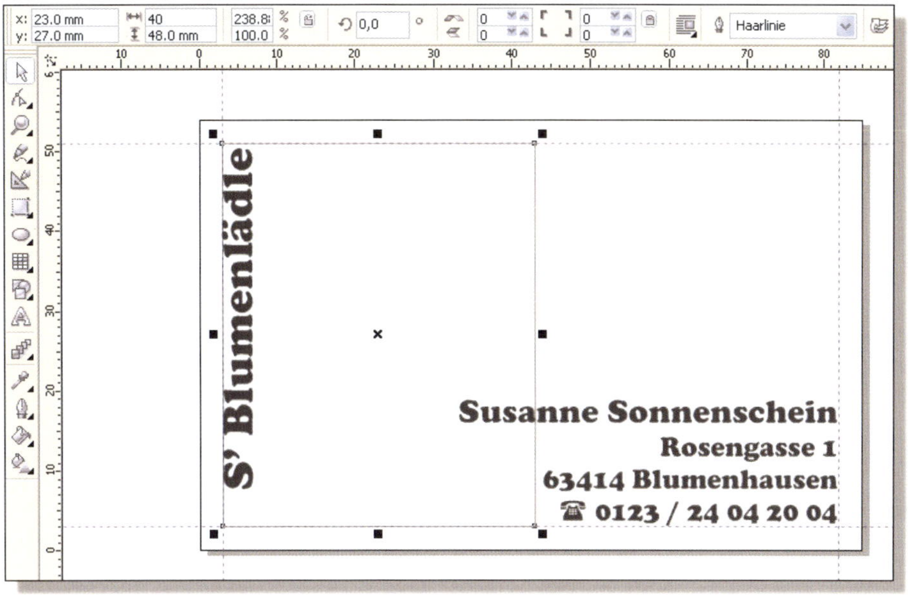

Bild 5.16 ~ Die Größe exakt über die Eigenschaftsleiste einstellen

Wenn Sie es auf Anhieb nicht geschafft haben, ist das nicht so schlimm. Klicken Sie einfach in der Eigenschaftsleiste in das Feld mit dem nach links und rechts zeigenden Doppelpfeil, geben Sie den Wert 40 über die Tastatur ein, und bestätigen Sie mit [Enter].

8 Was jetzt noch stört, ist der Umriss. Um ihn auszublenden, klicken Sie in der Farbenpalette mit der rechten Maustaste auf die Schaltfläche mit dem Kreuz – schon ist der Umriss entfernt.

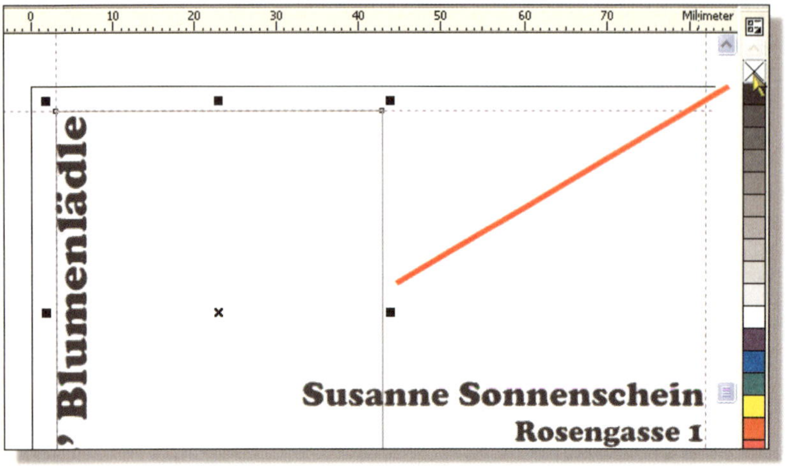

Bild 5.17 ~ Entfernen Sie den Umriss des Rechtecks

Farbverlauf zuweisen

Nun geht es darum, den Farbverlauf zuzuweisen.

Achten Sie darauf, dass das Rechteck markiert ist.

1 Damit Sie den Farbverlauf zuweisen können, benötigen Sie wieder das FÜLLUNG-Flyout aus der Hilfsmittelpalette. Sie erhalten es, wenn Sie auf das Symbol mit dem kleinen Farbtöpfchen klicken.

2 Klicken Sie auf das Symbol DIALOGFELD FARBVERLAUF.

Es öffnet sich das unten abgebildete Dialogfenster, in dem Sie die folgenden Einstellungen vornehmen:

3 Wählen Sie aus dem Kombinationsfeld TYP den Eintrag LINEAR aus. Den Winkel lassen Sie hier unberührt, Sie nehmen auch keine Einstellung des Randabstands vor.

Im Bereich FARBÜBERBLENDUNG bestimmen Sie die beiden Farben für den Farbverlauf:

4 Klicken Sie auf das Farbfeld VON, und wählen Sie einen grünen Farbton aus. Auf dieselbe Weise gehen Sie im Farbfeld BIS vor. Hier bietet es sich an, die Farbe Weiß zu verwenden.

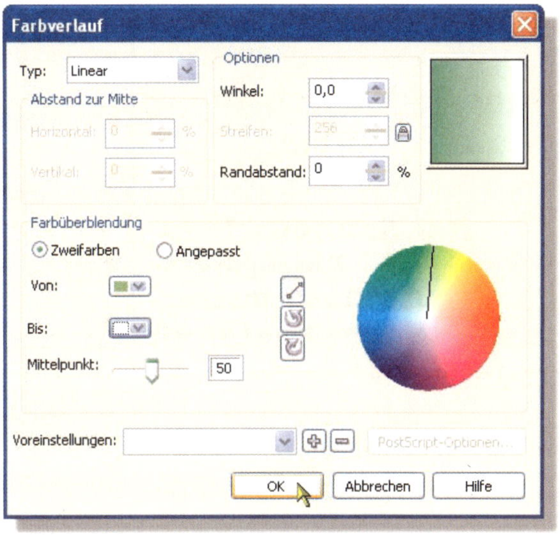

Bild 5.18 ~ Einstellungen für den Farbverlauf vornehmen

5 Haben Sie alle Einstellungen getroffen, bestätigen Sie Ihre Wahl mit einem Klick auf OK.

Erschrecken Sie jetzt nicht, wenn Sie den Text nicht mehr sehen. Da Sie das Farbverlaufsrechteck als letztes Objekt gezeichnet haben, wird er davon überlagert. Bei *CorelDRAW* befindet sich das zuletzt gezeichnete Objekt immer obenauf.

Das hat natürlich zur Folge, dass Objekte, die eine Füllung besitzen, andere, zuvor gezeichnete Objekte teilweise oder gar vollständig überdecken. Sie können aber die Reihenfolge problemlos ändern.

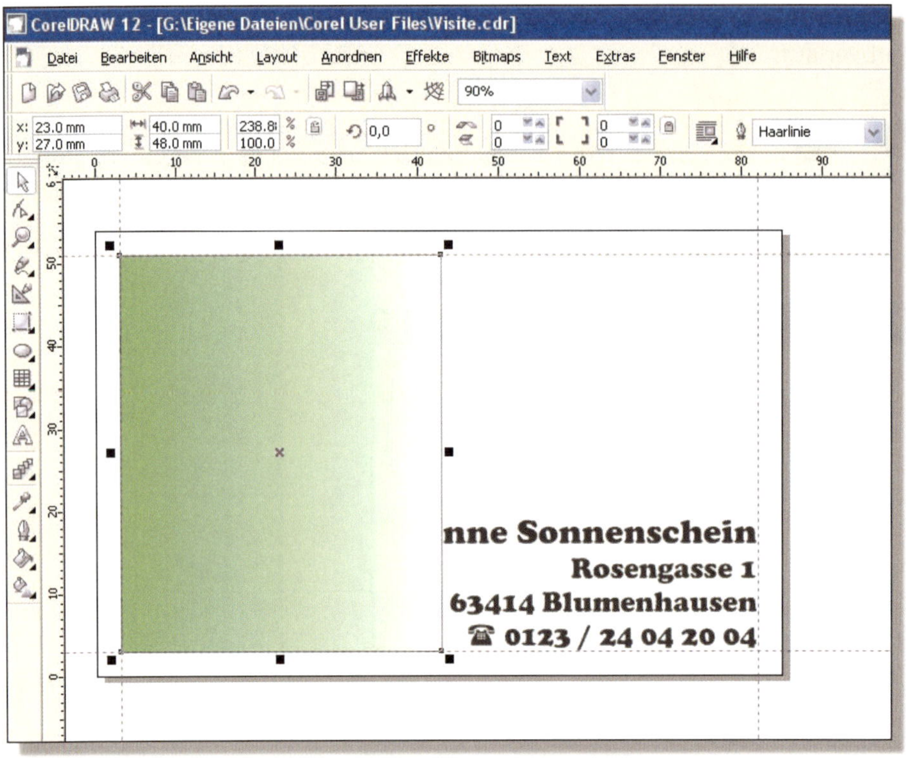

Bild 5.19 ~ Das Rechteck mit dem Farbverlauf muss nach hinten gesetzt werden

Objektreihenfolge ändern

In diesem Fall genügt es, wenn Sie den Farbverlaufsstreifen einfach ganz nach hinten setzen.

▶ Dazu finden Sie in der Eigenschaftsleiste die Schaltfläche NACH HINTEN. Klicken Sie einmal darauf – schon platziert *CorelDRAW* das Objekt in den Hintergrund.

▶ Möchten Sie es wieder ganz nach vorne holen, klicken Sie auf die Schaltfläche NACH VORNE.

Die beiden Schaltflächen bieten beileibe nicht alle Möglichkeiten, mit denen Sie in *CorelDRAW* Objekte anordnen können. Im Menüpunkt ANORDNEN / ANORDNUNG finden Sie unter anderem die Funktionen für das schrittweise

Anordnen der Objekte: Mithilfe des Menüpunkts EINS NACH VORN können Sie das markierte Objekt in der Reihenfolge um eine Position weiter vorne platzieren. Schneller geht es mit der Tastenkombination [Strg]+[Bild↑]. Mithilfe des Menüpunkts EINS NACH HINTEN gehen Sie den umgekehrten Weg. Die Tastenkombination für diesen Schritt lautet [Strg]+[Bild↓].

Letzte Feinarbeiten am Schriftzug

▶ Auch hier stört wieder der Umriss. Entfernen Sie ihn mit einem Rechtsklick auf die entsprechende Schaltfläche der Farbpalette.

Sicherlich wird Ihnen der schwarze Schriftzug auf grünem Hintergrund nicht gefallen. Er sollte aus Kontrastgründen Weiß gefärbt werden.

▶ **1** Klicken Sie auf das Objekt, um es zu markieren, und

▶ **2** klicken Sie anschließend in der Farbenpalette auf die weiße Farbfläche.

Bild 5.20 ~ Den Firmenschriftzug anpassen

▶ **3** Abschließend richten Sie den Schriftzug noch mithilfe der Anfasspunkte so aus, dass er oben und unten mit den Hilfslinien abschließt.

5.6 Objekte passgenau anordnen

Jetzt fehlt eigentlich nur noch das Firmenlogo, die Blume. Fügen Sie sie einfach über die Zwischenablage ein.

Fertige Objekte anderer Dateien auswählen

▶ Dazu müssen Sie zunächst über das Menü DATEI / ÖFFNEN die Datei *Logo* öffnen.

Die Grafik in dieser Datei hatten wir am Ende gruppiert. Damit Sie die folgenden Schritte nachvollziehen können, müssen Sie zunächst diese Gruppierung aufheben.

Bestehende Gruppierungen auflösen

1 Markieren Sie zunächst das fertige Objekt.

2 Rufen Sie dann über das Menü ANORDNEN den Befehl GRUPPIERUNG AUFHEBEN auf (schneller geht es mit Strg + U).

Nun wird lediglich die Blume kopiert. Damit Sie sie besser sehen können, sollten Sie einen Zoomfaktor von 300% einstellen.

Gezielt zoomen

1 Klicken Sie dazu in das Feld ZOOMEBENEN in der Standardsymbolleiste,

2 geben Sie den Wert 300 ein, und

3 schließen Sie diesen Vorgang mit ↵ ab.

Objekte mit der Maus auswählen

Ziehen Sie mit dem Hilfsmittel AUSWAHL einen Rahmen um die Blume. Es dürfen keine anderen Objekte miteingeschlossen werden.

Bild 5.21 ~ Objekte mit dem GUMMIBAND markieren

Nun erscheint um die Blume ein Rahmen mit acht Anfasspunkten.

Auswahl gruppieren und kopieren

Jetzt muss das Objekt gruppiert werden.

▶ **1** Dazu klicken Sie einfach auf die Schaltfläche GRUPPIEREN in der Eigenschaftsleiste oder halten zuerst die [Strg]-Taste gedrückt und betätigen dann die Taste [G].

Im nächsten Schritt soll dieses gruppierte Objekt in die Zwischenablage kopiert werden.

▶ **2** Klicken Sie dazu auf die entsprechende Schaltfläche auf der Standard-Symbolleiste, oder verwenden Sie die Tastenkombination [Strg]+[C].

▶ **3** Die Datei *Sonnenschein* wird nicht mehr gebraucht. Deswegen schließen Sie sie am besten über das Menü DATEI / SCHLIESSEN.

▶ **4** Wenn dabei ein Hinweisfenster erscheinen sollte, das Ihnen anbietet, die Daten für andere Anwendungen in der Zwischenablage zu belassen, sollten Sie unbedingt mit Klick auf JA betätigen.

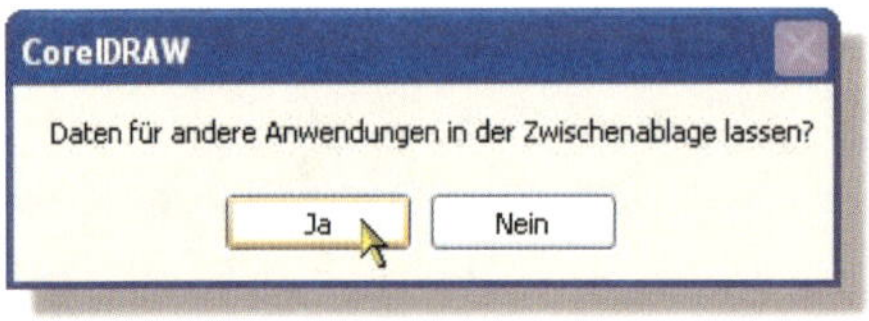

Bild 5.22 ~ Ein Hinweis, den Sie beachten sollten

Anderenfalls würde der Inhalt der Zwischenablage gelöscht und Sie könnten die Blume nicht in die andere Datei einfügen.

Nun sehen Sie wieder Ihre Visitenkartendatei, die sich die ganze Zeit im Hintergrund befand.

Fertige Objekte anderer Dateien einfügen

Nun ist es an der Zeit, die Blume aus der Zwischenablage einzufügen.

- Klicken Sie dazu auf die Schaltfläche EINFÜGEN in der Standardsymbolleiste, oder drücken Sie die [Strg]-Taste, halten diese gedrückt und betätigen dann kurz [V].

Augenblicklich fügt *CorelDRAW* die Blume auf die Arbeitsfläche ein. Unter Umständen müssen Sie die Bildlaufleisten bewegen oder den Zoomfaktor verkleinern, um sie auszumachen. Die Blume ist ungleich größer als Ihre Visitenkarte, da sie in einer anderen Größe erstellt wurde.

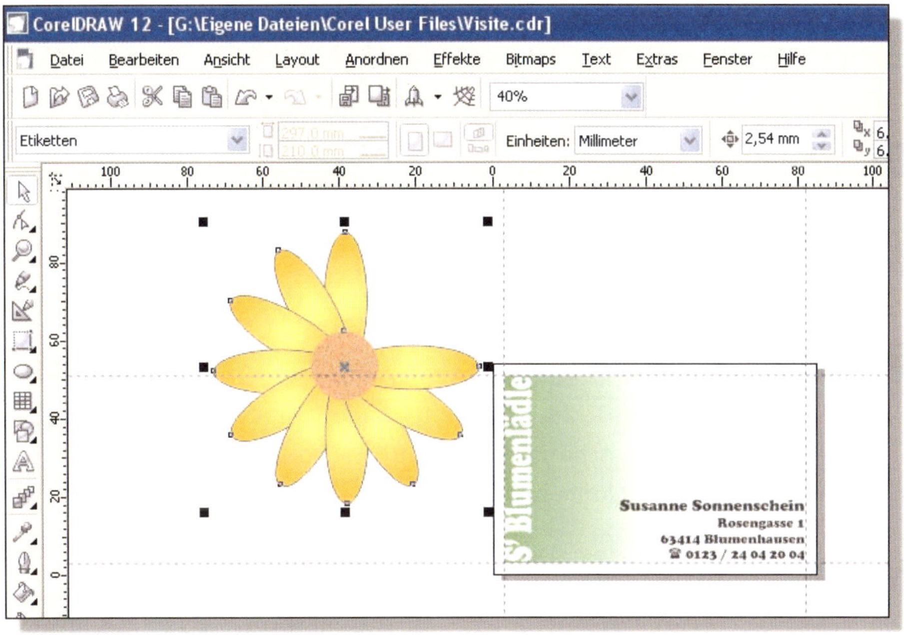

Bild 5.23 ~ Anpassung tut hier noch Not

Das ist jedoch kein Problem. *CorelDRAW*-Grafiken sind nämlich Vektorgrafiken und lassen sich beliebig vergrößern oder verkleinern.

Dazu sollten Sie wissen, dass sich Grafiken prinzipiell in zwei Kategorien einteilen lassen: Vektor- und Pixelgrafiken. Bei *CorelDRAW* handelt es sich um ein vektororientiertes Zeichenprogramm, d.h., alle Objekte bestehen lediglich aus einer Kombination mehrerer Linien und/oder Kurven, die nur durch die Koordinaten des jeweiligen Anfangs- und Endpunkts definiert werden. Da diese Punkte separat bearbeitet werden können, ergeben sich unbeschränkte Verwendungsmöglichkeiten. Anders sieht es bei den so genannten Pixelgrafiken aus. Diese setzen sich aus einer Vielzahl kleiner Bildpunkten, den Pixeln, zusammen. Jedes Bild wird in eine Anzahl von Pixel zerlegt, und erst die Gesamtheit aller stellt das Bild dar. Eine Linie besteht hier aus einer Reihe von Bildpunkten, die jeweils voneinander abhängen, und deren Größe und Lage nicht verändert werden kann. Bearbeiten Sie auch nur einen einzigen davon, hat das im Regelfall Auswirkung auf das gesamte Bild.

▶ **1** Gruppieren Sie die Blume wieder (nach dem Markieren geht das am schnellsten mit Strg + G), falls Sie die Gruppierung nach dem Einfügen schon wieder aufgehoben haben.

▶ **2** Klicken Sie auf die Blume, sodass die Anfasspunkte erscheinen.

▶ **3** Zeigen Sie anschließend auf einen der Eckanfasspunkte.

▶ **4** Wenn der Mauszeiger sich in einen Doppelpfeil verwandelt, ziehen Sie diesen bei gedrückter Maustaste diagonal nach innen. Blicken Sie dabei auf die Eigenschaftsleiste. Die Blume sollte am Ende eine Breite und Höhe von ca. 24 mm besitzen.

▶ **5** Füllen Sie dann abschließend den Kreis der Blume mit einem radialen  Farbverlauf, sodass er und mit ihm die Blume einen plastischen Eindruck vermittelt. Weil der Kreis Bestandteil einer Gruppe ist, müssen Sie bei gedrückter Strg-Taste in ihn hineinklicken, um ihn zu markieren.

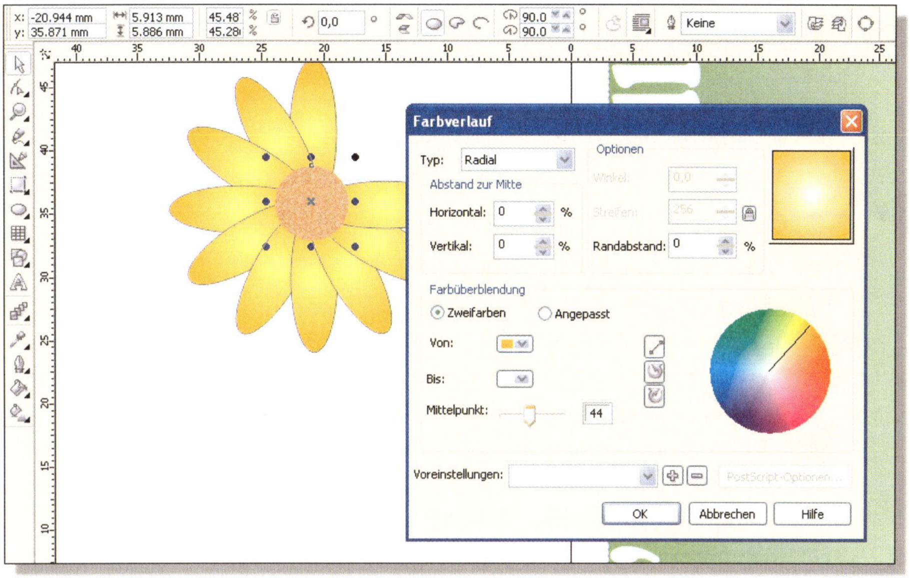

Bild 5.24 ~ Versehen Sie ein gruppiertes Objekt mit einem Farbverlauf

▶ **6** Verschieben Sie zum Schluss die Blume mithilfe des Objektmittelpunkts auf den Farbverlaufsstreifen.

Verwenden Sie nicht zu viel Zeit damit, die Blume mittig anzuordnen. Sie werden im folgenden Abschnitt sehen, dass es da einen wirklich einfachen Weg gibt.

Objekte aneinander ausrichten

Bestimmt haben Sie schon bemerkt, dass es mühsam ist, zwei Objekte so aneinander auszurichten, dass sie beispielsweise genau in der Mitte zueinander stehen. *CorelDRAW* bietet jedoch eine eigene Funktion, mit der das ganz praktisch und exakt funktioniert.

Diese Möglichkeit finden Sie im Dialogfeld AUSRICHTEN UND VERTEILEN, das Sie über den Menüpunkt ANORDNEN aufrufen können.

1 Aktivieren Sie das Hilfsmittel AUSWAHL.

2 Achten Sie darauf, dass die beiden Objekte markiert werden. Klicken Sie zunächst auf die Blume, drücken Sie dann die [⇧]-Taste, und halten Sie sie gedrückt. Dann klicken Sie auf das Rechteck. Nun sind beide Objekte markiert.

> Beim Ausrichten arbeitet *CorelDRAW* nach folgendem Schema: Objekt 1 wird an Objekt 2 ausgerichtet. Und genau in dieser Reihenfolge müssen Sie die Objekte auch anklicken.

3 Rufen Sie das Dialogfeld über ANORDNEN / AUSRICHTEN UND VERTEILEN auf, oder klicken Sie auf die Schaltfläche AUSRICHTEN, die Sie in der Eigenschaftsleiste finden.

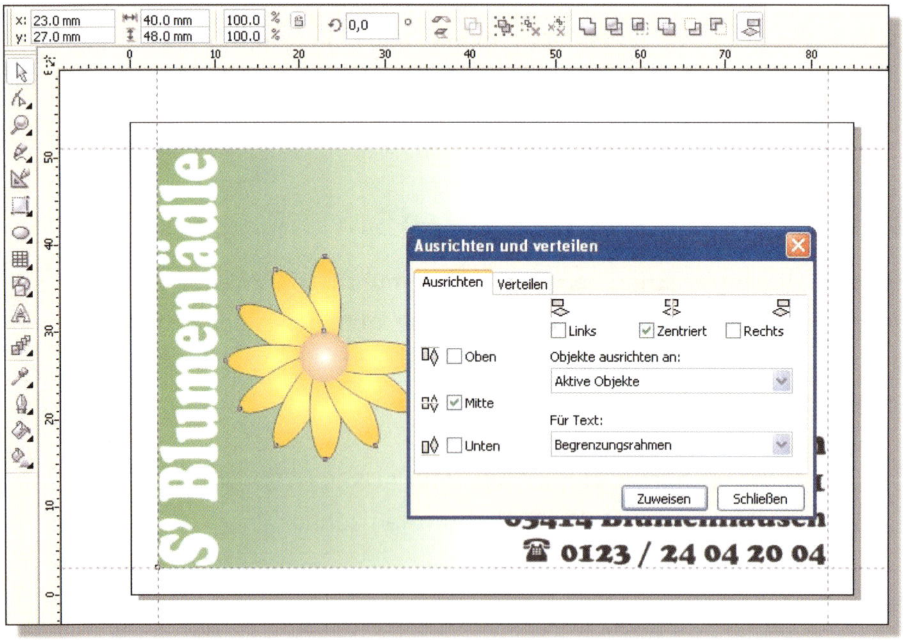

Bild 5.25 ~ Zwei Objekte aneinander ausrichten

Über die Kontrollkästchen auf der linken Seite bestimmen Sie zunächst die vertikale Ausrichtung. Die Blume soll sich genau in der MITTE des Farbverlaufsstreifens befinden.

1 Klicken Sie in das Kontrollkästchen vor MITTE, um es zu aktivieren.

Über die oberen Kontrollkästchen legen Sie die horizontale Ausrichtung fest.

2 Zusätzlich setzen Sie ein weiteres Häkchen in das Kontrollkästchen ZENTRIERT, da die Blume auch zentriert platziert werden soll.

3 Das war es auch schon an Einstellungsarbeiten. Um das Ergebnis zu bewundern, klicken Sie nur noch auf die Schaltfläche OK.

Fertig ist die Visitenkarte.

Bild 5.26 ~ Die fertige Visitenkarte in ihrer ganzen Schönheit

Damit Sie Ihre Kartenelemente nicht unbeabsichtigt verschieben, werden sie abschließend noch gruppiert.

1 Ziehen Sie mit dem Hilfsmittel AUSWAHL einen Rahmen um die gesamte Karte, sodass alle Objekte markiert sind.

2 Nun müssen Sie nur noch auf die Schaltfläche GRUPPIEREN auf der Eigenschaftsleiste klicken.

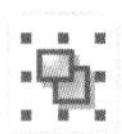

5.7 Wie Visitenkarten auf Karton gelangen

Nachdem Sie die Visitenkarte fertig gestellt haben, wollen Sie sie natürlich noch zu Karton bringen. Vielleicht machen Sie sich jetzt Gedanken, wie Sie zehn Visitenkarten materialsparend nebeneinander auf das vorperforierte Papier bringen. Aber auch das geht wieder echt einfach.

1 Rufen Sie über das Menü DATEI / DRUCKVORSCHAU das gleichnamige Dialogfenster auf. Wie Sie sehen, befinden sich schon alle zehn Visitenkarten an ihrem vorgesehen Ort. Service pur.

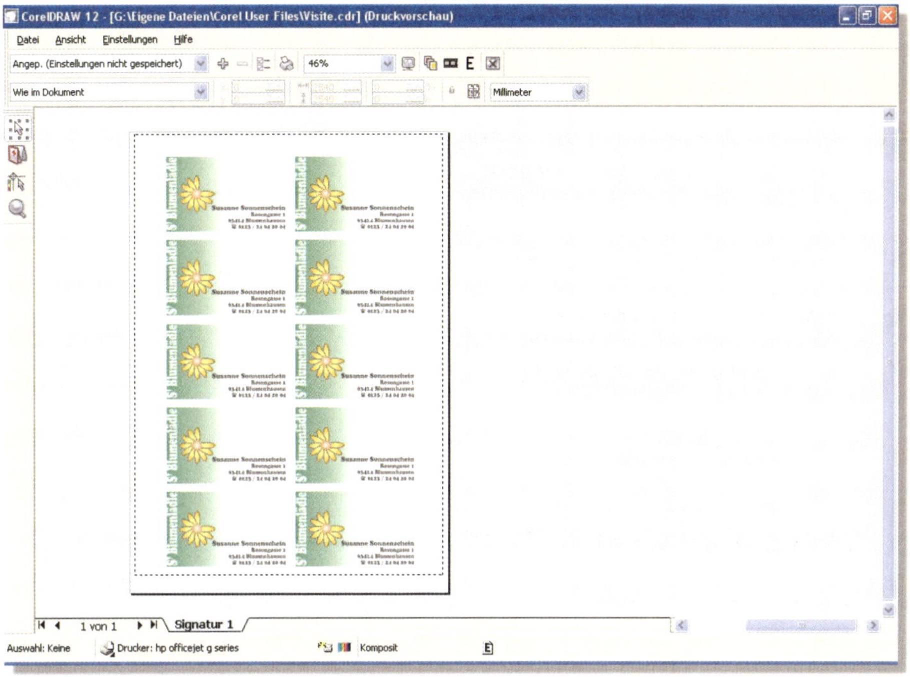

Bild 5.27 ~ Die Visitenkarten in der *Druckvorschau*

▶ **2** Sie brauchen jetzt nichts weiter mehr zu unternehmen, als einen Bogen Karton in Ihren Drucker zu legen und dann auf die Schaltfläche mit dem Druckersymbol zu klicken. Damit starten Sie den Druckvorgang und können sofort Ihr Werk bewundern.

▶ Über die Schaltfläche DRUCKVORSCHAU SCHLIESSEN können Sie diese Ansicht verlassen.

*Einen eigenen Briefbogen mit **CorelDRAW 12** erstellen? In diesem Kapitel werden Sie erfahren, wie es geht, nämlich*

- *wie Sie ein Briefpapier mit den Mitteln, die Sie schon bei der Visitenkarte eingesetzt haben, gestalten,*
- *wie man einen Briefkopf einrichtet,*
- *wie Sie ein Adressfeld anlegen,*
- *was man bei einer Bezugszeichenzeile beachten muss,*
- *wie man Falzmarken platziert,*
- *wie man ein Mengentextobjekt für die Texteingabe einsetzt und*
- *wie Sie aus dem Briefbogen eine Vorlage erstellen.*

Ein prägnanter Briefbogen

6.1 Den Briefbogen anlegen

Wie wäre es mit einem außergewöhnlichen Briefbogen für Sie? Vielleicht haben Sie Ihre Briefe bislang mit *Word* gestaltet? Das Ergebnis konnte sich zwar sehen lassen, doch es fehlte das gewisse Extra. Zudem macht es sich gut, wenn man seine Geschäftspapiere einheitlich gestaltet, damit der Wiedererkennungswert möglichst hoch ist.

Grundsätzlich stehen Ihnen zwei Möglichkeiten zur Verfügung: Sie können den Bogen mit *CorelDRAW* gestalten und dann auch gleich zum Schreiben benutzen. Alternativ entwerfen Sie den Bogen und drucken ihn dann mehrfach aus oder lassen ihn professionell vervielfältigen. Adresse und Brieftext werden dann mit Word eingefügt.

Einstellungen festlegen

Genau wie bei Ihrer Visitenkarte zuvor müssen Sie zunächst wieder zu Beginn Ihrer Arbeit eine neue Datei erstellen. Bedenken Sie, dass bei Briefbögen, die auch in Fensterbriefumschlägen verwendet werden sollen, festgelegte Positionen für die Absenderadresse und für die Falzung existieren. Diese Normen sollten Sie unbedingt beachten, ansonsten sind Sie in Ihrer künstlerischen Gestaltung frei. Wir werden diese Positionen deshalb bereits bei Beginn der Arbeit per Hilfslinien kennzeichnen.

Neue Datei anlegen

1 Wie üblich beginnen Sie damit, DATEI / NEU aufzurufen.

2 Speichern Sie den Bogen ab, indem Sie über das Menü DATEI / SPEICHERN UNTER das Dialogfenster ZEICHNUNG SPEICHERN öffnen.

3 Wählen Sie zunächst den Speicherort aus, und tragen Sie dann in das Feld DATEINAME die Bezeichnung `Briefbogen` ein.

Zusätzlich sollten Sie im Feld STICHWÖRTER genau solche festlegen, denn mit deren Hilfe suchen und erkennen Sie Ihre Dateien in Zukunft. An diese Informationen gelangen Sie, wenn Sie die Schaltfläche ERWEITERT angeklickt haben.

Im Feld NOTIZEN können Sie weitere Informationen angeben, sodass Sie Ihre Arbeit auch nach längerer Zeit zuordnen können.

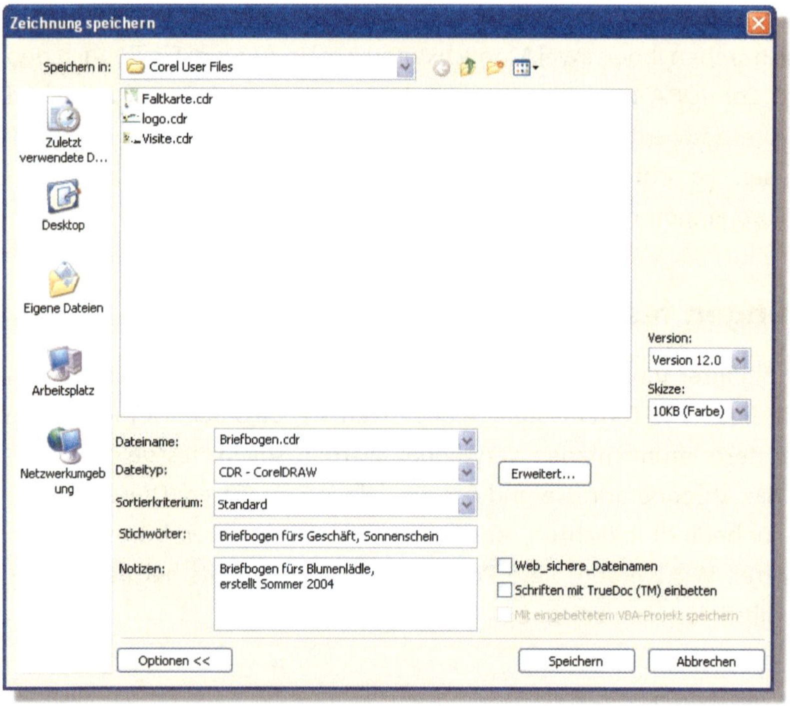

Bild 6.1 ~ Nicht vergessen! Rechtzeitiges und richtiges Speichern erspart Ihnen eine Menge Arbeit

▶ **4** Wenn Sie alle Angaben vorgenommen haben, klicken Sie auf die Schaltfläche SPEICHERN, um den Briefbogen auf Ihrer Festplatte zu speichern.

Nullpunkt festlegen

Wie bereits angedeutet, sollen die grundlegenden Positionen des Briefbogens per Hilfslinien festgelegt werden.

1 Aktivieren Sie zunächst das Hilfsmittel ZOOM, und wählen Sie den

auf dem Bildschirm angezeigten Ausschnitt so, dass die linke obere Ecke der Seite vergrößert dargestellt wird.

2 Setzen Sie die Lupe dabei etwas versetzt oberhalb der linken oberen Ecke an, damit die Ränder des Briefbogens erkennbar bleiben.

Wie Sie sich erinnern, befindet sich bei *CorelDRAW* der Nullpunkt auf den Linealen in der unteren Ecke der Seite, sodass im Bereich der Seite auf allen Linealen positive Werte gemessen werden. Im Alltag sind Sie es aber meist gewohnt, die linke obere Ecke als Ursprung zu betrachten. Deshalb bietet es sich an, den Nullpunkt des Koordinatensystems zu verlegen, was recht einfach geht:

1 Sie müssen lediglich mit der Maus auf das Symbol im Schnittpunkt der beiden Lineale klicken. Dann können Sie bei gedrückter Maustaste den Nullpunkt herausziehen und an jeder beliebigen Stelle ablegen. Dabei nimmt der Mauszeiger die Form eines Fadenkreuzes an, sodass Sie ihn gut erkennen können.

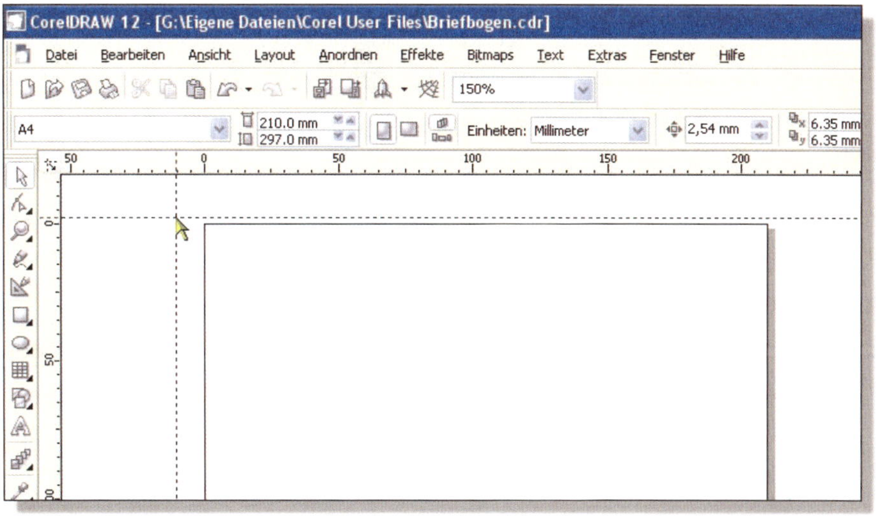

Bild 6.2 ~ Festlegen des Nullpunkts

2 Ziehen Sie den Punkt nun an die obere linke Ecke des Briefbogens, und lassen Sie dort die Maus los.

Möchten Sie den Nullpunkt auf die ursprüngliche Einstellung zurücksetzen, genügt ein Doppelklick auf das Symbol im Schnittpunkt der beiden Lineale.

Sicherlich werden Sie bemerkt haben, dass es gar nicht so einfach ist, den Nullpunkt genau auszurichten.

Klicken Sie einmal doppelt auf das Lineal. Es öffnet sich dann das Dialogfenster OPTIONEN, und Sie befinden sich bereits in der Kategorie LINEALE. Im Bereich URSPRUNG können Sie nun ganz genau die Werte für den Ursprung eintragen.

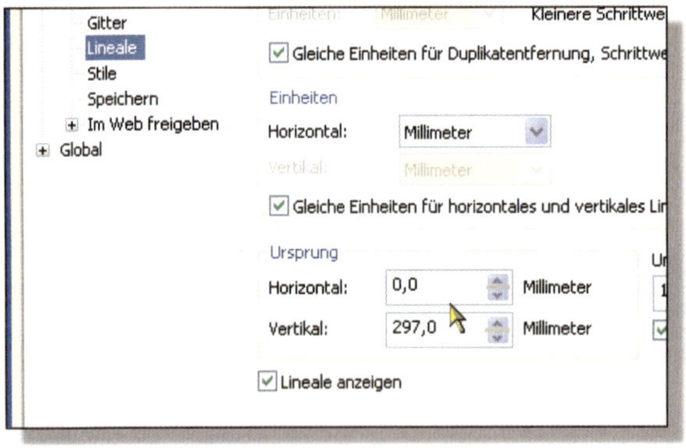

Bild 6.3 ~ Den Nullpunkt millimetergenau festlegen

Hilfslinien anlegen

Nachdem Sie den Ursprung neu eingestellt haben, können Sie mit dem Einrichten der Hilfslinien beginnen.

Mit der ersten Hilfslinie soll der linke Rand des Briefbogens festgelegt werden.

1 Klicken Sie auf das vertikale Lineal, und ziehen Sie bei gedrückter Maustaste die Maus in den Arbeitsbereich. Wie Sie sehen, folgt die Hilfslinie Ihren Bewegungen, und Sie können im horizontalen Lineal sowie in der Eigenschaftsleiste im Feld OBJEKTPOSITION die genaue Position ablesen. Die Hilfslinie sollte sich 20 mm vom Blattrand befinden.

2 Positionieren Sie dann eine weitere, vertikale Hilfslinie genau 200 mm vom linken Seitenrand entfernt.

3 Zunächst benötigen Sie drei horizontale Hilfslinien, und zwar im Abstand von 45 mm, 105 mm und 148,5 mm vom oberen Seitenrand. Die erste dient der Positionierung der Absenderadresse. Die beiden anderen sind für die Falzmarken vorgesehen. Schließlich legen Sie noch zwei Hilfslinien im Abstand von 10 mm bzw. 287 mm vom oberen Rand an, die den oberen bzw. den unteren Seitenrand markieren.

4 Ziehen Sie die Hilfslinien aus dem oberen Lineal heraus, und bringen Sie sie an die gewünschte Position. Das erledigen Sie am besten im Dialogfenster OPTIONEN.

5 Klicken Sie doppelt auf eine Hilfslinie, und tragen Sie dann die entsprechenden Werte ein.

> Die Werte für die horizontalen Hilfslinien müssen mit einem Minuszeichen davor eingegeben werden, da in diesem Beispiel der Nullpunkt auf die linke obere Ecke verlegt wurde.

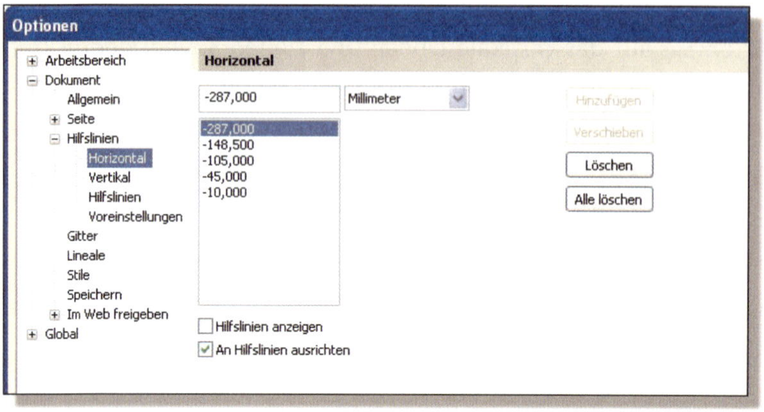

Bild 6.4 ~ Eingabe der horizontalen Hilfslinien

6 Verlassen Sie das Dialogfenster mit einem Klick auf OK.

7 Bevor Sie Ihr Werk betrachten, sollten Sie es an dieser Stelle speichern. Das geht am schnellsten mit der Tastenkombination Strg+S.

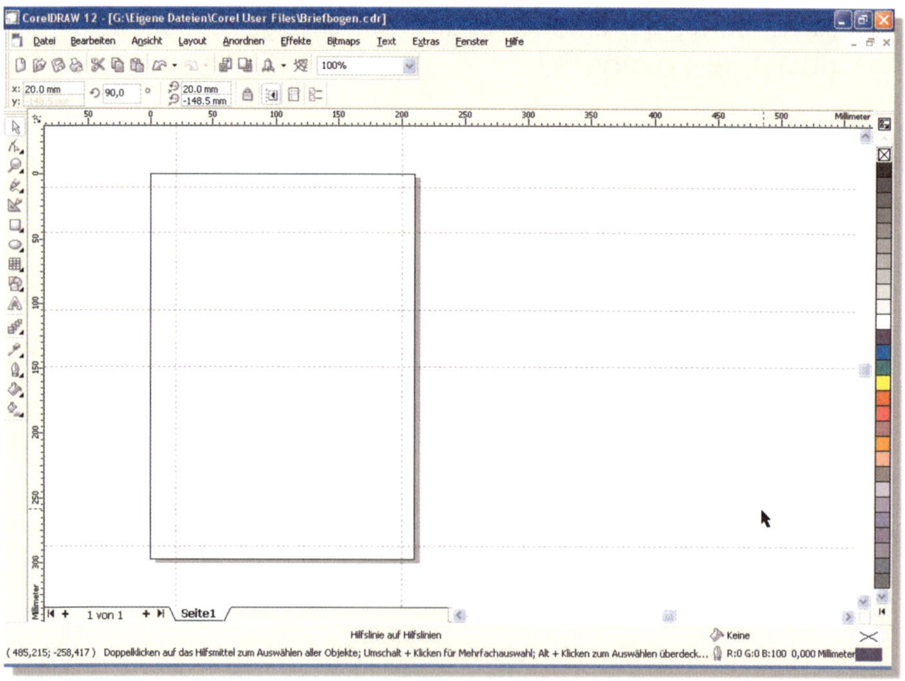

Bild 6.5 ~ Das Hilfsliniengerüst für den Briefbogen

6.2 Den Briefbogen gestalten

Jetzt gestalten Sie den Briefkopf mit den Stilmitteln, die Sie schon bei der Visitenkarte eingesetzt haben. Dadurch erreichen Sie einen hohen Wiedererkennungswert Ihrer Daten und erhalten zugleich eine einheitliche Linie in Ihren Publikationen.

Bereits erstellte Objekte verwenden

Idealerweise gestalten Sie Objekte eines Sets, wie Visitenkarten oder Briefbögen, Faxvorlagen oder Kurzmitteilungen, immer in einem Durchgang mit denselben Elementen. Das spart eine Menge Aufwand und verhindert, dass sich Ungenauigkeiten einschleichen. Legen Sie so beispielsweise für die Visitenkarte Elemente wie Logo und Adresse fest, und nutzen Sie dann diese Elemente für andere Publikationen.

Objekte aus der Visitenkarte einfügen

Zunächst benötigen Sie einige Objekte aus der Datei *Visite.*

1 Öffnen Sie diese über das Menü DATEI / ÖFFNEN oder durch einen Klick auf die gleichnamige Schaltfläche.

2 Sie benötigen alle Elemente dieser Karte, sodass Sie mit dem Hilfsmittel AUSWAHL einen Auswahlrahmen um die komplette Karte ziehen sollten, um alle Objekte zu markieren.

3 Klicken Sie dann auf die Schaltfläche für KOPIEREN, oder verwenden Sie die Tastenkombination Strg+C, um die Objekte in die Zwischenablage zu kopieren.

Da die Datei nicht mehr benötigt wird, schließen Sie sie. Dabei kann *CorelDRAW* Ihnen unter Umständen zwei Fragen »stellen«: Verneinen Sie die Frage, ob Sie die Veränderungen speichern wollen, und bejahen Sie die Frage, ob Sie die Daten in der Zwischenablage lagern möchten.

4 Wenn Sie den Briefbogen wieder auf Ihrem Bildschirm sehen, fügen Sie den Inhalt der Zwischenablage entweder über das Symbol oder über die Tastenkombination [Strg]+[V] ein.

Übernommene Objekte richtig anordnen

CorelDRAW fügt den Inhalt mittig auf dem Bogen ein. Wie Sie merken, sind die Objekte zu einer Objektgruppe zusammengefasst. Verschieben Sie das gesamte Objekt auf einen freien Bereich neben dem Briefbogen. Dieser Bereich wird als Montagefläche oder Arbeitsfläche bezeichnet. Hier können Sie unbekümmert Objekte zusammenstellen oder trennen, ohne dass Sie befürchten müssen, Ihre bereits fertige Arbeit zu beschädigen.

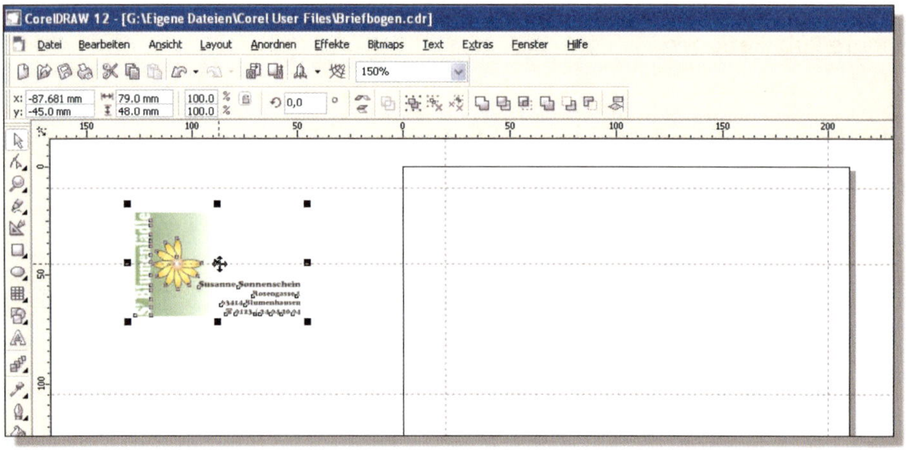

Bild 6.6 ~ Die eingefügte Visitenkarte verschieben Sie am besten auf den Arbeitsbereich

Um ein einzelnes Objekt der Karte zu übernehmen, müssen Sie zunächst die Objektgruppe auflösen.

- Klicken Sie dazu auf die Schaltfläche GRUPPIERUNG AUFHEBEN.

 Verwechseln Sie sie bitte nicht mit der Schaltfläche GRUPPIERUNG ALLER OBJEKTE AUFHEBEN daneben. Damit werden nämlich alle Gruppierungen aufgehoben, und Sie müssten die Blätter der Blume einzeln verschieben.

Nun können Sie mit dem Hilfsmittel AUSWAHL den Farbverlaufsstreifen auswählen und auf den Briefbogen verschieben.

1 Positionieren Sie das Objekt genau in die obere linke Ecke des Briefbogens.

2 Verbreitern Sie das Objekt dann auf 50 mm, und ziehen Sie es anschließend mithilfe des unteren mittleren Anfasspunkts so weit nach unten, dass es mit dem unteren Rand der Seite abschließt.

Wenn Sie es ausgerichtet haben, sollten Sie das Objekt abschließend noch sperren, damit Sie es nicht unbeabsichtigt verschieben.

3 Klicken Sie dazu mit der rechten Maustaste auf den Farbverlaufsstreifen, und

4 wählen Sie OBJEKT SPERREN aus dem Kontextmenü aus.

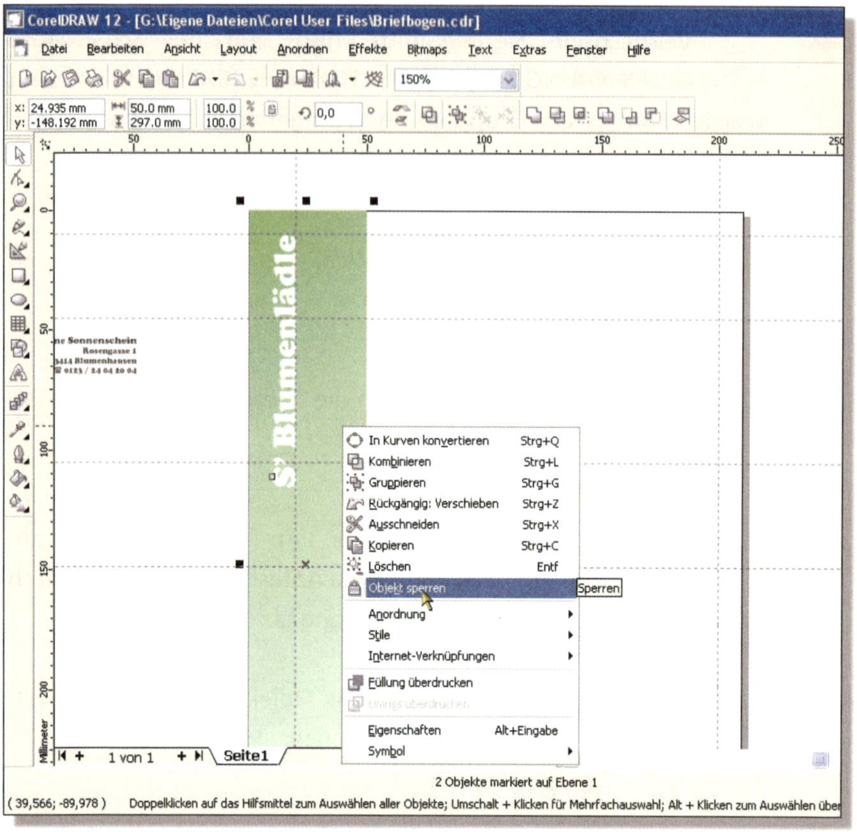

Bild 6.7 ~ Der ausgerichtete und gesperrte Farbverlaufsstreifen

Vielleicht hat es Sie verwundert, dass der Farbverlaufstreifen genau auf den Rand ausgerichtet wird? Das hat seinen Grund: Wenn Sie z.B. zwei verschiedene Drucker verwenden, müssen Sie so nicht jedes Mal die Randeinstellungen verändern. Außerdem ziehen die Drucker das Papier manchmal nicht richtig ein, sodass unschöne Linien entstehen. Durch die eben gezeigte Vorgehensweise spart der Drucker die nicht druckbaren Bereiche aus, und Sie erhalten immer eine gerade Linie. Es kann allerdings vorkommen, dass *CorelDRAW* Sie zur Sicherheit beim Drucken auf den nicht bedruckbaren Rand hinweist. Sie kennen ja schon das Dialogfenster zum Drucken, da meldet *CorelDRAW* dann ein Problem.

Briefkopf einrichten

Das Grundgerüst Ihres Briefbogens steht nun. Jetzt machen Sie sich an die Gestaltung des Briefkopfs.

Dazu ist es vorteilhaft, mit dem Hilfsmittel ZOOM das obere Viertel des Briefbogens zu vergrößern.

1 Verschieben Sie anschließend den Schriftzug `S'Blumenlädle` sowie die Blume in den oberen, rechten Bereich.

Der Schriftzug soll außerhalb des eigentlichen Textbereichs stehen:

2 Platzieren Sie ihn deshalb von links an der Hilfslinie, die Sie bei 20 mm angelegt haben und ziehen ihn an die horizontale Hilfslinie bei 10 mm an, bis er einrastet.

Um die Größe des Schriftzuges zu verändern, müssen Sie ihn zunächst in Kurven konvertieren.

3 Klicken Sie mit der rechten Maus auf das Textobjekt, und wählen Sie aus dem Kontextmenü den Eintrag IN KURVEN KONVERTIEREN aus.

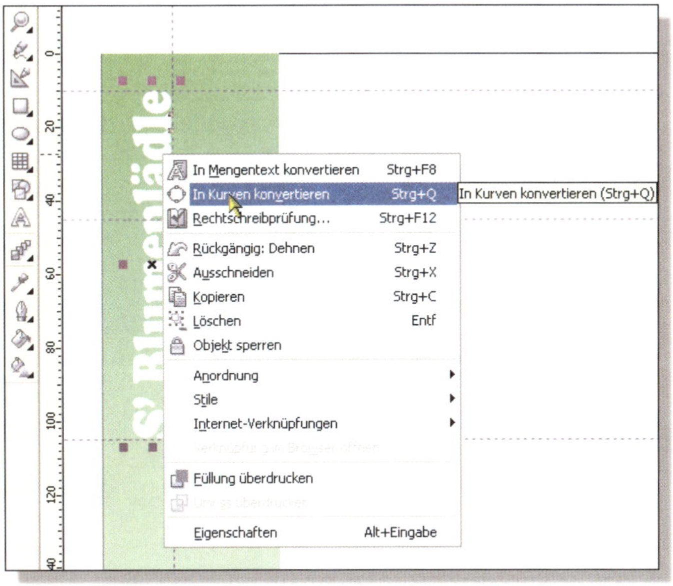

Bild 6.8 ~ Notwendige Vorarbeit für die Größenanpassung des Schriftzugs

4 Klicken Sie dann in das Feld OBJEKTGRÖSSE, und tragen Sie für den Schriftzug eine Breite von `10 mm` ein. Für die Höhe nehmen Sie den Wert `95 mm`. Diese Skalierung ist nicht ganz proportional, die Schrift bleibt aber gut erkenn- und lesbar.

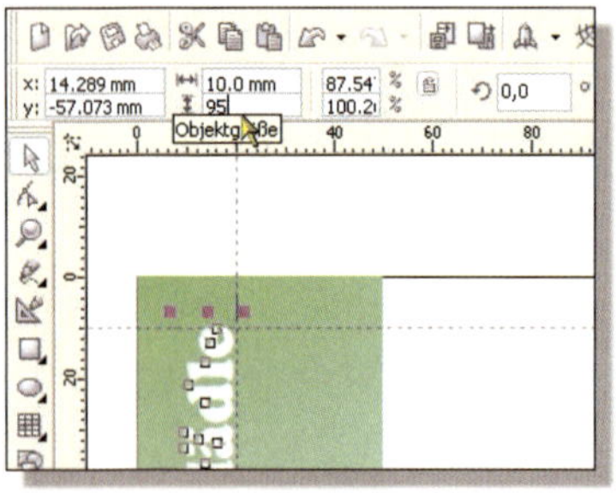

Bild 6.9 ~ Objektgröße des Schriftzugs festlegen

Zuletzt muss der Schriftzug nur noch neu an den Hilfslinien platziert werden:

5 Die Blume platzieren Sie auf dieselbe Weise, genau zwischen den beiden horizontalen Hilfslinien bei 10 mm und 45 mm.

Bild 6.10 ~ Es geht voran

Und dann kommt der letzte Teil unseres »Visitenkarten-Recyclings«.

1 Verschieben Sie das Textobjekt in die linke Ecke des Briefbogens, und setzen Sie es an den Schnittpunkt der horizontalen Linie bei 45 mm und der rechten, vertikalen Hilfslinie ab.

2 Zeigen Sie dann auf den linken oberen Anfasspunkt, und ziehen Sie das Textobjekt diagonal an die obere Hilfslinie heran. Sobald das Objekt einrastet, lassen Sie die Maus los.

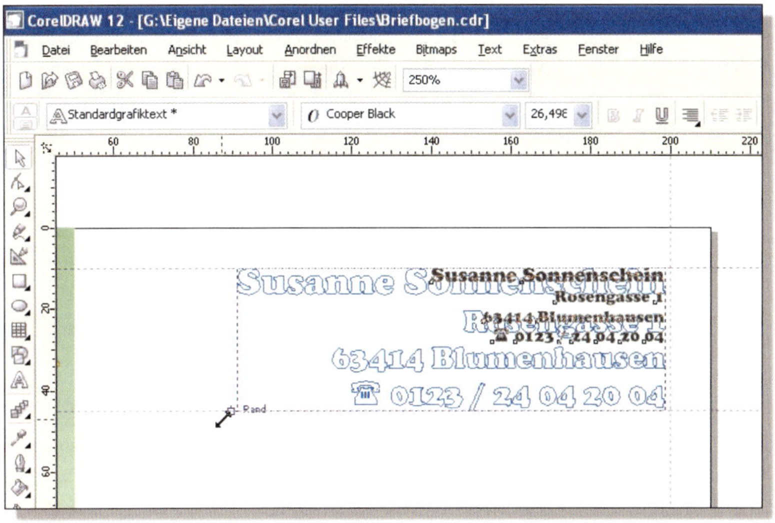

Bild 6.11 ~ Anpassen des Absenderfelds

Und damit sind Sie auch schon fertig mit der Verwertung der Visitenkarte.

Die weiteren Arbeiten gehen jetzt nicht mehr so rasch voran, da Sie die entsprechenden Objekte erst erstellen müssen.

Adressfeld erstellen

Was fehlt, ist ein Bereich für die Absenderadresse im Fenster eines Briefumschlags. Dafür müssen Sie ein weiteres Textobjekt, genauer ein Mengentextobjekt, anlegen.

1 Aktivieren Sie zunächst das Hilfsmittel TEXT.

2 Zeigen Sie mit der Maus in den Schnittpunkt der horizontalen Hilfslinie bei 45 mm und der vertikalen Hilfslinie bei 20 mm.

3 Drücken Sie dann die Maustaste, und ziehen Sie diagonal einen Rahmen von 85 mm Breite und 45 mm Höhe auf. Beobachten Sie beim Ziehen die Statusleiste. So können Sie die ungefähre Größe bestimmen.

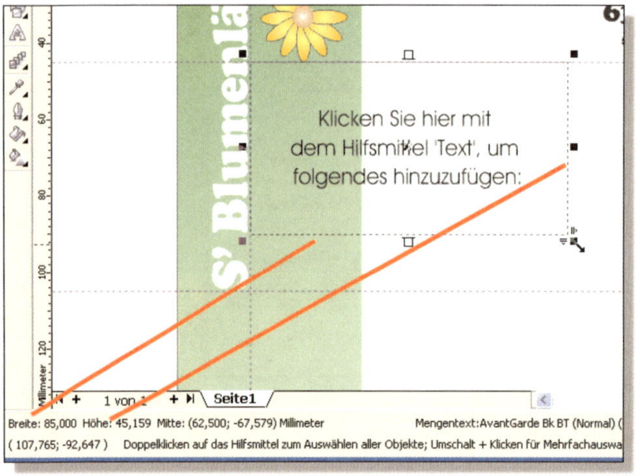

Bild 6.12 ~ Ein Mengentextrahmen für das Adressfeld

Das Adressfeld ist damit fast fertig. Es fehlt der Text für die Absenderangabe.

1 Klicken Sie mit aktiviertem Hilfsmittel TEXT in das Mengentextobjekt.

2 Schreiben Sie dann folgenden Text:

S' Blumenlädle - Rosengasse 1 - 63414 Blumenhausen

3 Drücken Sie dann einmal die [↵]-Taste, um einen neuen Absatz zu erzeugen. Stellen Sie an dieser Stelle die Schriftart TIMES NEW ROMAN in der Größe 12 ein.

4 Nun markieren Sie den Text der Absenderadresse und weisen ihm über die Eigenschaftsleiste die Schriftart BERLIN SANS FB DEMI in der Größe 10 zu.

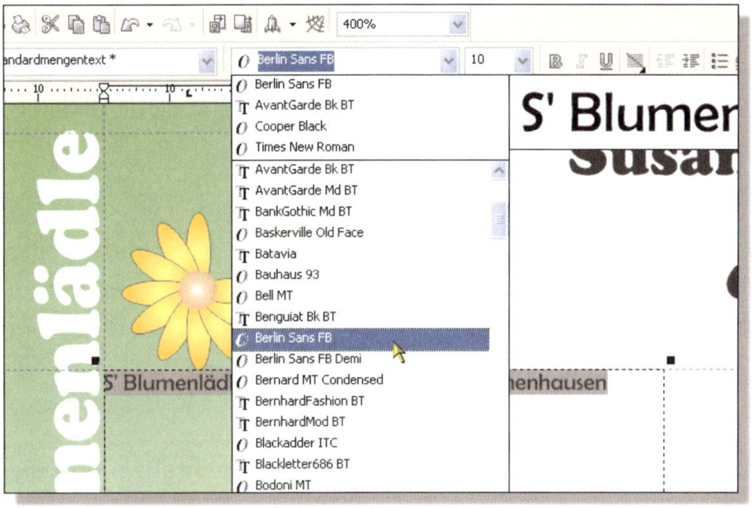

Bild 6.13 ~ Die Absenderleiste gestalten

5 Klicken Sie abschließend noch auf die Schaltfläche UNTERSTREICHEN, um die gesamte Absenderadresse zu unterstreichen.

Das sieht zwar schon recht gut aus, aber es fehlt der rechte Pfiff. Diesen werden wir im Folgenden durch ein Sonderzeichen erreichen. Dabei werden Sie das Andock-Fenster SYMBOLE näher kennen lernen.

Sonderzeichen einfügen

1 Bevor es losgeht, markieren Sie mit dem Cursor den Bindestrich zwischen Namen und Straße.

2 Wählen Sie die Menüreihenfolge TEXT / ZEICHEN EINFÜGEN.

CorelDRAW öffnet daraufhin das Andock-Fenster. Es handelt sich dabei um ein Fenster, das am rechten Rand des Dokumentenfensters fest verankert wird.

3 Stellen Sie als Erstes die Schriftart BERLIN SANS FB DEMI über das Listenfeld am oberen Rand des Andock-Fensters ein. Die Zeichen dieses Schriftsatzes werden Ihnen daraufhin in dem darunter liegenden Vorschaufenster anzeigt.

4 Um den Punkt auszumachen, müssen Sie gegebenenfalls die Bildlaufleiste ein wenig nach unten ziehen.

5 Um den Punkt einzufügen, zeigen Sie mit der Maus darauf und ziehen ihn dann einfach an die Stelle, an der er eingefügt werden soll. Alternativ können Sie aber auch auf die Schaltfläche EINFÜGEN am unteren Rand oder ganz einfach auf das Symbol klicken.

6 Wiederholen Sie diese gezeigten Schritte für die Straßen- und die Ortsangabe.

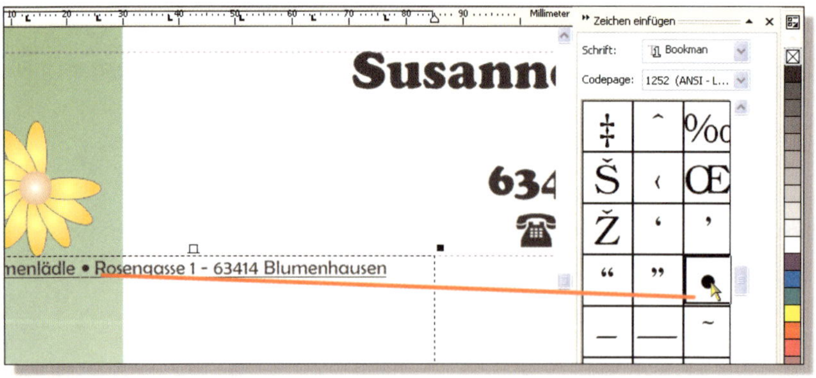

Bild 6.14 ~ Symbol einfügen

Das Andock-Fenster können Sie abschließend mit einem Klick auf den Doppelpfeil in der Titelleiste am rechten Rand ablegen und so jederzeit mit erneutem Klick auf diesen Doppelpfeil wieder anzeigen lassen. Sie benötigen das Fenster jedoch nicht mehr für die weiteren Schritte und können es deshalb auch über das X am rechten Rand schließen.

Bezugszeichenzeile einrichten

Ein ordentliches Geschäftspapier verfügt über eine Bezugszeichenzeile. Diese werden Sie ebenfalls aus einem Mengentextobjekt erstellen.

1 Wählen Sie das Hilfsmittel TEXT aus.

Die Bezugszeichenzeile befindet sich oberhalb der Hilfslinie, die Sie bei 105 mm angelegt haben.

2 Positionieren Sie den Cursor am linken Rand oberhalb dieser Hilfslinie, und ziehen Sie einen ca. 10 mm hohen Rahmen bis an die rechte Randhilfslinie auf.

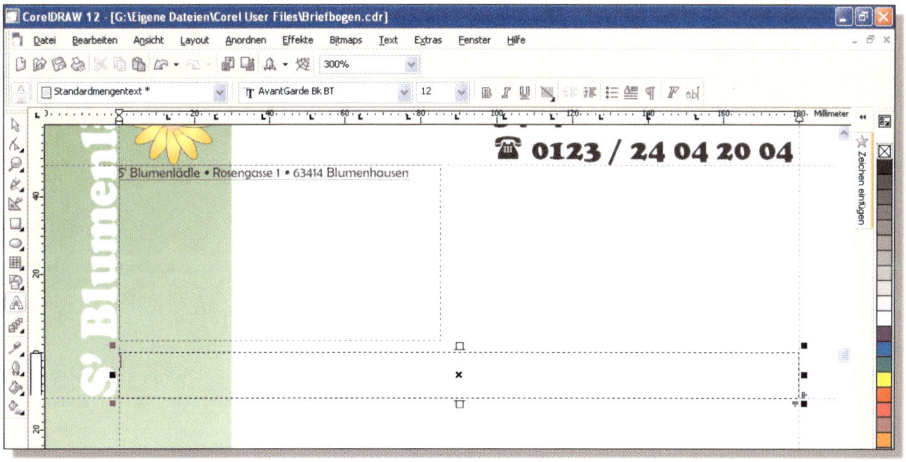

Bild 6.15 ~ Bezugszeile anlegen

3 Erstellen Sie zunächst durch Drücken der [↵]-Taste einen weiteren Absatz.

Da der standardmäßig verwendete Text viel zu groß ist, stellen Sie auch gleich die richtige Größe ein.

4 Dem ersten Absatz weisen Sie die Schriftart BERLIN SANS FB DEMI in der Größe 10, dem zweiten Absatz die Schriftart TIMES NEW ROMAN in der Größe 12 zu.

5 Setzen Sie nun den Cursor in den ersten Absatz, und betrachten Sie das Lineal.

Erkennen Sie die vielen kleinen Zeichen, die wie ein kleines *L* aussehen? Es handelt sich um Tabulatorzeichen, mit denen Sie Listen oder Aufzählungen optisch aufbereiten und schnell anordnen können.

Tabulatoren löschen und Text eingeben

Grundsätzlich legt man mit Tabulatoren Positionen innerhalb einer Zeile fest, die durch Betätigen der [⇥]-Taste mit der Einfügemarke angesprochen werden können. Der Text wird daraufhin an den Tabulatorpositionen ausgerichtet.

Bild 6.16 ~ Zu viele Tabulatoren verderben den Spaß

Allerdings fügt *CorelDRAW* viel zu viele Tabulatoren ein, die bei der weiteren Arbeit nur stören. Deshalb werden Sie sie zunächst entfernen und später an die Stelle setzen, an der Sie sie benötigen.

Dazu werden Sie sich in einen speziellen Texteditor begeben, der für die schnelle Texteingabe gedacht ist. Allerdings erhalten Sie hier keine optische Rückmeldung, wie Sie es von anderen Editoren, die im WYSIWYG-Modus arbeiten, kennen. WYSIWYG heißt frei übersetzt in etwa: »Sie erhalten als Ergebnis das, was Sie am Bildschirm sehen«. Nur: Für diesen Editor stimmt es nicht. Wieso nicht?

1 Klicken Sie auf TEXT / TEXT BEARBEITEN – schon öffnet sich der nüchtern gestaltete Editor.

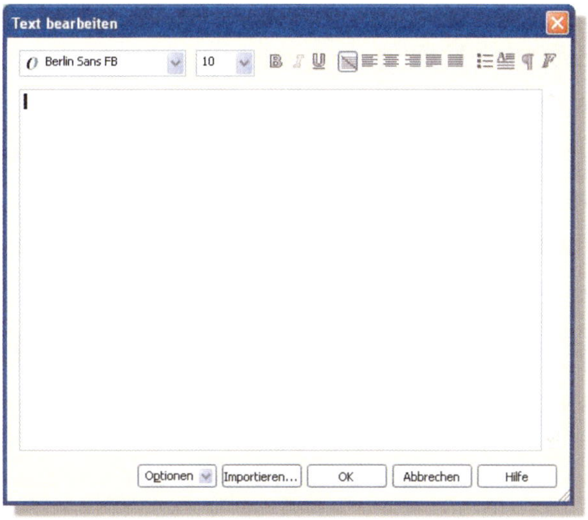

Bild 6.17 ~ Der Editor zur Textbearbeitung

2 Zunächst sollten Sie die überflüssigen Tabulatoren entfernen: Klicken  Sie mit der rechten Maus in den Texteditor, und wählen Sie im Kontextmenü den Eintrag TEXT FORMATIEREN. Alternativ können Sie auch auf die entsprechende Schaltfläche klicken. Sie erhalten das gleichnamige Dialogfenster.

▶ **3** Wählen Sie hier die Registerkarte TABULATOREN AN.

Wie Sie sehen, fügt *CorelDRAW* standardmäßig sehr viele Tabulatoren in einen Absatz ein.

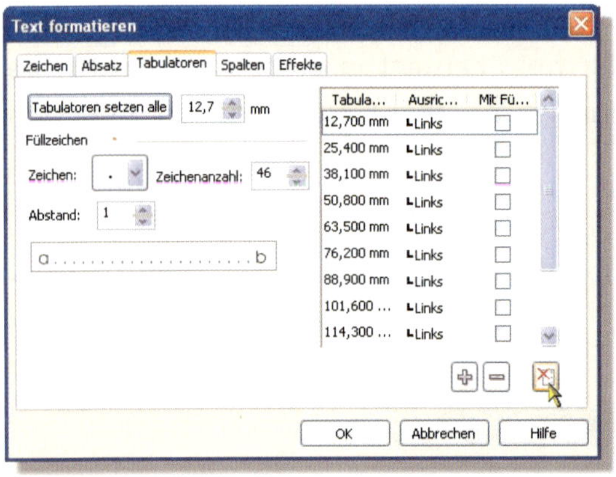

Bild 6.18 ~ Hier entfernen Sie zuerst alle vorgegebenen Tabulatoren

▶ **4** Klicken Sie auf die Schaltfläche ALLE TABULATOREN LÖSCHEN, um erst einmal alle Tabulatoren zu entfernen.

Wie Sie bemerken, werden alle Einträge aus dem rechten Fensterbereich entfernt. Das reicht an dieser Stelle. Verlassen Sie dieses Dialogfenster mit einem Klick auf OK wieder.

Sie befinden sich wieder im Editorfenster.

▶ **1** Geben Sie nun folgenden Text ein: `Ihr Zeichen/Ihre Nachricht vom.`

▶ **2** Betätigen Sie dann einmal die [Tab]-Taste.

CorelDRAW bewegt daraufhin den Cursor ein bisschen von Ihrem Text weg und fügt einen kleinen, nach rechts weisenden Pfeil ein. Durch Betätigen der

⇥-Taste haben Sie einen Tabulatorsprung erzeugt, und der Cursor wird an der nächsten Tabulatorposition ausgerichtet. Jetzt werden Sie sich vielleicht wundern, denn in einem der vorherigen Schritte wurden doch alle Tabulatoren entfernt ... Das ist schon richtig, aber *CorelDRAW* verfügt über so genannte Standardtabulatorpositionen, die sich alle 12,7 mm befinden und nur dann funktionstüchtig sind, wenn Sie keine(n) individuellen Tabulator(en) gesetzt haben.

1 Geben Sie jetzt ein: `Unser Zeichen, unsere Nachricht vom`

2 Betätigen Sie wieder die ⇥-Taste. Dann geben Sie weiter ein: `Telefon`.

3 Betätigen Sie wieder auf die ⇥-Taste, und geben Sie noch das Wort `Datum` ein.

4 Mehr Schritte sind im Moment nicht notwendig. Sie können den Editor über einen Klick auf OK verlassen.

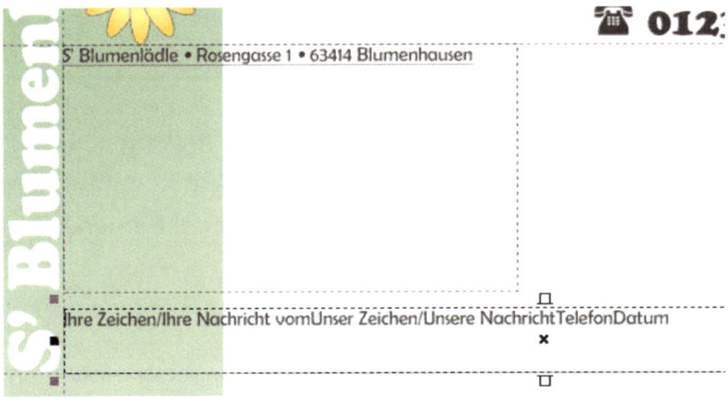

Bild 6.19 ~ Der noch nicht ausgerichtete Text der Bezugszeile

Das etwas merkwürdige Aussehen Ihrer Arbeit liegt daran, dass Sie im vorherigen Schritt die Tabulatoren entfernt hatten. Deshalb sieht der Text noch nicht so aus, wie er soll. Doch das werden Sie gleich ändern.

Prinzipiell legen Sie mit den Tabulatoren die Positionen innerhalb einer Zeile fest, die durch Betätigen der ⇆-Taste mit dem Cursor angesprochen werden. Es handelt sich um so genannte Sprungmarken. Der Text wird dabei an den Tabulatorpositionen ausgerichtet. Wie das im Einzelnen geschieht, richtet sich nach der Art des Tabulators.

Mit der ⇆-Taste können Sie von einer Tabulatorposition zur nächsten in der Zeile wechseln.

Diese Tabulatoren können individuell platziert und jederzeit geändert werden. Sind keine individuellen Tabulatoren gesetzt, werden die oben erwähnten Standardtabulatoren verwendet, die *CorelDRAW* alle 12,7 mm setzt. Durch die eingefügten Sprunganweisungen, die Sie über die ⇆-Taste gesetzt hatten, wird der Text also einfach an den nächsten Standardtabulatoren ausgerichtet.

Ausrichtungsmöglichkeiten mit Tabulatoren

Bevor Sie sich an das eigene Anlegen von Tabulatoren machen, müssen Sie deren Ausrichtung festlegen. *CorelDRAW* stellt Ihnen insgesamt vier Ausrichtungen zur Verfügung.

1 Aktivieren Sie das Hilfsmittel TEXT, und klicken Sie in den ersten Absatz des Bezugszeilenmengentextes.

Wie Sie bemerkt haben, ändert sich auch das Aussehen des Schnittpunktes der beiden Lineale, sobald Sie in den Text geklickt haben. Vielleicht kommt Ihnen dieses kleine *L* bekannt vor. Es ist ein Tabulatorsymbol, das Symbol für den linksbündigen Tabulator.

2 Klicken Sie jetzt einmal auf dieses Symbol. Dann erscheint auch schon das nächste, das für den rechtsbündigen Tabulator steht.

Bild 6.20 ~ Im Schnittpunkt der Lineale liegt das Geheimnis der Tabulatoren

3 Klicken Sie ein drittes Mal auf das Symbol, erscheint es für einen zentrierten Tabulator. Nachdem Sie ein viertes Mal darauf geklickt haben, steht Ihnen ein dezimaler Tabulator zur Verfügung. Ein weiterer Klick bringt Sie an die Ausgangslage zurück. So können Sie schnell zwischen den verschiedenen Tabulatorausrichtungen wechseln.

Tabulatoren platzieren

Doch nun geht es endlich daran, die Tabulatoren zu platzieren.

1 Zeigen Sie mit der Maus auf die Position 60 auf dem oberen Lineal, und klicken Sie einmal.

Schon haben Sie den Tabulator gesetzt, der Text wird augenblicklich daran ausgerichtet.

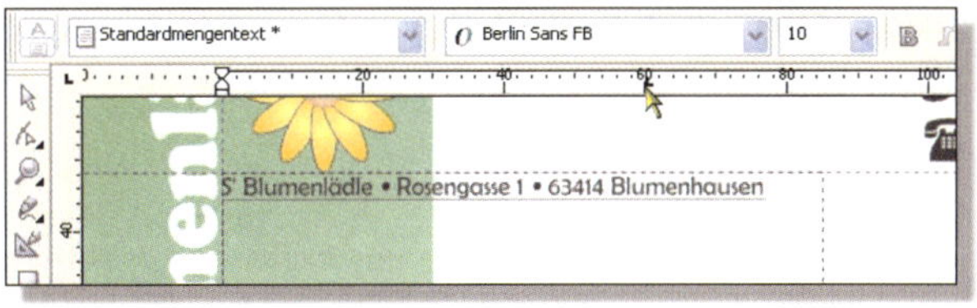

Bild 6.21 ~ Setzen eines Tabulators

2 Verfahren Sie mit dem zweiten Tabulator, den Sie an die Position 120 setzen, ebenso.

Achten Sie beim Arbeiten mit Tabulatoren unbedingt darauf, an welcher Stelle sich Ihr Cursor befindet. Die Einstellungen für die Tabulatoren wirken stets nur in dem im Mengentext markierten Absatz. Ist kein Text markiert, wirkt die Änderung nur in dem Absatz, in dem sich der Cursor befindet. Zur besseren Übersicht sollten Sie sich die nicht druckbaren Zeichen (Strg + ⇧ + C) anzeigen lassen.

Das Datum soll am rechten Rand ausgerichtet sein. Deswegen müssen Sie einen rechtsbündigen Tabulator verwenden.

1 Klicken Sie einmal auf den Schnittpunkt der Lineale, um ihn auszuwählen.

2 Zeigen Sie dann auf die Position 178 auf dem Lineal, und klicken Sie einmal.

Sicherlich werden Sie sich jetzt wundern, warum Sie den Tabulator nicht gleich auf die richtige Position, also bei 180 mm, setzen sollen. An dieser Position befindet sich das Begrenzungszeichen für den rechten Rand. Sie können es sehr schön an dem kleinen »Hütchen« erkennen.

Wenn Sie beim Setzen des Tabulators auf diese Position nicht exakt genug vorgehen, können Sie das Zeichen aus Versehen wieder verschieben. Deshalb wenden Sie einen kleinen Trick an: Die Tabulatoren können Sie nämlich nachträglich verschieben ...

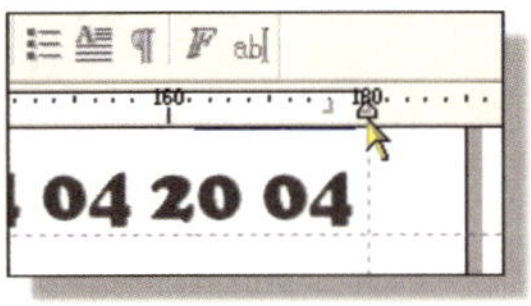

Bild 6.22 ~ Tabulator verschieben

1 Klicken Sie auf das Tabulatorsymbol, das sich bei Position 178 befindet, und halten Sie die Maustaste gedrückt.

2 Verschieben Sie das Symbol nun auf die Position 180, ohne dabei die Maustaste loszulassen. Haben Sie die Position erreicht, lassen Sie die Maustaste los.

Falls Sie einen Tabulator zu viel gesetzt haben sollten, können Sie ihn wieder entfernen. Sie klicken ganz einfach auf das Tabulatorsymbol im Textlineal und ziehen es bei gedrückter Maustaste aus dem Text heraus.

Falzmarken anlegen

Nun beginnt der Endspurt beim Gestalten Ihres Briefbogens. Es fehlen eigentlich nur noch die beiden Falzmarken, die genau auf den Hilfslinien bei 45 mm und 105 mm verlaufen.

1 Aktivieren Sie dazu das Hilfsmittel FREIHAND.

2 Ziehen Sie eine horizontale Linie von ca. 3 mm Länge. Halten Sie dabei die ⇧-Taste gedrückt, damit die Linie gerade wird.

3 Aktivieren Sie dann das Hilfsmittel AUSWAHL, und verschieben Sie die Linie auf die Hilfslinie bei 45 mm.

Da das Arbeiten mit dieser kleinen Linie sehr diffizil ist, sollten Sie sich den Ausschnitt mit dem Hilfsmittel ZOOM vergrößern.

4 Weisen Sie der Linie einen Umriss von 1/2 Punkt zu, indem Sie auf das Werkzeug UMRISS klicken und anschließend in dem Flyout-Menü die Schaltfläche UMRISS 1/2 PUNKT auswählen.

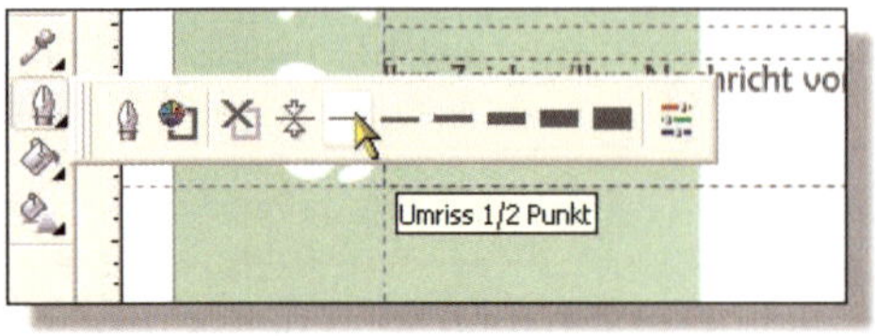

Bild 6.23 ~ Eine Falzmarke anlegen

Um die beiden Falzmarken linksbündig auszurichten, sollten Sie eine vertikale Hilfslinie bei 2 mm anlegen.

Falzmarke kopieren

Die zweite Falzmarke ist von ihrer Größe und Gestalt identisch mit der ersten, sodass Sie sie einfach kopieren können:

1 Markieren Sie die Falzmarke, und klicken Sie dann auf die Schaltfläche KOPIEREN, oder betätigen Sie die Tastenkombination Strg+C.

2 Anschließend fügen Sie die kopierte Falzmarke ein, indem Sie auf die Schaltfläche EINFÜGEN klicken bzw. die Tastenkombination Strg+V wählen.

Sicherlich werden Sie sich jetzt fragen, wo die Falzmarke geblieben ist? *CorelDRAW* fügt kopierte Objekte passgenau an der Stelle ein, von der Sie sie kopiert haben. Mit anderen Worten: Sie liegt exakt auf der ursprünglichen Falzmarke.

3 Klicken Sie mit der Maus auf die Falzmarke, und verschieben Sie sie über das Kreuz, das den Objektmittelpunkt anzeigt, an die gewünschte Position bei 105 mm.

Damit ist der Briefbogen eigentlich schon fast fertig gestellt. Sicherlich wollen Sie sich das Ergebnis einmal näher anschauen ...

Gesamtansicht prüfen

1 Wählen Sie das Hilfsmittel ZOOM aus, und klicken Sie dann auf der Eigenschaftsleite auf die Schaltfläche AUF SEITENBREITE ZOOMEN.

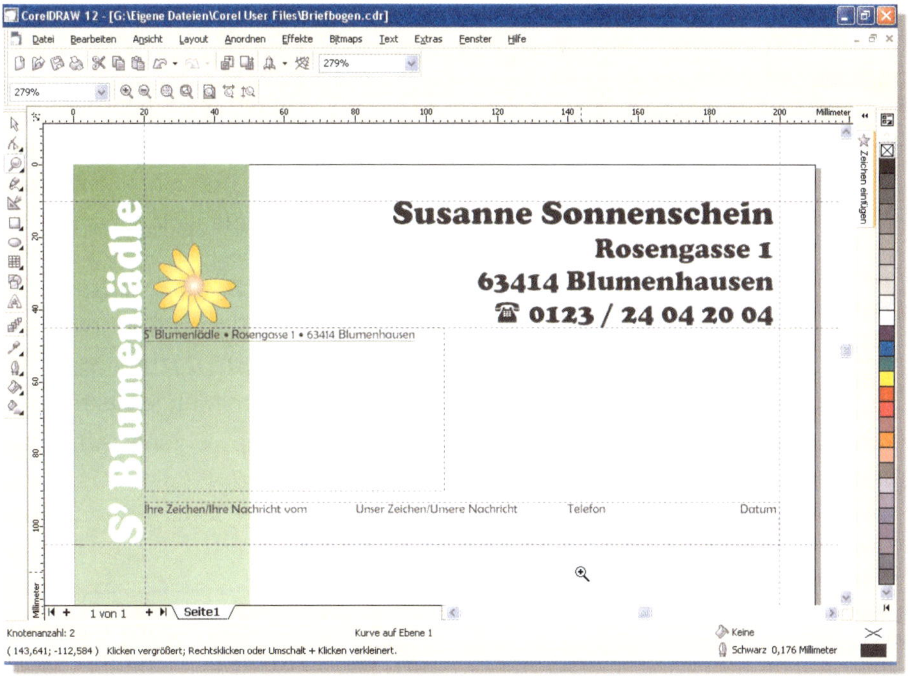

Bild 6.24 ~ Das Ergebnis kann sich doch wahrlich sehen lassen

2 Blenden Sie zusätzlich über das Menü ANSICHT / HILFSLINIEN die Hilfslinien aus, damit Sie das Ergebnis noch besser betrachten können.

Textbereich anlegen

Eigentlich könnten Sie den Briefbogen jetzt ausdrucken und/oder in einem guten Copy-Shop vervielfältigen lassen. Doch auf die Dauer werden Sie es viel zu mühsam finden, für jeden Brief zusätzlich noch eine Datei in einer Textverarbeitung anzulegen.

CorelDRAW bietet im Grunde alles, was Sie brauchen. In einem Mengentextobjekt kann man den Text wie in einer Textverarbeitung gestalten. Deshalb werden Sie dem Briefbogen noch ein weiteres Mengentextobjekt hinzufügen, in dem Sie dann Ihre Brieftexte schreiben.

Der Textbereich, den Sie anzulegen haben, erstreckt sich von der Hilfslinie, die sich 105 mm vom oberen Rand befindet, bis zu der Hilfslinie, die den unteren Rand des Briefbogens markiert.

1 Aktivieren Sie das Hilfsmittel TEXT, und ziehen Sie einen Rahmen innerhalb dieses Bereichs auf. Da Sie sicherlich über das Menü ANSICHT / AN HILFSLINIEN AUSRICHTEN die Einrastfunktion eingeschaltet haben, läuft der Text den Hilfslinien von alleine nach.

2 Abschließend stellen Sie den Schriftgrad für das Textfeld auf die Schriftart TIMES NEW ROMAN und die Größe 12 ein. Dazu müssen Sie übrigens lediglich mit dem Auswahlwerkzeug auf das Mengentextobjekt klicken und dann die Einstellungen über die Eigenschaftsleiste vornehmen.

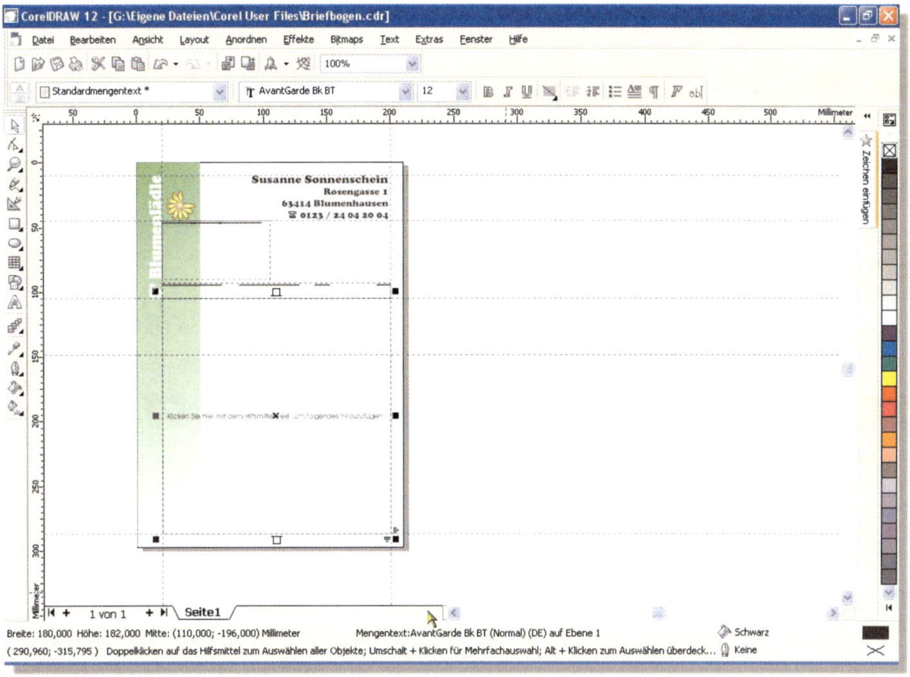

Bild 6.25 ~ Geschafft, der komplette Briefbogen in der Gesamtansicht

3 Vergessen Sie abschließend nicht, Ihren Briefbogen noch einmal abzuspeichern. Klicken Sie also zur Sicherheit noch einmal auf das Symbol SPEICHERN, oder betätigen Sie die Tastenkombination [Strg]+[S].

6.3 Vorlagen nutzen

Bislang haben Sie die Dateien »einfach so« abgespeichert. Bei einem Briefbogen bietet es sich aber an, eine so genannte Vorlage zu erstellen. Dazu legen Sie eine Musterpublikation an, die alle benötigten Einstellungen und Elemente enthält. Diese speichern Sie ab und können dann in Zukunft immer wieder darauf zurückgreifen.

Diese Vorgehensweise bietet sich für den eben erstellten Briefbogen an. Wenn Sie ihn immer wieder verwenden wollen, ist das weitere Vorgehen recht einfach.

Eigene Vorlage erstellen

1 Wenn Sie die besagte Publikation geladen haben, in unserem Beispiel die Datei `Briefbogen.cdr`, rufen Sie das Dialogfenster SPEICHERN UNTER aus dem Menü DATEI auf.

2 Wählen Sie als Erstes den Eintrag `CDT - CorelDRAW-Vorlage` aus, bevor Sie der Vorlage noch einen aussagekräftigen Namen geben.

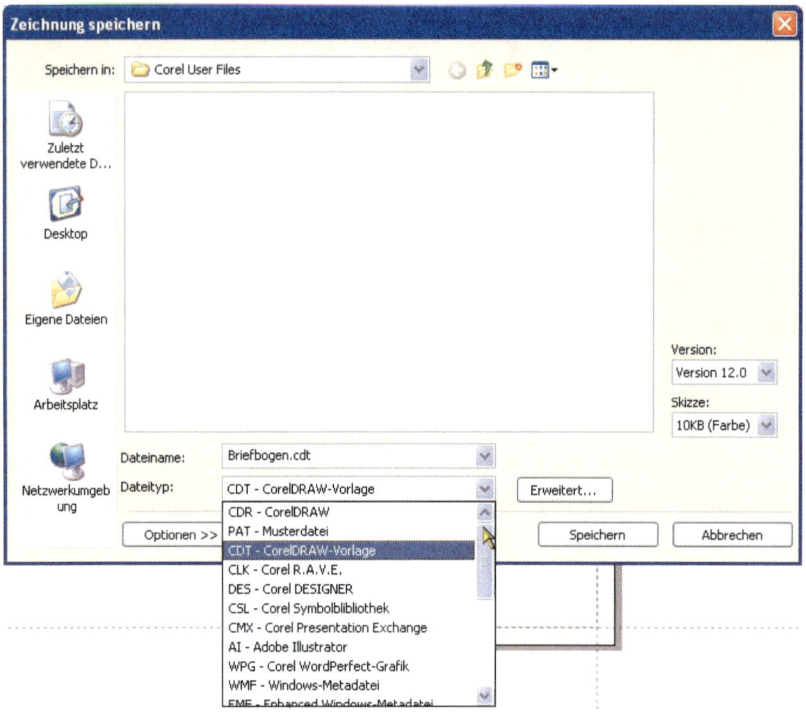

Bild 6.26 ~ Eine Publikation als Vorlage abspeichern

3 Beenden Sie den Vorgang mit einem weiteren Klick auf SPEICHERN.

CorelDRAW erstellt nun automatisch eine Vorlage in dem von Ihnen gewählten Ordner (standardmäßig also den Ordner *Corel User Files*).

1 Wenn Sie in Zukunft eine neue Publikation von dieser Vorlage  erstellen möchten, müssen Sie lediglich den Menüpunkt DATEI / NEU VON VORLAGE aufrufen. Sie erhalten das gleichnamige Dialogfenster.

2 Dieses enthält sechs Registerkarten. Während die ersten fünf bereits fertige Vorlagen enthalten (die Sie in einer ruhigen Stunde einmal betrachten sollten), müssen Sie für das weitere Vorgehen die sechste mit der Bezeichnung DURCHSUCHEN aktivieren. Danach stellen Sie noch mittels des Listenfeldes den Speicherort Ihrer Vorlagen ein.

Das Programm zeigt Ihnen dann die darin enthaltenden Dateien, normale Corel-Dateien wie auch Vorlagen, an. Die Vorlagen erkennen Sie übrigens an der Endung **.cdt*, wobei *t* für *Templates* steht.

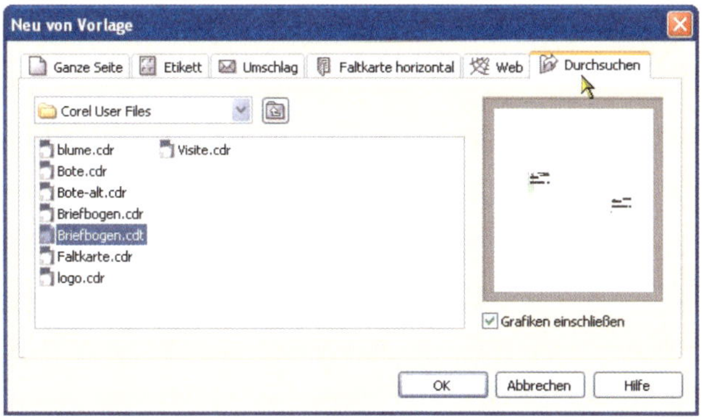

Bild 6.27 ~ Eine neue Publikation auf Basis einer Vorlage erstellen

3 Sie müssen nur noch die gewünschte Vorlage markieren und dann mit einem Klick auf OK bestätigen. Und schon können Sie sich an die Eingabe der Texte machen, ohne Furcht, den mühsam erstellten Briefbogen aus Unachtsamkeit zu zerstören.

*Bestimmt haben Sie auch schon einmal vor der Aufgabe gestanden, für ein Fest oder einen Verwandten, für einen Freund oder Bekannten eine originelle Einladungskarte zu entwerfen. Wie Sie das mit **CorelDRAW 12** angehen, erfahren Sie hier.*

Dieses Kapitel zeigt Ihnen,

- *wie Sie eine Einladungskarte entwerfen,*
- *wie Sie einen Layoutstil anlegen,*
- *eine Hilfslinien sperren können,*
- *welche hilfreichen Möglichkeiten es beim Arbeiten mit Objekten gibt und*
- *wie Sie eine eigene Grafik entwerfen.*

Eine auffallende Einladungskarte

7.1 Die Karte anlegen

Bevor Sie sich an die eigentliche grafische Gestaltung der Karte machen, müssen Sie erst einmal die Grundlagen schaffen.

1 Legen Sie zunächst über das Menü DATEI / NEU, dem entsprechenden Symbol bzw. per Tastenkombination Strg+N ein neues, leeres Zeichenblatt an.

2 Speichern Sie diese Datei gleich zur Sicherheit unter der Bezeichnung *Faltkarte* ab.

Layoutstil einrichten

Ähnlich wie Sie es schon bei der Visitenkarte gelernt haben, richten Sie hier ebenfalls über den Menübefehl LAYOUT / SEITE EINRICHTEN den Layoutstil ein.

Wenn dieses Fenster geöffnet wird, befinden Sie sich zunächst im Bereich GRÖSSE. Ändern Sie hier nichts, denn die Karte soll auf einem DIN A4-Blatt im Hochformat ausgedruckt werden.

1 Klicken Sie mit der Maus auf den Eintrag LAYOUT im linken Strukturfenster.

Daraufhin ändert sich auf der rechten Seite das Aussehen der Karte. Hier finden Sie alles, was Sie für das Erscheinungsbild der gesamten Publikation benötigen.

2 Klicken Sie dann auf den kleinen, nach unten zeigenden Pfeil hinter der Bezeichnung LAYOUT. Daraufhin öffnet sich eine Liste mit sechs Einträgen.

3 Markieren Sie hier den Eintrag FALTKARTE HORIZONTAL.

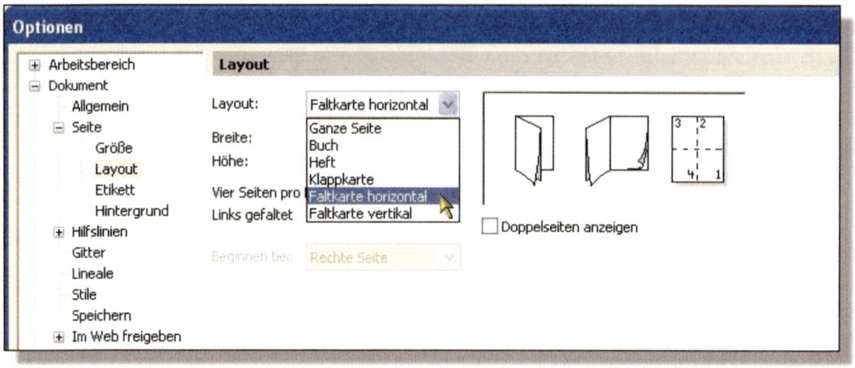

Bild 7.1 ~ Das grundlegende Layout der Faltkarte festlegen

4 Im Vorschaufenster wird Ihnen daraufhin das Ergebnis Ihrer Wahl angezeigt. Wie Sie sehen, erhalten Sie gleich eine Faltanleitung für die spätere Karte. Diese Gelegenheit sollten Sie nutzen und zu einem leeren Blatt Papier greifen. Falten Sie es entsprechend der Anweisung, und beschriften Sie anschließend gemäß der Abbildung die Seiten mit 1, 2, 3 und 4. Sie erhalten so ein schönes Faltmuster, das man auch Scribble nennt und mit dem das Erstellen einer Faltkarte wesentlich visueller vonstatten geht.

5 Wenn Sie fertig sind, schließen Sie dieses Dialogfenster durch einen Klick auf OK und betrachten den Bildschirm einmal näher:

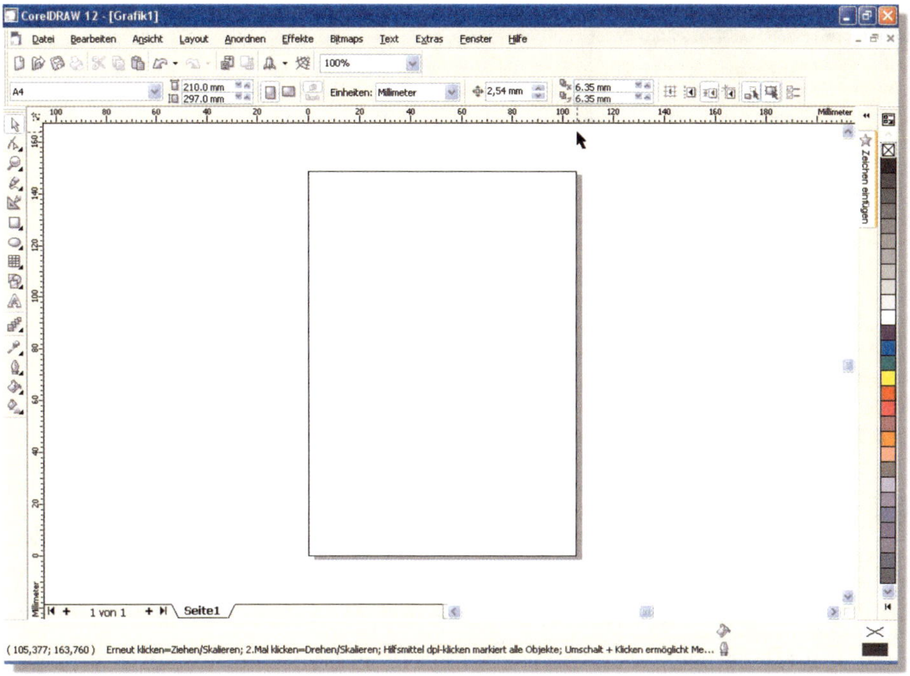

Bild 7.2 ~ Das erste Blatt Ihrer Faltkarte

Vielleicht haben Sie den Eindruck, dass sich nichts verändert hat? Sicherlich hat sich auf dem Blatt selbst nichts getan, betrachten Sie aber einmal die Angaben auf den Linealen. Wie Sie den Angaben ablesen können, besitzt das Blatt jetzt die Ausmaße von 105 mm Breite und 148.5 mm Höhe. Das entspricht genau einem Viertel eines DIN-A4-Blattes. Nehmen Sie doch einmal Ihr Faltmuster zur Hand, und schauen Sie auf das Blatt, das Sie mit einer 1 beschriftet haben. Dieses Blatt sehen Sie auf dem Computer vor sich.

Restliche Seiten einfügen

Sicherlich werden Sie sich jetzt fragen, wie Sie die drei restlichen Seiten einfügen können? Auch das ist echt einfach. Sie könnten sogar bis zu 999 Seiten in nur einer Datei anlegen.

▶ **1** Um eine neue Seite einzufügen, rufen Sie den Menüpunkt LAYOUT / SEITE EINFÜGEN auf. Ganz schnell gelangen Sie übrigens in dieses Dialogfeld, wenn Sie auf der ersten Seite die Bild↑-Taste betätigen.

Bild 7.3 ~ Einfügen der restlichen Seiten

2 Klicken Sie in das Feld EINFÜGEN, und geben Sie die Anzahl der gewünschten Seiten, in diesem Fall 3, ein. Sie können aber auch mithilfe der Pfeiltasten am rechten Rand die Anzahl der Seiten einstellen. Zusätzlich können Sie noch die Position der neuen Seiten bestimmen, was hier aber irrelevant ist, da sich auf den Seiten noch nichts befindet.

3 Bestätigen Sie Ihre Eingabe mit einem Klick auf OK.

Wenn Sie auch diesmal wieder den Eindruck haben, dass sich nichts getan hat, dann betrachten Sie einmal die Statusleiste näher. Sie befindet sich am unteren linken Rand des Arbeitsbereiches und zeigt Ihnen die Anzahl der Seiten sowie die aktuelle Seite an.

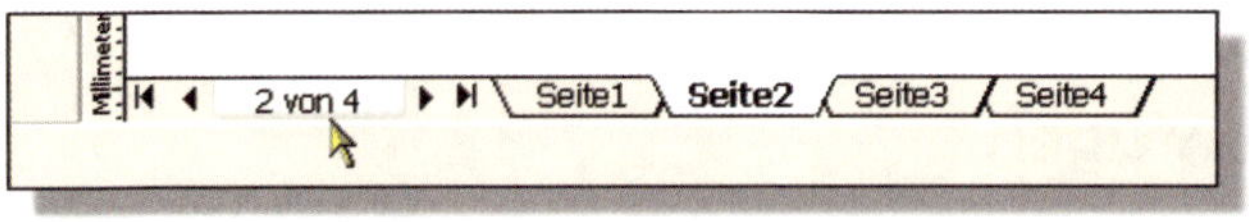

Bild 7.4 ~ Der Seitenzähler zeigt, wie viele Seiten Ihre Publikation besitzt

Die aktuelle Seite erkennen Sie übrigens daran, dass sie in weißer Farbe dargestellt ist. Möchten Sie eine andere Seite aktivieren, klicken Sie einfach auf die entsprechende Bezeichnung. Alternativ können Sie sich aber auch über die Pfeilsymbole durch die Seiten bewegen. Um in dem Dokument vorwärts oder rückwärts zu blättern, klicken Sie auf das jeweilige Pfeilsymbol. Möchten Sie auf die erste bzw. letzte Seite gelangen, klicken Sie auf das entsprechende Pfeilsymbol mit dem Strich davor oder dahinter.

Sicherlich wird Ihnen beim Blättern auffallen, dass, wenn Sie sich auf der ersten oder der letzten Seite des Dokuments befinden, im Seitenzähler ein Pluszeichen erscheint. Durch Anklicken dieses Zeichens lassen sich schnell weitere Seiten einfügen, wobei alle weiteren Seiten mit den Einstellungen der bestehenden Seite versehen werden.

Überflüssige Seiten löschen

Wenn Sie aus Neugierde auf ein Pluszeichen gedrückt haben und dann fünf statt vier Seiten sehen, ist das nicht weiter schlimm. Sie können nämlich über den Menüpunkt SEITE LÖSCHEN, den Sie im Menü LAYOUT finden, überflüssige Seiten einfach vernichten. Alternativ können Sie aber auch einfach mit der rechten Maustaste auf die betreffende Seite klicken und sie über den Kontextmenüeintrag SEITE LÖSCHEN entfernen.

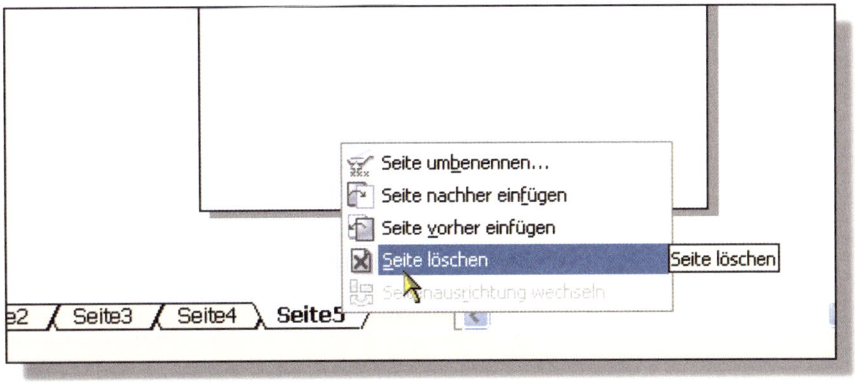

Bild 7.5 ~ Überzählige Seite (n) löschen

7.2 Die Karte gestalten

Nachdem das Grundgerüst steht, können Sie sich wieder an das Gestalten der Karte begeben.

Ohne Hilfslinien geht gar nichts

Auch hier gilt wieder der Grundsatz, dass Sie zunächst Ihre Publikation einrichten müssen ...

Auch bei der Karte verwenden Sie wieder Hilfslinien. Dabei sollten Sie sich zunächst ein Raster aus Hilfslinien anlegen, damit nachher alles passend gerät.

▶ **1** Öffnen Sie über ANSICHT / HILFSLINIEN EINRICHTEN das entsprechende Dialogfeld.

▶ **2** Klicken Sie gegebenenfalls auf das Pluszeichen vor HILFSLINIEN, damit Sie an die sich darunter liegenden Punkten gelangen.

▶ **3** Wählen Sie dort als Erstes den Eintrag HORIZONTAL an.

▶ **4** Geben Sie zunächst eine `3` ein, und klicken Sie dann auf die Schaltfläche HINZUFÜGEN. Für die nächste Hilfslinie geben Sie `145,5` ein und klicken abermals auf die Schaltfläche HINZUFÜGEN.

▶ **5** Mit einem weiteren Klick aktivieren Sie die Eingabeoptionen für die vertikalen Hilfslinien und geben hier die Werte `3` bzw. `102` ein.

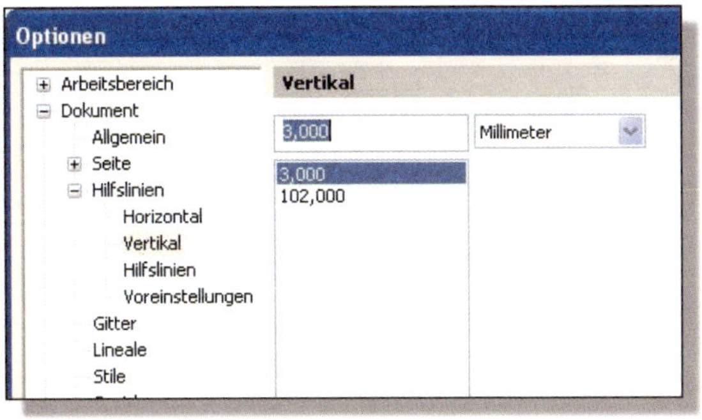

Bild 7.6 ~ Die vertikalen Hilfslinien

Damit steht das Grundgerüst der Hilfslinien und Sie können das Dialogfenster mit OK beenden.

Hilfslinien sperren

Bisher hatten Sie die Hilfslinien lediglich angelegt und mit ihnen dann problemlos gearbeitet. Doch vielleicht ist Ihnen beim Arbeiten das Missgeschick unterlaufen, dass Sie eine mühsam angelegte Hilfslinie verschoben haben?

Diesen Fehler können Sie vermeiden, indem Sie die Hilfslinien vor unbeabsichtigten Veränderungen schützen. *CorelDRAW* bezeichnet diesen Vorgang als »Sperren«. Bei diesem Vorgang werden die Hilfslinien dauerhaft fixiert und können nicht mehr bearbeitet werden.

Um eine Hilfslinie zu sperren, gehen Sie wie folgt vor:

▶ **1** Klicken Sie mit dem Auswahlwerkzeug auf eine Hilfslinie. Als optisches Erkennungszeichen wird die Hilfslinie daraufhin in roter Farbe dargestellt.

▶ **2** Öffnen Sie dann das Menü ANORDNEN, und wählen Sie den Unterpunkt OBJEKT SPERREN an.

> ▶ Schneller geht es übrigens, wenn Sie auf das Schlosssymbol in der Eigenschaftsleiste klicken.

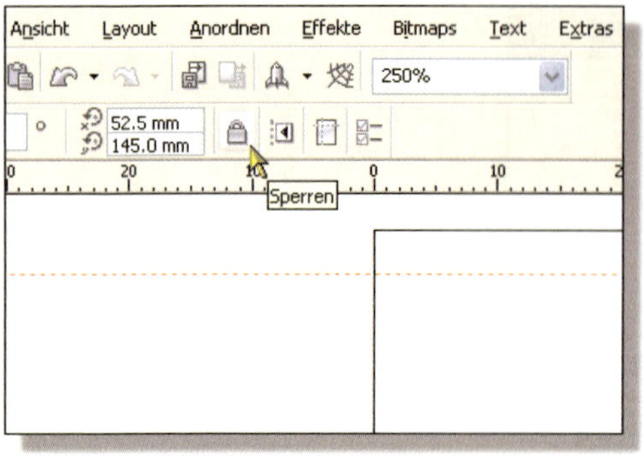

Bild 7.7 ~ Sperren von Hilfslinien vor unbeabsichtigten Veränderungen

Diese Sperrfunktion können Sie für alle Objekte anwenden, die Sie in *CorelDRAW* erstellen. Wenn Sie irgendwann das Bedürfnis haben, das Objekt wieder zu bearbeiten, heben Sie die Sperre einfach wieder auf. Dazu müssen Sie lediglich das betreffende Objekt markieren, den Befehl ANORDNEN / OBJEKT FREIGEBEN anwählen und schon können Sie das Objekt wieder normal bearbeiten.

> Noch rascher geht es, wenn Sie das betreffende Objekt mit der rechten Maustaste anklicken und aus dem Kontextmenü den Eintrag OBJEKT FREIGEBEN auswählen.

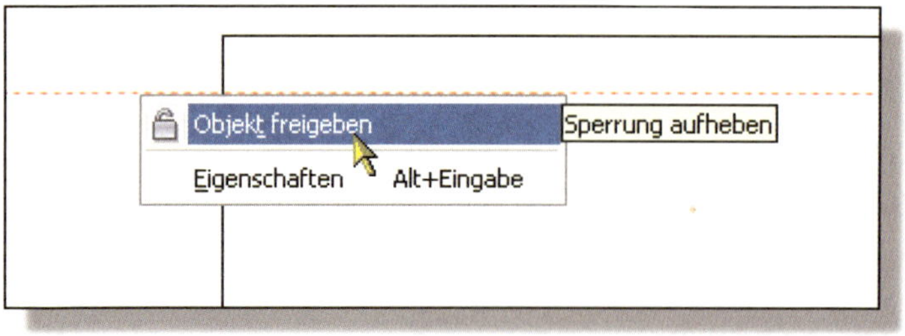

Bild 7.8 ~ Die Sperrung der Hilfslinie wieder aufheben

Die erste Seite

Die erste Seite der Karte sollte gleich erkennen lassen, um was es eigentlich geht. Da im vorliegenden Beispiel zu einem Fest eingeladen werden soll, bietet es sich an, dort das Wort »Einladung« platzieren.

Wiederverwertung

Wegen des Wiedererkennungswerts verwenden Sie auch diesmal wieder Bestandteile der Visitenkarte.

1 Öffnen Sie mit DATEI / ÖFFNEN die Datei *Visite*.

2 Markieren Sie alle Objekte der Karte, und kopieren Sie sie dann mit Strg+C in die Zwischenablage, oder klicken Sie auf das Symbol KOPIEREN.

3 Sie können dann die Datei wieder schließen, denn Sie benötigen sie nicht mehr. Die Frage, ob die Daten für andere Anwendungen in der Zwischenablage belassen werden sollen, beantworten Sie mit JA.

4 Mit Strg+V oder durch Anklicken von EINFÜGEN fügen Sie anschließend den Inhalt der Zwischenablage in die Einladungskarte ein. Sie wird mittig platziert.

5 Zeigen Sie mit der Maus auf den Objektmittelpunkt, und ziehen Sie die Karte auf die Arbeitsfläche heraus.

6 Da die Objekte der Karte zu einer Gruppe verbunden sind, klicken Sie noch auf die Schaltfläche GRUPPIERUNG AUFHEBEN, damit Sie die einzelnen Objekte bearbeiten können.

Auch hier verwenden Sie wieder das Rechteck mit dem Farbverlaufsstreifen. Es soll als Hintergrund dienen. Allerdings benötigen Sie es im Folgenden noch öfters, deswegen sollten Sie mit einer Kopie weiterarbeiten.

1 Kopieren Sie das Rechteck.

2 Ziehen Sie das Rechteck bei gedrückter Maustaste in die obere linke Ecke.

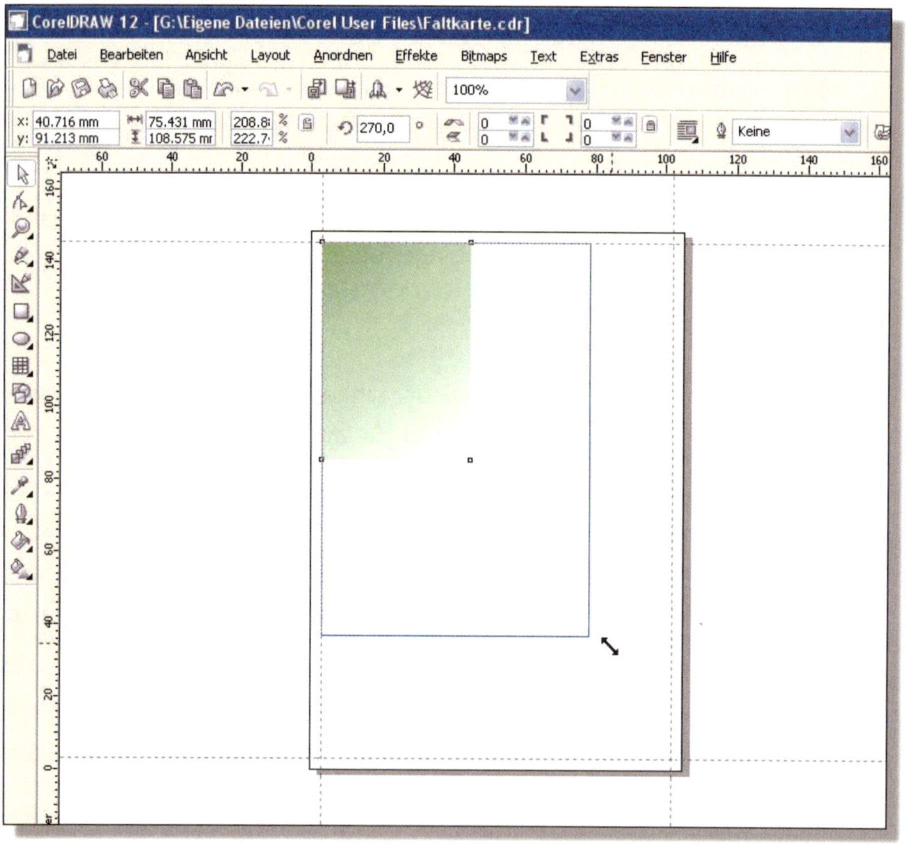

Bild 7.9 ~ Anlegen des Hintergrunds

3 Zeigen Sie dann auf den rechten unteren Anfasspunkt. Wenn der Doppelpfeil erscheint, ziehen Sie das Rechteck diagonal soweit auf, bis es die gesamte Seite füllt.

Bei der Visitenkarte haben Sie bereits mit einem Farbverlaufsstreifen gearbeitet. Das sieht zwar recht gut aus, aber es fehlt doch noch ein bisschen Pfiff ...

Interaktive Farbverlaufsfüllung erzeugen

Um eine interaktive Farbverlaufsfüllung zu erhalten, gehen Sie wie folgt vor:

1. Markieren Sie das Rechteck mit der Farbverlaufsfüllung durch Anklicken.

2. Wählen Sie dann aus der Hilfsmittelpalette das Werkzeug INTERAKTIVE  FÜLLUNG aus. Auf dem Rechteck erscheint die grafische Darstellung des Farbverlaufs. Das erkennen Sie an einer Markierung für die Ausgangs- und die Endfarbe sowie einem Regler.

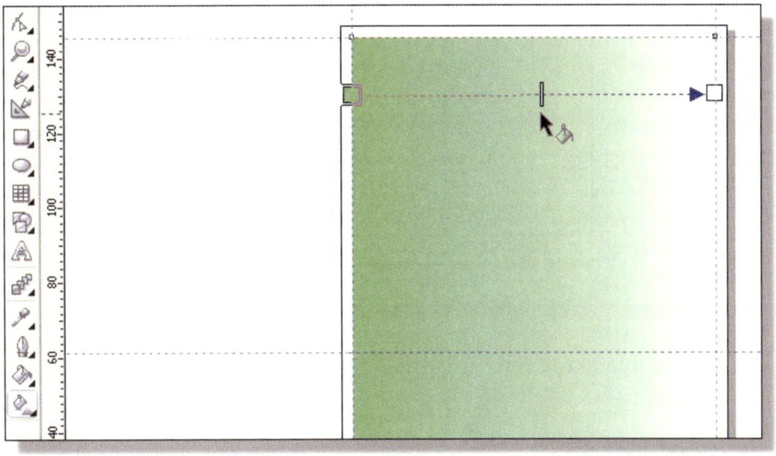

Bild 7.10 ~ Grafische Darstellung einer interaktiven Füllung

Die beiden Markierungen der Ausgangs- und der Endfarbe können Sie anklicken und beliebig verschieben. Wenn Sie einen schrägen Farbverlauf erzeugen wollten, verschieben Sie beispielsweise die Ausgangsfarbe, also das kleine grüne Rechteck, in die obere linke Ecke und die Endfarbe, das weiße Rechteck, in die rechte untere Ecke.

Mit dem Regler, der sich in der Mitte befindet, können Sie den Farbverlaufsmittelpunkt verstellen. Dieser Punkt stellt den Übergang der beiden Farben dar. Schieben Sie ihn ein bisschen hin und her, um den Effekt zu sehen. Je nachdem, in welche Richtung Sie ihn bewegen, legen Sie die Dominanz der Ausgangs- oder Endfarbe fest. Diese Einstellung können Sie auch exakt über das gleichnamige Feld in der Eigenschaftsleiste vornehmen.

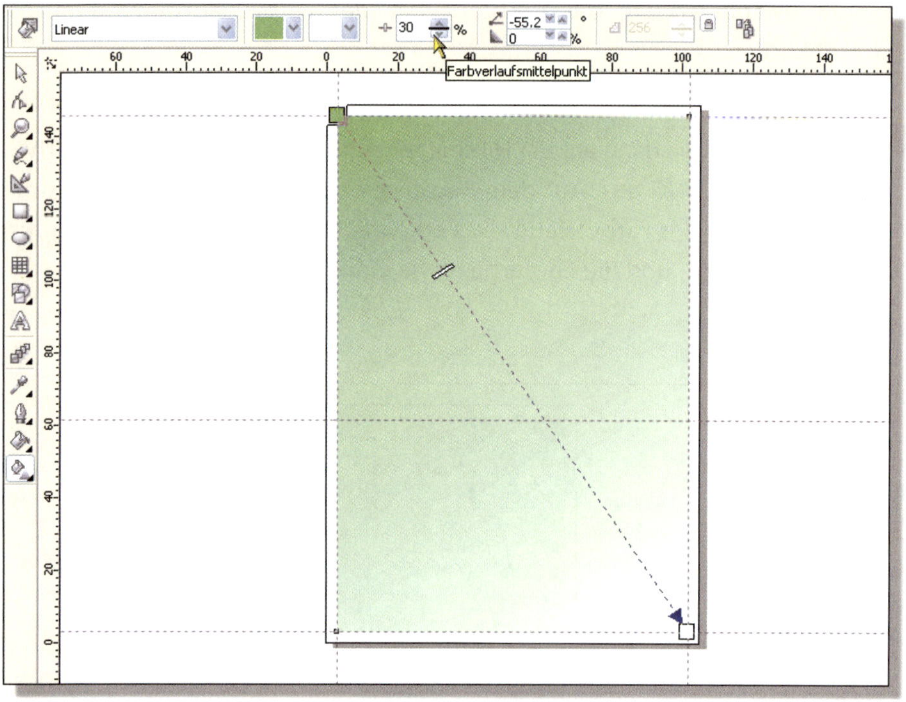

Bild 7.11 ~ Eine diagonale, interaktive Farbverlaufsfüllung

Schriftzug gestalten

»Steht« erst einmal der Hintergrund, geht es an die Gestaltung des Schriftzuges:

▶ **1** Verschieben Sie zunächst die Blume auf den Farbverlaufsstreifen und legen Sie sie am unteren Rand ab.

Den Schriftzug der Visitenkarte können Sie ebenfalls wieder verwenden. Allerdings ist er gar nicht so leicht auf dem weißen Hintergrund auszumachen, denn er ist ebenfalls weiß.

2 Verschieben Sie den Schriftzug auf den Farbverlaufsstreifen, und ordnen Sie ihn so an, dass er in die Lücke über der Blume passt.

3 Dann klicken Sie in den Schriftzug, markieren ihn, und überschreiben ihn mit dem Wort EINLADUNG. Dieses Wort soll in Großbuchstaben erscheinen. Halten Sie deshalb beim Tippen die ⇧-Taste gedrückt.

4 Abschließend sollten Sie ihn noch auf die richtige Größe bringen. Ziehen Sie das Textobjekt mithilfe des AUSWAHL-Werkzeugs so, dass der Text unten und oben nahezu abschließt, und verbreitern Sie ihn ein wenig. Achten Sie darauf, die Proportionen nicht zu sehr zu verändern. Die Schrift wird auch bei leichter Stauchung oder Streckung noch erkannt, sie sollte aber immer gut lesbar bleiben.

Bild 7.12 ~ Schriftzug umgestalten

Das sieht doch schon recht gut aus, doch wirkt ein bisschen bieder ... *CorelDRAW bietet* aber eine Menge interessanter Effekte, mit denen man aufregendere Schriftzüge gestalten kann. Sie finden diese im Menü EFFEKTE.

Perspektive hinzufügen

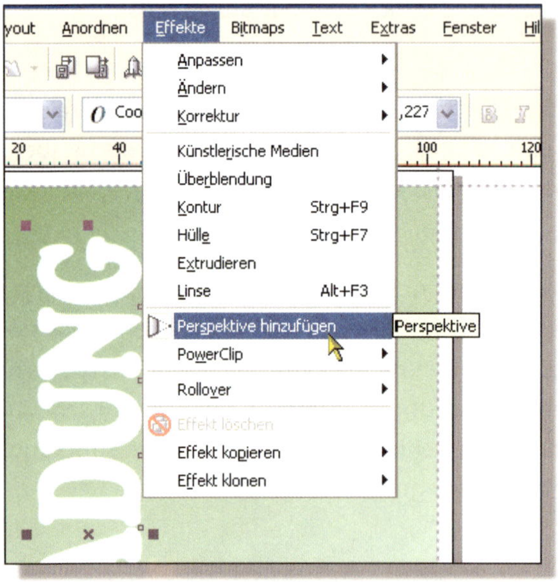

Bild 7.13 ~ Gezielter Einsatz von Effekten erhöht die Aufmerksamkeit

Im Folgenden soll der Effekt PERSPEKTIVE HINZUFÜGEN auf das Textobjekt angewendet werden, da mithilfe der perspektivischen Darstellung eine räumliche Wirkung erzielt werden kann. Objekte, die Sie perspektivisch darstellen, scheinen aus der Zeichnung »herauszutreten« bzw. »hineinzutauchen«.

▶ **1** Achten Sie darauf, dass das Textobjekt markiert ist, und rufen Sie den Befehl PERSPEKTIVE HINZUFÜGEN auf.

Wie Sie sehen, verändert sich das Aussehen des Textobjekts. Es wird nun von einem rot gestrichelten Rahmen umgeben, an dessen Ecken sich vier Knoten befinden.

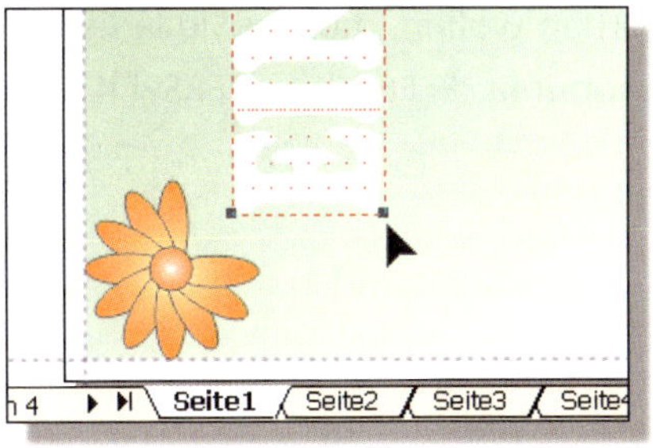

Bild 7.14 ~ Die Knoten in der Perspektivenansicht

2 Um eine Perspektive zu erzeugen, klicken Sie den unteren rechten Knoten an, halten die Maustaste gedrückt und bewegen ihn nach rechts.

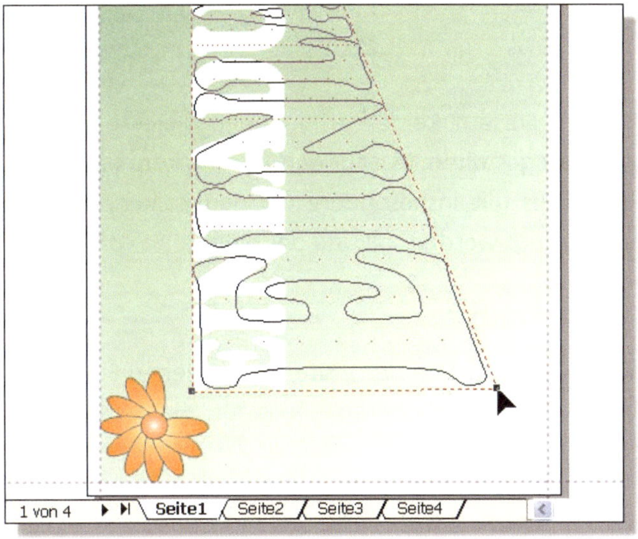

Bild 7.15 ~ Perspektive erzeugen

> Halten Sie bei diesem Vorgang zugleich die Strg-Taste gedrückt, können Sie den Knoten nur in eine Richtung verschieben und erhalten eine gerade Linie.

Sobald Sie die Maustaste loslassen, wird das Objekt perspektivisch dargestellt.

Falls Sie die perspektivische Darstellung aufheben wollen, müssen Sie lediglich das Objekt markieren und dann den Menüpunkt EFFEKTE / PERSPEKTIVE AUFHEBEN aufrufen.

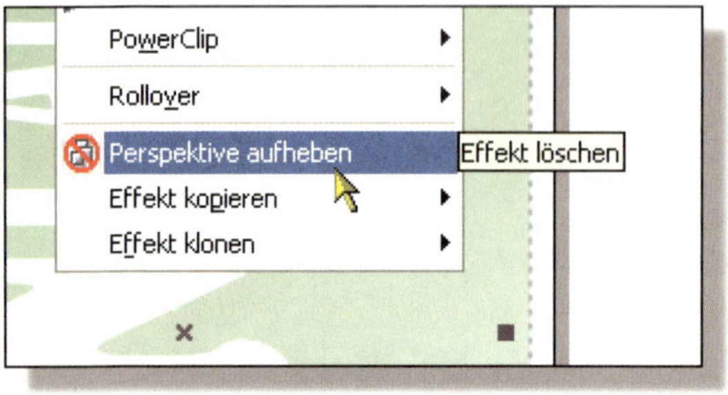

Bild 7.16 ~ Die Perspektive können Sie jederzeit wieder aufheben

Die zweite Seite

Bei der zweiten Seite können Sie auf keine vorhandenen Objekte zurückgreifen, sondern müssen Sie neu gestalten. Nur für den Anfang können Sie auf Vorhandenes zurückgreifen. Dies gilt insbesondere für den Balken, der am oberen und unteren Rand angelegt werden soll und der eine Höhe von 15 mm nebst Farbverlauf aufweist.

▶ Nehmen Sie hierzu das Rechteck von der Visitenkarte, ziehen Sie es auf die Karte, und richten Sie es am oberen Rand aus. Sie müssen das Rechteck dazu drehen.

Drehwinkel ändern

Schauen Sie einmal in der Eigenschaftsleiste ins Feld DREHWINKEL. Dort wird Ihnen im Moment ein Wert von 270,0 angezeigt.

▶ **1** Klicken Sie doppelt in dieses Feld, sodass dieser Wert markiert wird.

▶ **2** Geben Sie dann auf Ihrer Tastatur `180` ein, und betätigen Sie die [↵]-Taste.

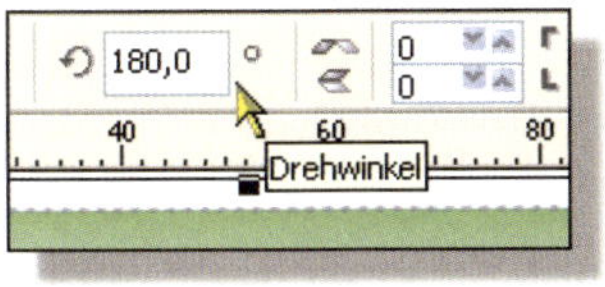

Bild 7.17 ~ Drehwinkel ändern

CorelDRAW fügt automatisch den Wert 180,0 ein und dreht das Objekt so, wie Sie es benötigen.

3 Um die gewünschte Größe zu erhalten, geben Sie in das Feld HÖHE der OBJEKTGRÖSSE 15 ein und bestätigen mit [↵].

4 Richten Sie den Balken abschließend am oberen Rand aus. Verwenden Sie dabei die obere Hilfslinie, und ziehen Sie das Rechteck bis an den rechten Rand.

Vielleicht wundern Sie sich, dass das Rechteck über die rechte vertikale Hilfslinie hinaus gezogen werden soll ... Wenn Sie Ihr Faltmuster einmal öffnen, sehen Sie, dass wenn die Karte aufgeschlagen wird, die Seite 2 und 3 zusammen betrachtet werden. Durch die Anordnung der Streifen werden Sie erreichen, dass die beiden Seiten eine Einheit bilden.

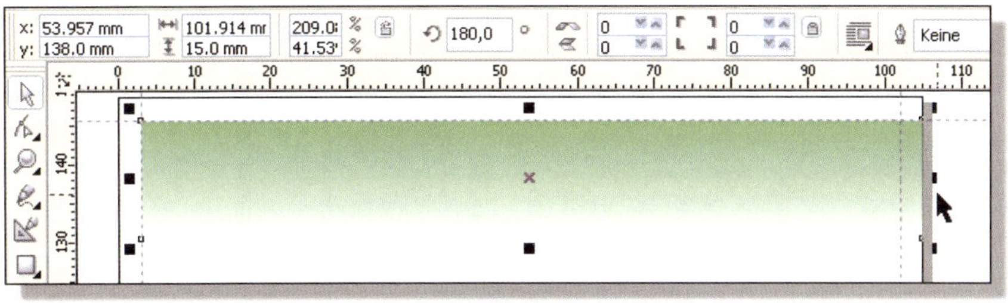

Bild 7.18 ~ Anlegen des oberen Farbverlaufstreifens

Objekt spiegeln

Den unteren Streifen können Sie einfach aus dem oberen erstellen.

Zwar könnte man ihn in die Zwischenablage kopieren und die eingefügte Kopie dann drehen. Doch dieser Vorgang lässt sich noch einfacher bewerkstelligen.

Allerdings wird dabei das Objekt nicht gedreht, sondern gespiegelt. Und so müssen Sie dabei vorgehen:

1 Markieren Sie das Rechteck.

2 Zeigen Sie dann auf den mittleren oberen Anfasspunkt, und betätigen Sie die Strg-Taste. Halten Sie sie gedrückt, während Sie nun den Anfasspunkt auf die gegenüberliegende Seite ziehen. Klicken Sie dabei einmal mit der rechten Maustaste. (Sie sehen als Kontrolle fürs Kopieren sofort ein kleines Kreuz an Ihrem Mauszeiger.)

3 Lassen Sie erst die Maus- und dann die Strg-Taste los.

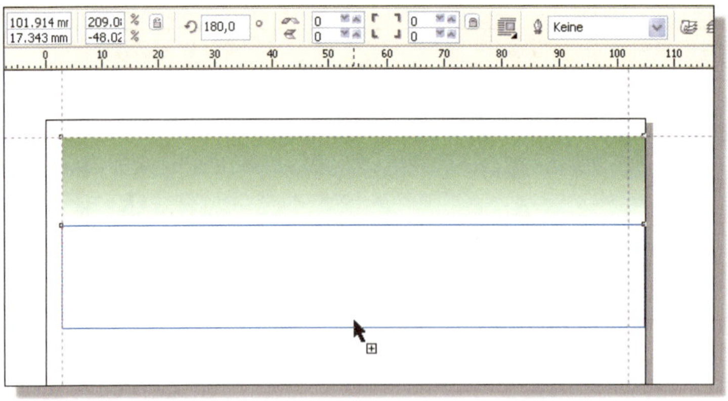

Bild 7.19 ~ Spiegeln (und Kopieren) eines Objekts

Dadurch erzeugen Sie ein spiegelverkehrtes Rechteck, das auch zugleich bereits in der richtigen Position liegt.

Versuchen Sie aber nicht, das Rechteck mit der Maus an den unteren Rand zu verschieben. Es gibt nämliche einen zweiten, präziseren Weg, Objekte zu verschieben.

Objekte präzise verschieben

Sehr oft werden Sie bei *CorelDRAW* Objekte millimetergenau verschieben wollen. Mit der Maus funktioniert das mal besser, mal schlechter. Mithilfe der Cursortasten können Sie ein Objekt aber exakt in eine Richtung verschieben.

1 Achten Sie darauf, dass das untere Rechteck markiert ist, und betätigen Sie dann einmal die [↓]-Taste.

Wie Sie sehen, bewegt sich das Rechteck entsprechend von seiner ursprünglichen Stelle weg.

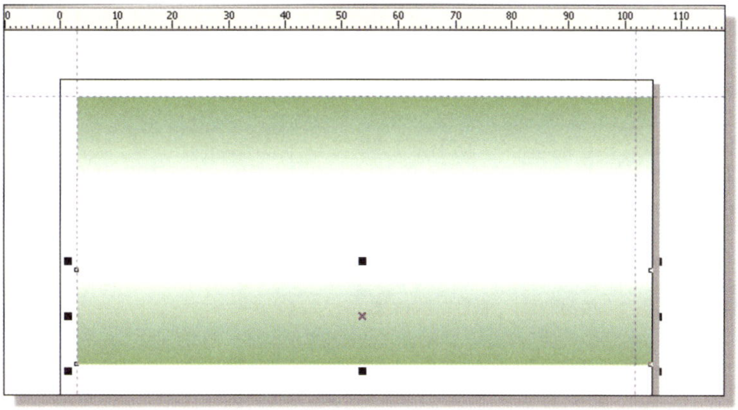

Bild 7.20 ~ Das Rechteck mithilfe der Cursortasten verschieben

2 Halten Sie nun diese Taste gedrückt: Das Objekt »fährt« nach unten.

Bei Drücken der [↓]-Taste »fahren« Sie das Objekt genau einen Zoll nach unten. Damit kann man zwar rasch größere Strecken überwinden, aber für viele Gelegenheiten wäre das übertrieben.

Schrittweite des Cursors anpassen

Sie können jedoch die Schrittweite des Cursors wie folgt ändern:

1 Rufen Sie den Befehl EXTRAS / OPTIONEN auf.

2 In der linken Strukturansicht suchen Sie den Eintrag DOKUMENT und klicken auf das Pluszeichen davor. Dadurch nehmen Sie Einblick in die darin enthaltenen Unterpunkte.

3 Suchen Sie den Punkt LINEALE, und markieren Sie ihn mit der Maus.

Daraufhin verändert sich die rechte Ansicht. Der rechte der beiden nun sichtbaren Rahmen ist der, den wir suchen. Er trägt die Bezeichnung SCHRITTWEISE VERSCHIEBEN. Wie Sie im Feld SCHRITTWEITE sehen, ist die von *CorelDRAW* eingestellte Standardweite 2,54 mm, was einem Zoll entspricht.

4 Klicken Sie nun einfach in das Feld, und nehmen Sie die gewünschte Einstellung vor.

Empfehlenswert ist der Wert von 1 mm, da man so sehr viele Arbeiten erledigen kann, ohne dass weitere Einstellungen getroffen werden müssen.

Bild 7.21 ~ Schrittweite die Cursorbewegung einstellen

Sonnengesicht erstellen

Mit der fertigen Karte soll zu einem Sommerfest eingeladen werden. Deshalb soll auf der Karte ein Sonnengesicht erstrahlen. Dieses erstellen Sie nun selbst.

Die Sonne soll von einem 12-eckigen Strahlenkranz umgeben sein. Dazu wird das Werkzeug POLYGON (Vieleck) verwendet.

Dieses Werkzeug finden Sie im Flyout-Menü des Werkzeugs MILLIMETER-PAPIERS.

1 Aktivieren Sie dieses Werkzeug.

2 Ziehen Sie dann mit gedrückter rechter Maustaste das folgende Objekt auf:

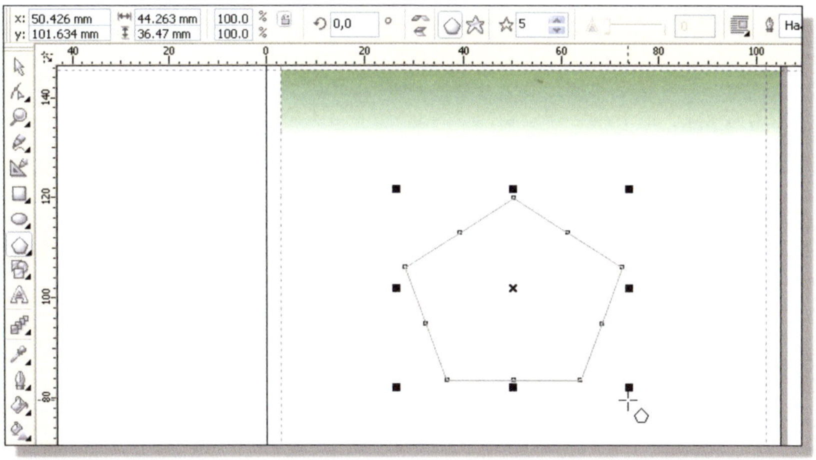

Bild 7.22 ~ Anlegen eines Vielecks

Wie Sie sehen, erhalten Sie ein Fünfeck. Das ist sicherlich noch weit von den vorgesehenen 12 Strahlen der Sonne entfernt. Betrachten Sie die Eigenschaftsleiste genauer. Hier befindet sich eine Schaltfläche mit der Bezeichnung ANZAHL DER ECKEN DES POLYGONS.

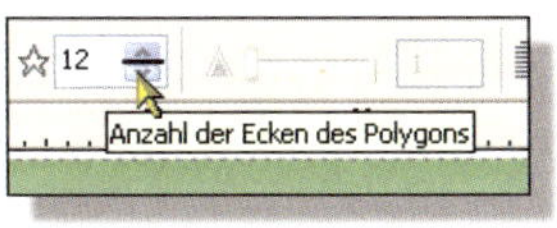

Bild 7.23 ~ Die Anzahl der Ecken des Polygons festlegen

3 Klicken Sie in das Feld, tippen Sie 12 ein, und bestätigen Sie mit der ↵-Taste.

Das Ergebnis wird Sie sicherlich nicht befriedigen. Zwar hat das Vieleck jetzt zwölf Ecken, sieht aber mehr wie ein platter Fußball als eine wunderschöne Sonne aus.

So entsteht der Strahlenkranz

Die Lösung liegt in den Grundeinstellungen dieses Werkzeugs: Sie müssen es zunächst nach Ihren Bedürfnissen einstellen, um dann mit ihm das gewünschte Ergebnis zu erzielen.

Und so funktioniert's:

1 Klicken Sie doppelt auf das Symbol POLYGON in der Hilfsmittelpalette.

Sie erhalten dadurch das Dialogfenster EIGENSCHAFTEN, in dem Sie die erforderlichen Einstellungen vornehmen können.

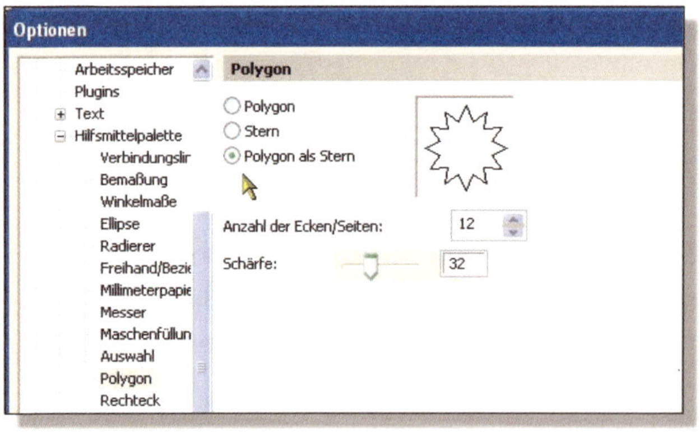

Bild 7.24 ~ Optionen des Hilfsmittels POLYGON

2 Aktivieren Sie die Optionsschaltfläche POLYGON ALS STERN aktivieren – schon sehen Sie im Vorschaufenster, dass Sie dem gewünschten Ergebnis sehr nahe sind.

3 Über das Feld ANZAHL DER ECKEN/SEITEN stellen Sie die gewünschte Anzahl, hier 12, ein.

4 Abschließend bestimmen Sie über den Schieberegler die SCHÄRFE. Probieren Sie es einmal mit dem Wert 32.

5 Nachdem Sie alle Einstellungen vorgenommen haben, schließen Sie dieses Fenster über OK.

Am Objekt hat sich nichts verändert, denn bislang haben Sie ja lediglich die Eigenschaften des Werkzeugs verändert.

> Bereits erstellte Objekte bleiben von diesen Werkzeugänderungen unberührt.

Deshalb sind noch folgende Schritte notwendig:

1 Klicken Sie auf das »verunglückte« Objekt, und löschen Sie es mit der [Entf]-Taste.

2 Ziehen Sie ein neues Vieleck auf. Drücken Sie dabei die [Strg]-Taste, damit das Objekt gleichmäßig wird.

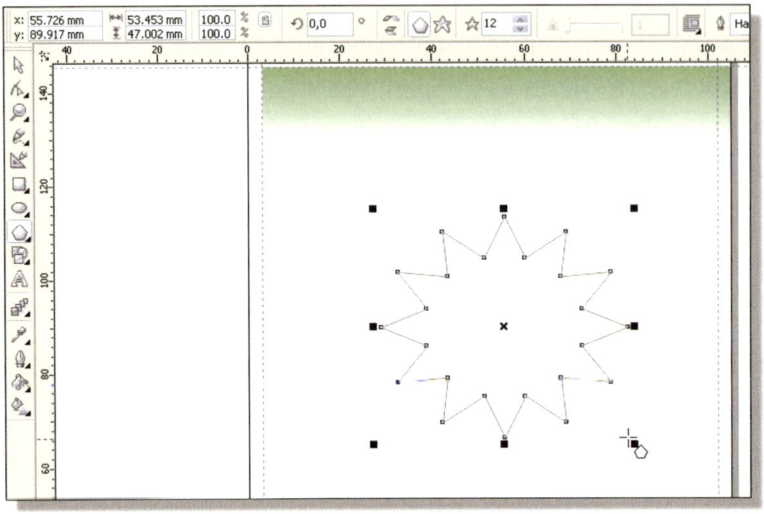

Bild 7.25 ~ Das sieht schon mehr nach Sonne aus!

Abschließend sollten Sie dem Objekt zur vorgesehenen Größe verhelfen:

▶ **3** Über die Eigenschaftsleiste weisen Sie dem Objekt eine Höhe und Breite von jeweils genau `65 mm` zu.

Farben aus anderen Objekten übernehmen

Aus Wiedererkennungsgründen soll die Sonne genau dieselbe gelbe Füllung wie die Blume erhalten. Dazu werden Sie den Farbton der Blume auf der ersten Seite übernehmen.

▶ **1** Aktivieren Sie das Werkzeug PIPETTE. In der Eigenschaftsleiste muss FÜLLUNG/UMRISS für die Pipette aktiv sein.

▶ **2** Bewegen Sie den veränderten Mauszeiger über die Blume.

▶ **3** Dort klicken Sie einmal, um den Farbton an der Pipettenspitze aufzunehmen.

Bild 7.26 ~ Aufnehmen eines Farbtons

4 Wechseln Sie zum Werkzeug FARBTOPF, den Sie im Flyout-Menü

PIPETTE finden.

5 Bewegen Sie den veränderten Cursor über den Stern, und klicken Sie einmal, um die Farbe zu übertragen.

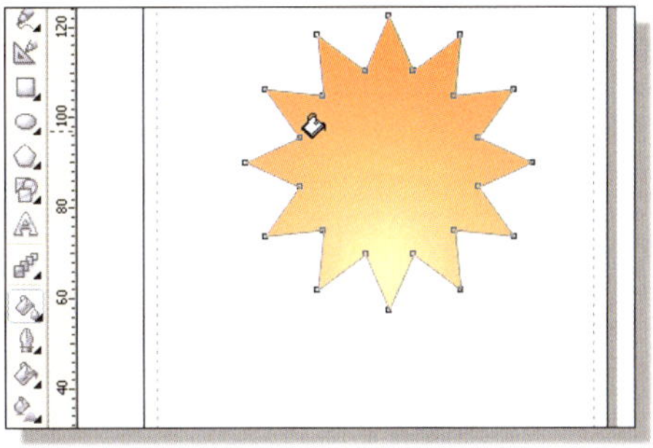

Bild 7.27 ~ Farbton übertragen

Das war's.

Objekte auf der Seitenmitte platzieren

Bislang haben Sie das Objekt lediglich angelegt. Im weiteren Verlauf soll die fertige Sonne genau auf der Mitte des Blattes platziert werden.

Dazu bedienen Sie sich wieder eines Hilfsmittels.

1 Sie erhalten es durch Aufrufen des Befehls AUSRICHTEN UND VERTEILEN. Diesen Befehl finden Sie im Menü ANORDNEN. Wenn sich das gleichnamige Untermenü öffnet, finden Sie den entsprechenden Eintrag ganz am Ende des Menüs.

2 Wählen Sie im Listenfeld den Eintrag SEITENMITTE aus, und aktivieren Sie die beiden Kontrollkästchen MITTE und ZENTRIERT.

3 Bestätigen Sie mit OK.

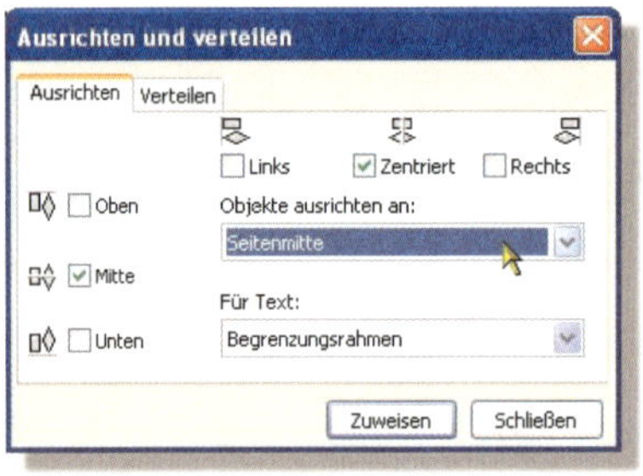

Bild 7.28 ~ Objekt auf der Seitenmitte zentrieren

Objekte aufeinander platzieren

Für das nächste Objekt benötigen Sie einen Kreis, der genau auf dem Polygon platziert wird.

1 Klicken Sie auf das Hilfsmittel ELLIPSE, und ziehen Sie bei gedrückter

⇧- und Strg-Taste einen Kreis von der Mitte auf. Wenn Sie hierbei die ⇧-Taste gedrückt halten, wird der Kreis von der Mitte aus aufgezogen.

2 Legen Sie für den Kreis einen Durchmesser von `40 mm` fest, und weisen Sie ihm weiße Farbe zu.

3 Zusätzlich benötigen Sie einen weiteren Kreis mit einem Durchmesser von 30 mm, der sich genau auf dem ersten Kreis befindet.

4 Markieren Sie hierzu den ersten Kreis, kopieren Sie ihn mit [Strg]+[C], und fügen Sie die Kopie mit [Strg]+[V] wieder ein. Wie Sie schon wissen, liegt dieser Kreis genau über dem anderen.

Nun muss er nur noch verkleinert werden.

5 Drücken Sie dazu die [⇧]-Taste, und zeigen Sie mit dem Mauszeiger auf einen der Eckanfasspunkte.

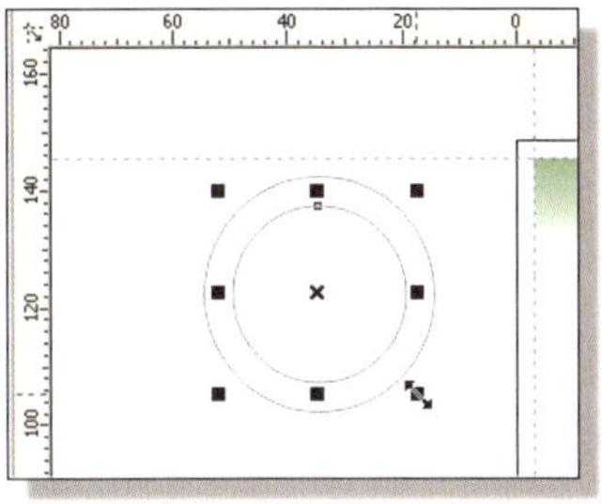

Bild 7.29 ~ Der oberste Kreis wird proportional verkleinert

6 Ziehen Sie dann den Mauszeiger diagonal in die Mitte des Kreises. Dieser wird so gleichmäßig verkleinert.

7 Sobald Sie den erforderlichen Durchmesser erreicht haben, lassen Sie die Maustaste los.

Farbe übernehmen

Dieser Kreis erhält nun dieselbe Farbe, die Sie schon für das Polygon verwendet haben. Auch hier werden Sie die Farbe wieder übertragen – nur auf eine andere Art. Alles was Sie dazu benötigen, ist ein wenig Fingerfertigkeit im Umgang mit der Maus.

1 Klicken Sie mit der rechten Maustaste auf das Polygon (Ihre Sonne).

2 Ziehen Sie das Objekt bei gedrückter rechter Maustaste auf den Kreis.

Wie Sie sehen, wird das Polygon mit einer blauen Umrisslinie dargestellt, der Cursor hat die Form eines Fadenkreuzes angenommen.

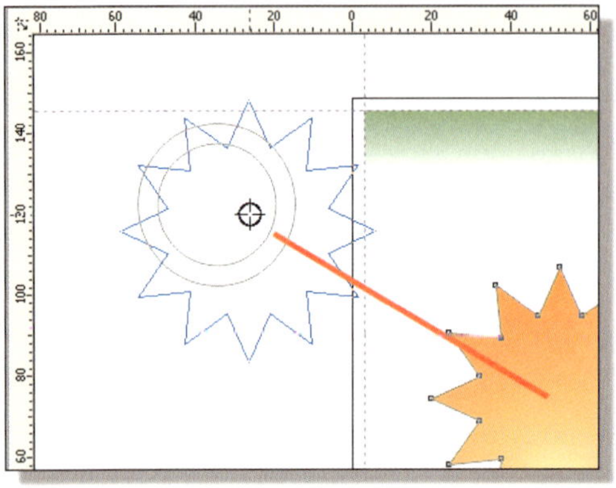

Bild 7.30 ~ Eigenschaften durch Ziehen übertragen

3 Wenn Sie den Kreis erreicht haben, lassen Sie die Maustaste los.

In dem sich nun öffnenden Kontextmenü finden Sie unter anderem den Eintrag ALLE EIGENSCHAFTEN KOPIEREN.

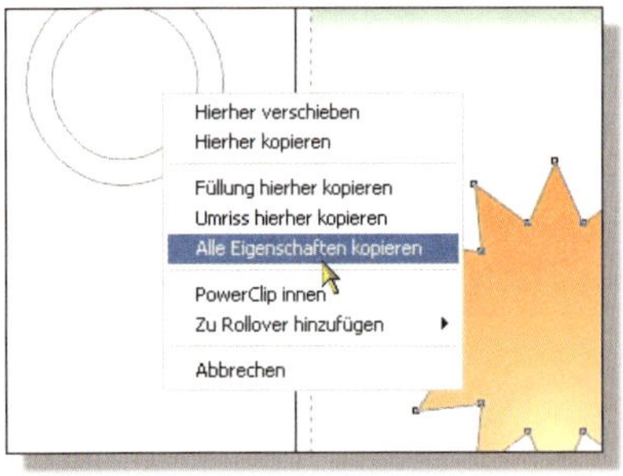

Bild 7.31 ~ Wählen Sie die gewünschte Option

4 Bestätigen Sie diesen Eintrag mit einem Klick, sodass der Kreis dieselbe gelbe Farbe annimmt wie das Polygon.

Objekte übereinander platziert ausrichten

Jetzt müssen die drei Objekte nur noch übereinander gesetzt werden. Auch hierbei können Sie sich wieder des AUSRICHTEN-UND-VERTEILEN-Dialogfelds bedienen.

1 Klicken Sie das Polygon mit dem Hilfsmittel AUSWAHL an.

2 Drücken Sie die ⇧-Taste, und halten Sie diese gedrückt.

3 Klicken Sie anschließend den inneren, dann den äußeren (weißen) Kreis an.

So sind alle drei Objekte markiert.

4 Öffnen Sie das folgende Dialogfeld AUSRICHTEN UND VERTEILEN, und wählen Sie unter OBJEKTE AUSRICHTEN AN: die Option SEITENMITTE.

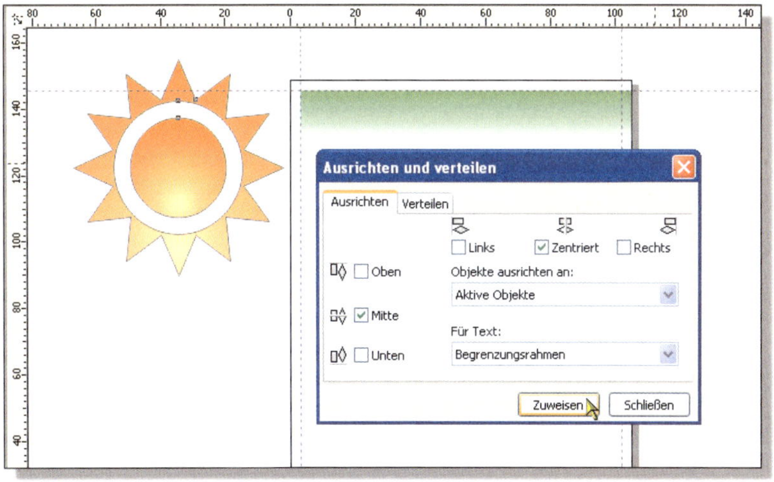

Bild 7.32 ~ Aus drei wird eins

Da die Objekte markiert sind, sollten Sie sie auch gleich fixieren, damit sie im Folgenden nicht ihre Position verlieren.

5 Klicken Sie mit der rechten Maustaste in die Objekte hinein, und wählen Sie aus dem Kontextmenü den Menüpunkt OBJEKT SPERREN an.

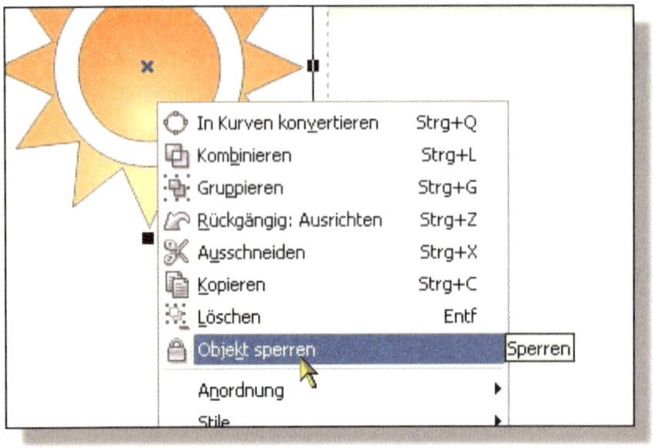

Bild 7.33 ~ Die drei Objekte sperren

Augenblicklich werden die acht Anfasspunkte als kleine Schlosssymbole dargestellt – Sie können ab sofort unbeschwert weiterarbeiten.

Fehlende Elemente zeichnen

Die Sonne soll ein freundliches Gesicht erhalten. Da Sie die Objekte fixiert haben, können Sie die folgenden Schritte gleich vor Ort, also im »Gesicht« der Sonne, durchführen.

Zunächst gestalten Sie ein Auge.

1. Ziehen Sie wieder einen Kreis auf, diesmal mit einem Durchmesser von `7 mm`, und weisen Sie ihm die Farbe weiß zu.

2. Wenn Sie damit fertig sind, kopieren Sie ihn und fügen ihn an derselben Stelle wieder ein.

3. Klicken Sie auf die Farbe Schwarz, und ziehen Sie den Kreis dann bei gedrückter ⇧-Taste diagonal nach innen, bis er einen Durchmesser von rund 5 mm aufweist.

4. Markieren Sie zum Abschluss beide Kreise, und gruppieren Sie sie.

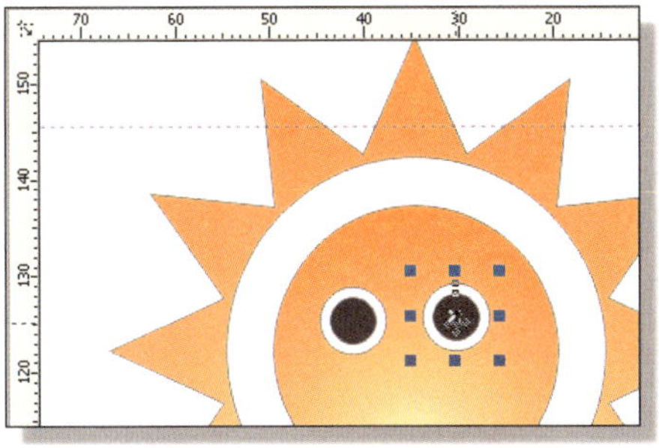

Bild 7.34 ~ Mit dem zweiten sieht man besser!

> Das zweite Auge erstellen Sie durch einfaches Kopieren.

Als Nächstes werden Sie den Mund gestalten. Keine Sorge, den müssen Sie nicht zeichnen. Sie vollziehen einfach die folgenden Schritte – lassen Sie sich vom Ergebnis überraschen.

Bögen gestalten

Ausgangspunkt ist auch hier wieder ein Kreisobjekt.

1 Ziehen Sie mit dem Hilfsmittel ELLIPSE einen Kreis auf. Drücken Sie dabei die Strg-Taste, damit es ein ordentlich geformter Kreis wird. Für den vorgesehenen Zweck ist der standardmäßige Umriss jedoch zu schmal ...

2 Klicken Sie auf das Hilfsmittel UMRISS, damit das Flyout-Menü sichtbar wird.

Doch der Mund ist mit einem Umriss von 2 Punkten zu schmal, mit 8 Punkten zu stark. Ideal wären 4 Punkte. Im Menü aber findet sich kein passendes Symbol für diesen Umriss. Treffen Sie daher eine individuelle Wahl.

3 Wählen Sie die erste Schaltfläche aus, um das Dialogfenster UMRISS-STIFT zu erhalten.

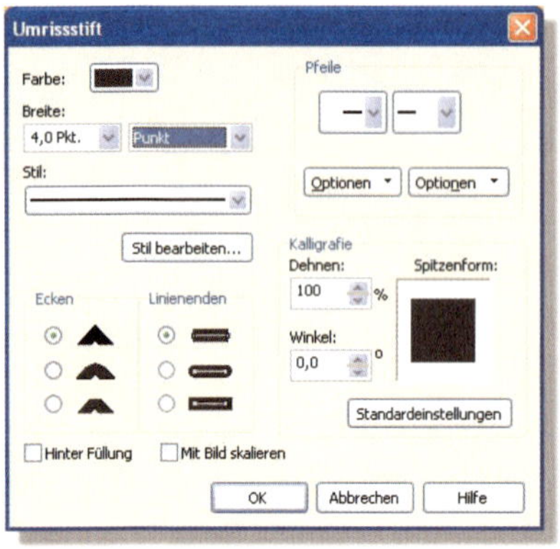

Bild 7.35 ~ Umrisse lassen sich vielfältig gestalten

▶ **4** Klicken Sie in das Feld BREITE, geben Sie einfach eine 4 ein, und schließen Sie das Dialogfenster über OK.

Nun kommt der interessante Teil der Sache: Wie wird wohl aus dem Kreis ein lächelnder Mund? Ganz einfach! *CorelDRAW* verfügt über eine BOGENFUNKTION.

Bild 7.36 ~ Ob das einmal ein Lächeln wird?

▶ Klicken Sie in der Eigenschaftsleiste auf die Schaltfläche BOGEN.

Schon ist aus dem Kreis ein Kreisbogen geworden. Doch das Lächeln hängt ziemlich schief ...

Auf der Eigenschaftsleiste befinden sich direkt links neben der Schaltfläche BOGEN die Schaltflächen für den START- UND ENDWINKEL. Diese sind der Schlüssel zur Lösung. Alles, was Sie jetzt noch erledigen müssen, ist, die beiden Winkel einzustellen.

1 Klicken Sie auf den nach oben zeigenden Pfeil des ersten Feldes, bis Sie den Wert 200° erreicht haben.

2 Wechseln Sie dann zum zweiten Feld, und wiederholen Sie die Prozedur, bis Sie im Feld den Wert 340° sehen. Beobachten Sie, wie sich der Bogen verändert.

Bild 7.37 ~ Einstellen des Start- und Endwinkels

Jetzt fehlt nur noch die Nase. Auch diese werden Sie wieder »recyceln«. Konkret verwenden Sie den Mund, den Sie kopieren und dann die Kreisläufigkeit einfach umkehren:

1 Kopieren Sie den Mund in die Zwischenablage, und fügen Sie ihn gleich wieder ein.

2 Halten Sie dann die [⇧]-Taste gedrückt, und ziehen Sie den Mund ein bisschen diagonal nach innen.

Das sieht zwar noch ein wenig nach Doppelkinn aus, doch ein kleiner Klick korrigiert auch dieses.

3 Klicken Sie auf die Schaltfläche RECHTSLÄUFIGE/LINKSLÄUFIGE KREISAUSSCHNITTE UND BÖGEN.

Bild 7.38 ~ So schnell kommt man zu einer neuen Nase!

Und schon ist die Nase da, wo sie sein soll.

Damit ist die zweite Seite fast fertig.

Es fehlen nur noch ein paar grafische Textobjekte, die Sie sicherlich anhand der folgenden Abbildung problemlos platzieren können. Sie sind mit der Schrift BERLIN SANS FB DEMI in der Größe 24 formatiert.

Bild 7.39 ~ Die zweite Seite ist fertig!

Die dritte Seite

Bei der dritten Seite greifen Sie wieder auf ein Stilelement der zweiten Seite zurück. Dort haben Sie schon die beiden oberen und unteren Rechtecke angelegt.

1 Wechseln Sie über den Seitenzähler auf die zweite Seite, und klicken Sie auf das obere Rechteck. Dann drücken Sie die [⇧]-Taste, halten sie gedrückt und klicken auf das untere Rechteck.

2 Mit der Tastenkombination [Strg]+[C] kopieren Sie die beiden Objekte in die Zwischenablage.

3 Wechseln Sie jetzt über den Seitenzähler auf die dritte Seite zurück.

> Gerade, wenn Sie mit mehreren Seiten arbeiten, ist es oftmals lästig, sich mit dem Seitenzähler durch die Seiten zu bewegen. Über die Tasten [Bild↑] und [Bild↓] können Sie jedoch schnell durch Ihre Publikation blättern.

▶ **4** Jetzt müssen Sie nur noch [Strg]+[V] drücken – schon sind die Rechtecke eingefügt.

▶ **5** Abschließend sollten Sie diese noch ein bisschen nach links rücken, damit Sie genau auf die Farbverlaufsstreifen der zweiten Seite treffen. Wenn Sie dreimal die [←]-Taste tippen, ist alles an seinem Ort.

Ein weiteres Stilelement haben Sie auch schon erstellt. Es ist das Adressfeld unserer Visitenkarte, das die ganze Zeit links auf der Arbeitsfläche schlummerte:

▶ **1** Zeigen Sie auf den Objektmittelpunkt, und ziehen Sie ihn in die rechte untere Ecke. Das Feld soll knapp oberhalb des unteren Farbverlaufsstreifens positioniert werden.

Jetzt zum Begrüßungstext:

▶ **2** Aktivieren Sie das Hilfsmittel TEXT, klicken Sie einmal auf das Blatt, und geben Sie folgenden Text ein:

`würde sich` [↵]

An dieser Stelle wird *CorelDRAW* automatisch den ersten Buchstaben dieses Wortes in einen Großbuchstaben korrigieren.

Blitzkorrektur einsetzen

So haben Sie Bekanntschaft mit der BLITZKORREKTUR gemacht. Konkret bedeutet das, dass der so genannte Eingabe-Assistent »zugeschlagen« hat. Eigentlich ist das eine gute Einrichtung, denn bereits bei der Eingabe unbekannter oder falsch geschriebener Wörter werden diese korrigiert. Im günstigsten Fall setzt *CorelDRAW* lediglich eine rote Wellenlinie unter das betreffende Wort, im ungünstigsten Falle, wie oben gesehen, korrigiert *CorelDRAW* ohne vorherige Bestätigungsabfrage bestimmte Zeichenfolgen durch andere.

Leider hat das Programm diesen Assistenten gut versteckt, sodass man ihn nur schwer findet, wenn man seine Voreinstellungen ändern will. Daher steht hier, wie's geht:

▶ **1** Lassen Sie das Textwerkzeug aktiviert, und rufen Sie den Befehl TEXT / SCHREIBHILFSMITTEL / BLITZKORREKTUR auf.

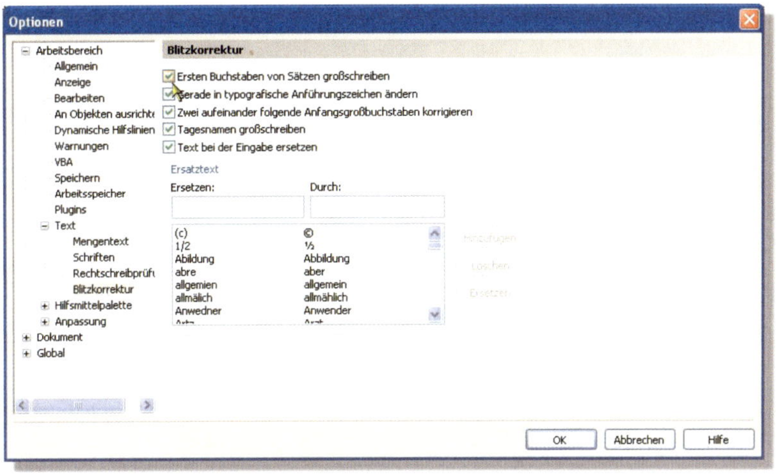

Bild 7.40 ~ Die BLITZKORREKTUR bietet eine Reihe interessanter Einstellungsmöglichkeiten

Hier finden Sie gleich beim ersten Kontrollkästchen die Ursache. Es lautet ERSTEN BUCHSTABEN VON SÄTZEN GROSSSCHREIBEN. Das ändern Sie wie folgt:

▶ **2** Nehmen Sie den Haken heraus, sodass die Funktion deaktiviert ist.

▶ **3** Schließen Sie das Fenster mit OK, und probieren Sie die Eingabe gleich am folgenden Text aus:

```
S'Blumenlädle ↵
freuen, Sie begrüßen ↵
zu dürfen!
```

Dieser Text soll nun optisch aufgewertet werden:

▶ **1** Klicken Sie mit dem AUSWAHL-Werkzeug auf das Textobjekt, und weisen Sie dem gesamten Objekt die Schriftart BERLIN SANS FB DEMI in der Größe 24 zu.

▶ **2** Wechseln Sie das Werkzeug, und aktivieren Sie das Hilfsmittel TEXT.

▶ **3** Klicken Sie damit in den Text, und markieren Sie den Firmennamen. Anschließend weisen Sie ihm eine Schriftgröße von 45 zu. Klicken Sie dazu doppelt in das Feld SCHRIFTGRÖSSENLISTE, und geben Sie den Wert über die Tastatur ein.

Abschließend soll der Schriftzug noch ein bisschen »Schwung« bekommen.

▶ **4** Klicken Sie in der Eigenschaftsleiste in das Feld DREHWINKEL, geben Sie den Wert 340 ein, und drücken Sie dann die [Enter]-Taste.

Die Seite sollte in etwa wie folgt aussehen:

Bild 7.41 ~ Die fertige, dritte Seite

Die letzte Seite

Die letzte Seite weist keine großen gestalterischen Vorgaben mehr auf. Hier findet sich lediglich am unteren Ende ein Copyright-Hinweis:

1 Aktivieren Sie das Hilfsmittel TEXT, klicken Sie auf das Blatt, und geben Sie Folgendes ein:

```
(c) 2004 by S'Blumenlädle Blumenhausen
```

2 Vermutlich überrascht es Sie, dass das Copyrightsymbol (©) automatisch erscheint? Das war wieder die BLITZKORREKTUR! Rufen Sie sie ruhig noch einmal auf (TEXT / SCHREIBHILFSMITTEL / BLITZKORREKTUR), und betrachten Sie die Texte, die im Rahmen ERSATZTEXT eingeben sind, etwas näher.

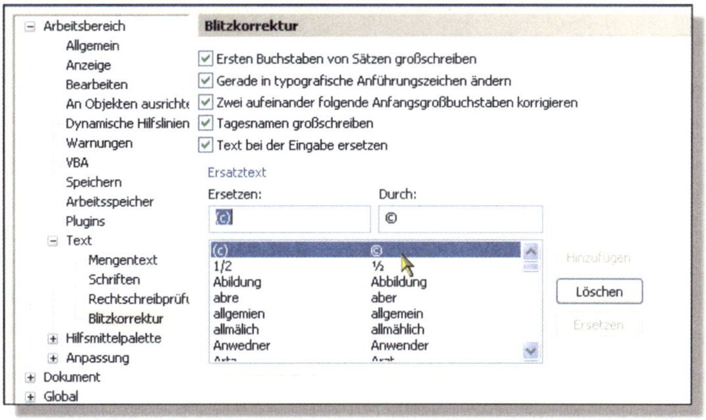

Bild 7.42 ~ Die BLITZKORREKTUR zur Arbeitserleichterung einsetzen

Text ersetzen mit der Blitzkorrektur

Dieses praktische Hilfsmittel können Sie unter anderem auch dazu einsetzen, Ihre Adresse durch eine Abkürzung einzugeben:

1 Klicken Sie dazu doppelt in das Feld ERSETZEN, und geben Sie das jeweilige Kürzel ein.

2 Auf dieselbe Weise fügen Sie nun im Feld DURCH den Eintrag ein, der anstelle des Kürzels erscheinen soll.

Haben Sie aus Versehen einen falschen Eintrag vorgenommen, können Sie ihn mithilfe der Schaltfläche LÖSCHEN aus der Liste entfernen.

3 Markieren Sie abschließend das Textobjekt mit dem Hilfsmittel AUSWAHL, und weisen Sie dem Textobjekt die Schriftart BERLIN SANS FB DEMI in der Größe 10 zu.

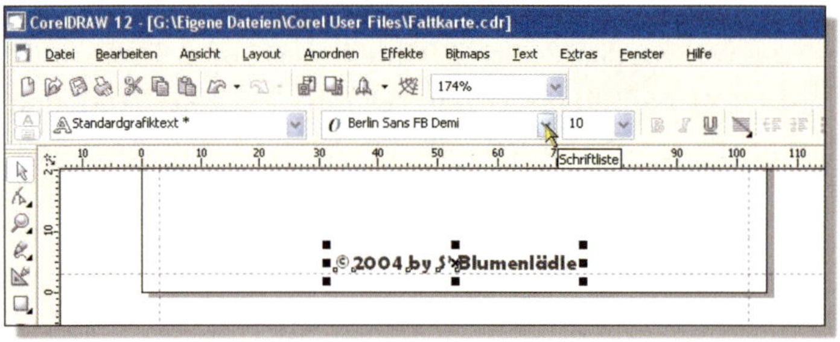

Bild 7.43 ~ Der eigene Copyright-Hinweis

Karte vor dem Ausdruck überprüfen

Geschafft, damit ist die Karte fertig, sie kann ausgedruckt werden. Bevor Sie jetzt zahllose Ausdrucke vornehmen und damit Unmengen Papier verschwenden, sollten Sie zunächst die recht passable Druckvorschau nutzen. Diese zeigt Ihnen das Dokument so an, wie es bei einem Ausdruck aussehen würde und prüft zusätzlich, ob Sie eventuelle Fehler gemacht haben, die sich beim Ausdruck bemerkbar machen würden.

1 Rufen Sie über DATEI / DRUCKVORSCHAU die Vorabansicht auf.

Ihr Dokument wird Ihnen daraufhin in einer Gesamtseitenvorschau angezeigt.

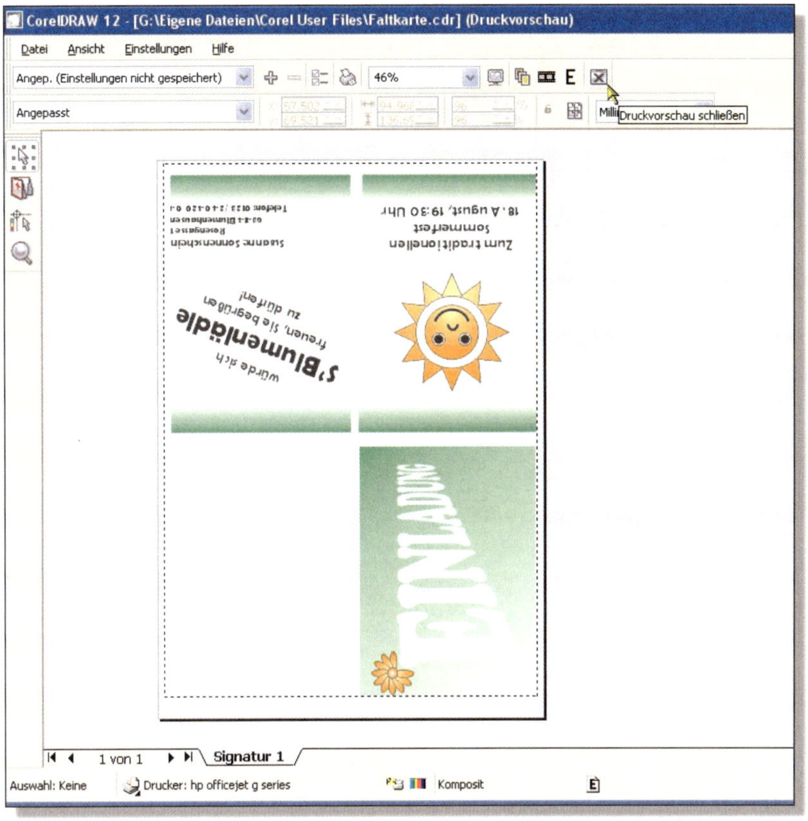

Bild 7.44 ~ Die Karte ohne Copyright-Hinweis in der DRUCKVORSCHAU

2 Ist alles zu Ihrer Zufriedenheit, klicken Sie auf das DRUCKER-Symbol: In ein paar Minuten halten Sie Ihre erste Karte in der Hand.

Die Druckvorschau verlassen Sie über die Schaltfläche DRUCKVORSCHAU SCHLIESSEN, die Sie am äußersten rechten Rand der Symbolleiste finden.

Haben Sie schon einmal daran gedacht, für einen Geburtstag oder ein Jubiläum eine eigene kleine Zeitschrift zu entwerfen? Das geht mit ***CorelDRAW 12*** *ganz einfach ...*

Auf den folgenden Seiten werden Sie lernen,

- *wie man ein Layout für eine Zeitschrift anlegt,*
- *welche Grundeinstellungen man verändern muss,*
- *welche Besonderheiten bei Mengentextobjekten zu beachten sind,*
- *welche speziellen Effekte man einsetzen kann und*
- *wie Sie einen beidseitigen Druck realisieren.*

Eine ansprechende Zeitschrift

8.1 Zeitschrift aufbauen

Wie immer müssen Sie zunächst einige Grundeinstellungen vornehmen, bevor Sie mit dem eigentlichen Gestalten anfangen können. Allerdings können Sie fast alle erforderlichen Schritte in einem Durchgang vornehmen, da sie alle über dasselbe Menü aufgerufen werden.

1 Zunächst müssen Sie eine neue Datei anlegen. Klicken Sie deshalb auf die entsprechende Schaltfläche.

2 Speichern Sie die Datei unter dem Namen `Bote` ab.

3 Anschließend rufen Sie über den Befehl LAYOUT / SEITE EINRICHTEN das erforderliche Dialogfenster auf.

Die benötigten Einstellungen finden Sie als Unterpunkte der Kategorie SEITE, die wiederum ein Unterpunkt von DOKUMENT ist. Klicken Sie gegebenenfalls auf das Pluszeichen, um die darunter liegenden Punkte einzublenden.

4 Markieren Sie als Nächstes den Unterpunkt LAYOUT, der Ihnen von der Einladungskarte bekannt ist. Hier können Sie den Layoutstil für Ihre Publikation wählen.

5 Klicken Sie bei LAYOUT auf den nach unten zeigenden Pfeil, und wählen Sie den Eintrag HEFT aus. Gleich darauf sehen Sie in dem Vorschaufenster die Auswirkung Ihrer Wahl.

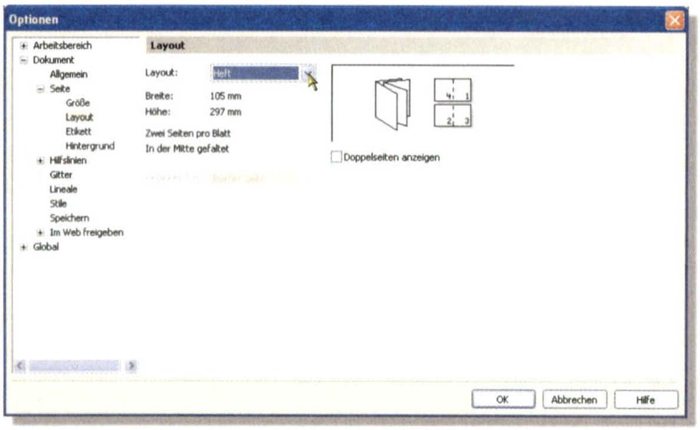

Bild 8.1 ~ Layoutstil einstellen

6 An dieser Stelle sollten Sie sich wieder ein Faltmuster angelegen. Dazu falten Sie ein DIN-A4-Blatt einmal in der Mitte und übernehmen die Beschriftung aus dem Vorschaufenster.

Im nächsten Schritt müssen Sie sich überlegen, wie und wo Sie Ihre Zeitschrift ausdrucken lassen wollen. Im vorliegenden Fall verwenden wir die preisgünstigste Variante: Der Druck mit einem handelsüblichen Laserdrucker. Dieser kann aber lediglich Papier der Größe DIN-A4 verarbeiten.

Wie Sie dem Vorschaufenster für die Einstellungen der Zeitung entnehmen können, besitzt eine Seite eine Breite von 148,5 mm. Das entspricht genau einer halben DIN-A4-Seite. Somit muss als Nächstes die Ausrichtung des Papiers verändert werden.

7 Wählen Sie die Kategorie GRÖSSE aus. Im oberen Bereich müssen Sie lediglich den Optionsschalter vor QUERFORMAT aktivieren.

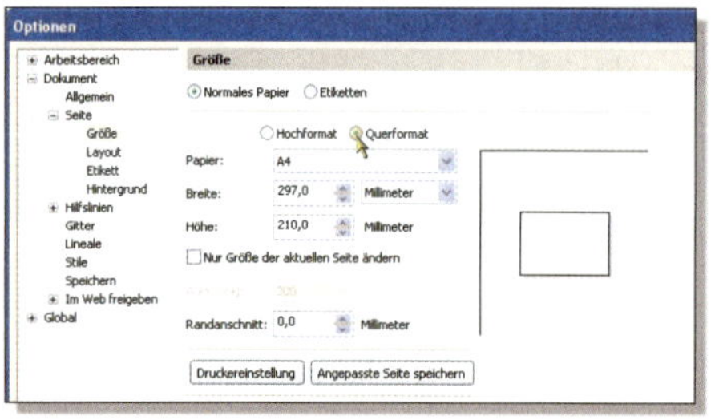

Bild 8.2 ~ Ausrichtung der Seite verändern

Kapitel 8 ~ Eine ansprechende Zeitschrift

Was jetzt noch fehlt, ist das Grundraster der Zeitschrift. Zeitschriften verfügen über einen grundlegenden Aufbau, dem die Texte angepasst werden. Unser Beispiel verwendet einen hauptsächlich zweispaltigen Aufbau, da dieser im Hinblick auf die Lesefreundlichkeit den besten Kompromiss zwischen der Größe des Papiers und den meisten Layoutwünschen ergibt.

Für die exakte Ausrichtung der Objekte werden wir wieder Hilfslinien verwenden. Da alle Seiten über einen einheitlichen Aufbau verfügen sollen, der von den Standardeinstellungen abweicht, müssen Sie allerdings zuerst die Voreinstellungen der Hilfslinien ändern.

1 Klicken Sie auf das Pluszeichen vor HILFSLINIEN, und

2 markieren Sie dann den Unterpunkt VOREINSTELLUNGEN.

3 Da hier von den COREL-VOREINSTELLUNGEN abgewichen wird, aktivieren Sie zunächst die Option BENUTZERDEFINIERTE VOREINSTELLUNGEN. Daraufhin ändert sich das Aussehen der darunter liegenden Optionen.

4 Aktivieren Sie das Kontrollkästchen RÄNDER, um die Ränder der Seite festzulegen.

> Die Wahl des Druckbereichs hängt vom verwendeten Drucker ab. Schlagen Sie deshalb zur Sicherheit in Ihrem Druckerhandbuch nach, welche Ränder eingehalten werden müssen, damit die Druckwalze das Papier an diesem Rand auch erfassen kann. Die Angaben sind je nach Hersteller und deren angewendeten Techniken unterschiedlich.

Im Regelfall dürfte ein Rand von jeweils 10 mm ausreichend sein. Deshalb verwenden Sie zunächst diesen Wert und korrigieren ihn im Bedarfsfall.

5 Aktivieren Sie dann das Kontrollkästchen RÄNDER SPIEGELN, und tragen Sie dann die Werte, in unserem Beispiel also jeweils `10`, in die Felder OBEN und LINKS ein.

6 Danach aktivieren Sie das Kontrollkästchen SPALTEN, um die Spalteneigenschaften festzulegen.

7 Geben Sie in das Feld ANZ. DER SPALTEN eine 2 ein, da die Zeitschrift zweispaltig angelegt werden soll.

Um den Text lesbarer zu gestalten, sollten die beiden Spalten einen gewissen Abstand voneinander einhalten. Empfehlenswert sind 5 Millimeter. Diese Angabe tragen Sie in das Feld ABSTAND ein bzw. stellen sie über die Pfeile am rechten Rand ein.

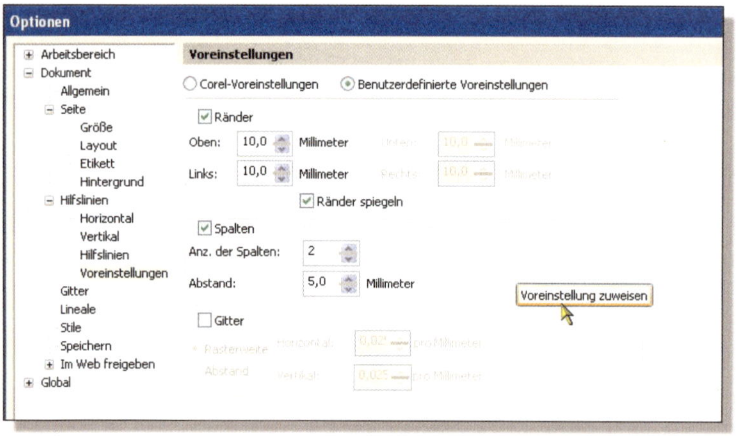

Bild 8.3 ~ Voreinstellungen der Ränder ändern

8 Wenn Sie alle Eingaben vorgenommen haben, klicken Sie abschließend auf die Schaltfläche VOREINSTELLUNGEN ZUWEISEN, um Ihrer Publikation die angegebenen Hilfslinienvoreinstellungen zuzuweisen.

9 Damit sind alle erforderlichen Voreinstellungen getätigt. Sie können das Dialogfenster über die OK-Schaltfläche verlassen. Das Aussehen des Blattes dürfte sich wie in der folgenden Abbildung verändert haben:

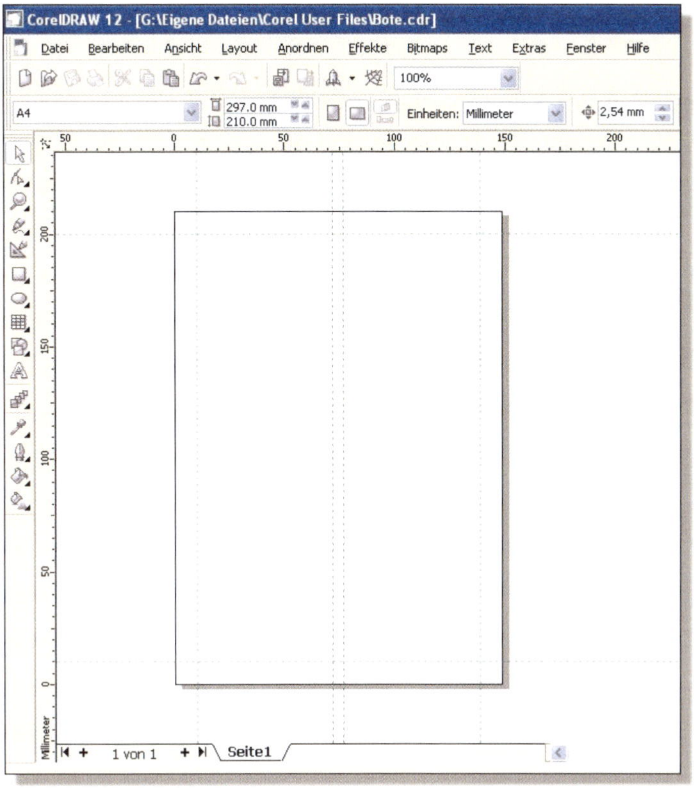

Bild 8.4 ~ So sollte Ihr Blatt jetzt aussehen

Um die Hilfslinien vor unbeabsichtigten Veränderungen zu schützen, sollten Sie diese noch sperren. Dazu müssen Sie sie jeweils anklicken und einen weiteren Klick auf das Schlosssymbol in der Eigenschaftsleiste setzen.

Sie können übrigens sehr leicht erkennen, ob eine Hilfslinie gesperrt ist oder nicht. Klicken Sie sie einfach an. Wenn Sie in der Eigenschaftslinie das Schlosssymbol ausmachen können, ist die Linie nicht gesperrt. Andernfalls wird in der Eigenschaftsleiste nichts angezeigt, Dann müssen Sie mit der rechten Maustaste auf die Linie klicken, um die Sperrung über das Kontextmenü aufzuheben.

8.2 Titelseite gestalten

Nun geht es ans Gestalten der Seiten, wobei Sie mit der Titelseite beginnen. Damit Sie sich vorstellen können, wie die fertige Seite aussehen wird, betrachten Sie die folgende Abbildung:

Blumenlädle

Blumen Bote

Gartenarbeit macht glücklich!

Blumenhausen

„Willst Du einen Tag glücklich sein, betrinke Dich. Willst Du einen Monat glücklich sein, schlachte ein Schwein. Willst Du ein Jahr lang glücklich sein, heirate. Willst Du aber ein Leben lang glücklich sein, dann werde Gärtner!" Dieses chinesische Sprichwort drückt am Besten die Erkenntnisse aus, die eine jüngste Untersuchung in einem Großversuch ergab. Und wer hätte es nicht geahnt? Wer regelmäßig im Garten arbeitet, hat mehr vom Leben! Das weltbekannte schweizerische Forschungsinstitut D.R.A.W. & Co., beheimatet in Kreuzlingen am Bodensee, stellte in seiner jüngsten Untersuchung fest, dass Gartenfreunde gut drei Jahre länger leben. Zudem sind Pflanzenliebhaber optimistischer und glücklicher. Sie neigen zu weniger Depressionen und werden mit Stress und Ärger leichter fertig. Der bekannte Forscher Prof. Dr. C. Orel begleitete zwanzig Jahre lang das Pflanz- und Hegverhalten von Gartenbesitzern und stellte erstaunliches fest. Alle Probanden waren ausgeglichener und sahen freudig in die Zukunft. Gartenarbeit entspannt und belegt Körper und Geist. Gesundheitliche Beschwerden, wie Rückenschmerzen oder Kreislaufprobleme traten bei den Gartenbesitzern kaum oder gar nicht

Bild 8.5 ~ So wird die erste Seite aussehen

Als Erstes sollten Sie den Nullpunkt auf die obere linke Ecke ausrichten.

1 Klicken Sie doppelt auf eines der Lineale. Im sich nun öffnenden Dialogfenster OPTIONEN befinden Sie sich in der richtigen Kategorie: LINEALE.

2 Klicken Sie in das Feld VERTIKALER URSPRUNG, und geben Sie den Wert `210` ein. Wenn Sie diese Eingabe mit der [Enter]-Taste bestätigen, wird der Nullpunkt auf die obere linke Ecke gesetzt.

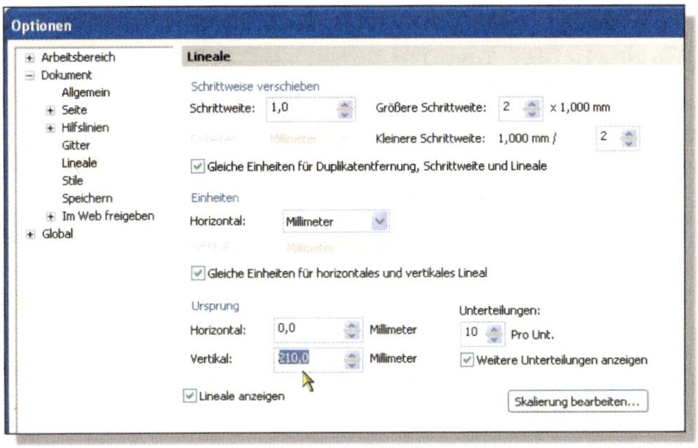

Bild 8.6 ~ Nullpunkt der Lineale einrichten

3 Zuletzt schließen Sie dieses Dialogfenster.

Zeitschriftentitel erstellen

Bestimmt erinnern Sie sich noch an das Scribble, das Sie für die Faltkarte entworfen haben. *CorelDRAW* bietet Ihnen ein Hilfsmittel, mit dem Sie schnell und freihändig Designs und Layouts direkt auf dem Computer skizzieren können. Der Clou daran ist, dass das Programm automatisch unpräzise Skizzen ausgleicht, und Sie sich nur aufs Gestalten konzentrieren müssen. Diese Funktion werden Sie bei der Gestaltung des Titels einsetzen.

Für den Titel benötigen Sie 40 mm Platz.

- Erstellen Sie eine horizontale Hilfslinie im Abstand von 50 mm vom oberen Rand.

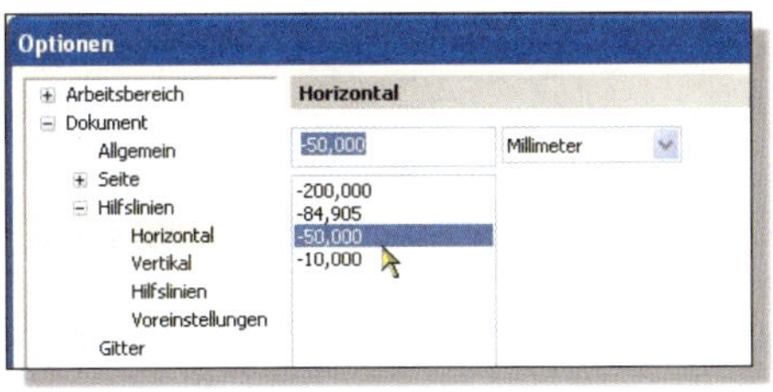

Bild 8.7 ~ Mit dieser Hilfslinie begrenzen Sie den Titel

Texte anlegen

Dann geht es an die Eingabe der beiden Textelemente:

▶ **1** Wählen Sie das Werkzeug TEXT, setzen die Schreibmarke durch einen Klick im oberen Bereich des Blatts ab, und geben Sie das Wort `Blumenbote` ein.

▶ **2** Klicken Sie doppelt in das Wort, sodass es markiert wird, und weisen Sie ihm die Schriftart FORTE in der Schriftgröße 62 zu.

▶ **3** Gestalten Sie auf dieselbe Weise den zweiten Schriftzug `Blumenlädle`. Weisen Sie aber hier die Schriftgröße 26 zu. Platzieren Sie die beiden Elemente wie in der folgenden Abbildung ersichtlich:

Bild 8.8 ~ Die beiden Textobjekte des Titels

Vielleicht denken Sie jetzt daran, den Hintergrund, ähnlich wie beispielsweise in *Word,* mit einem Rahmen zu versehen. Doch diese Funktion gibt es bei *CorelDRAW* nicht. Sie werden aber sehen, wie Sie dieses Manko mit einem kleinen »Trick« beheben.

Absatzrahmen selbst zeichnen

▶  Aktivieren Sie das Hilfsmittel FORMERKENNUNG, und »umfahren« Sie dann den Text in der Form eines Rechtecks.

Bild 8.9 ~ Mit der FORMERKENNUNG das Layout gestalten

Keine Sorge, wenn das Rechteck alles andere als exakt ist: Sobald Sie die Maustaste loslassen, glättet *CorelDRAW* Ihre Zeichnung automatisch. Sie erhalten ein mustergültiges Rechteck.

> Dieses Werkzeug eignet sich übrigens hervorragend zur Gestaltung ganzer Publikationen, da man damit fast wie mit einem Bleistift arbeiten kann.

Bild 8.10 ~ Und schon ist ein Rechteck fertig

Rahmenrechteck einfärben

Jetzt benötigt das Rechteck noch eine Füllung. Doch bevor Sie damit beginnen, sollten die Schriftzüge weiß gefärbt werden.

1 Markieren Sie per AUSWAHL die beiden Schriftzüge (dazu müssen Sie die [⇧]-Taste gedrückt halten), und klicken Sie auf das weiße Farbfeld in der Farbpalette.

2 Dann markieren Sie das eben erstellte Rechteck und klicken auf das entsprechende schwarze Farbfeld, um es zu färben.

Das Rechteck liegt nun auf dem Text und muss nach hinten geschoben werden.

3 Achten Sie darauf, dass es markiert ist, und drücken Sie dann [⇧]+[Bild↓].

Daraufhin wird es ganz nach unten verschoben – das Textobjekt wird sichtbar, da es obenauf liegt.

Bild 8.11 ~ Geschafft: alles in der gewünschten Reihenfolge

Titelfoto einfügen

Auf der linken Seite des Titels soll ein Bild aus der mitgelieferten Foto-CD von *CorelDRAW* eingefügt werden. Da das Logo der Beispielblumenhandlung eine Sonnenblume ist, bietet es sich an, an eine ebensolche zu verwenden. Mithilfe des Menüpunkts DATEI / IMPORTIEREN ist es kein Problem, digitale Bilder oder Fotos in ein Dokument einzubinden. Damit Sie die Bilder importieren können, muss allerdings ein entsprechender Importfilter installiert sein. Zum Glück verfügt *CorelDRAW* über zahlreiche solcher Filter, sodass keine Probleme auftreten dürften.

Wenn Sie den Menüpunkt ausgewählt oder auf das gleichnamige Symbol in der Symbolleiste geklickt haben, öffnet sich das Dialogfeld IMPORTIEREN.

1 Wählen Sie in dem nun erscheinenden Dialogfenster im Listenfeld SUCHEN IN das Laufwerk und den Ordner aus, in dem die Bilddatei gespeichert ist. Legen Sie die dritte CD der *CorelDRAW 12 Suite* ein, die über eine Reihe von Fotos verfügt.

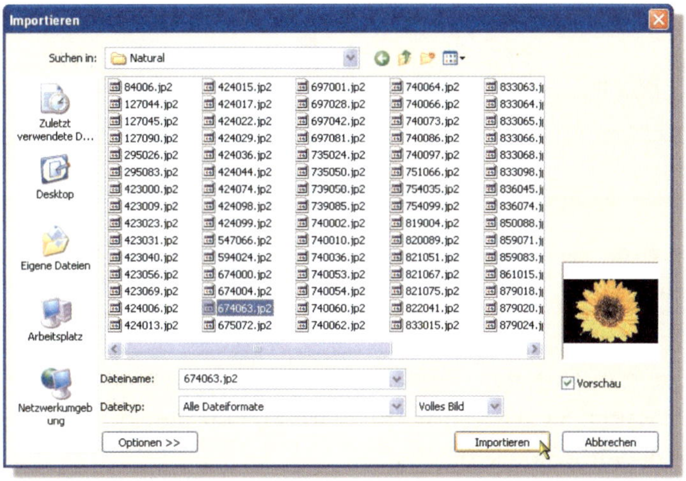

Bild 8.12 ~ Importieren eines Bildes von der dritten *CorelDRAW*-CD

Wenn Sie zu viele Dateien angezeigt bekommen, dann sollten Sie die standardmäßige Anzeige aller Dateiformate beschränken, indem Sie im Listenfeld DATEITYP einen entsprechenden Eintrag wählen. Hier finden Sie die erwähnten Filter und sehen so, ob Sie das Bild überhaupt importieren können.

2 Markieren Sie die gewünschte Datei. Wenn Sie das Kontrollkästchen VORSCHAU aktivieren, können Sie gleich sehen, ob es das Richtige ist.

3 Schließen Sie dann das Dialogfenster über die Schaltfläche IMPORTIEREN.

Der Mauszeiger zeigt nun die Form eines Winkels an, an dessen unterem Ende der Dateiname steht.

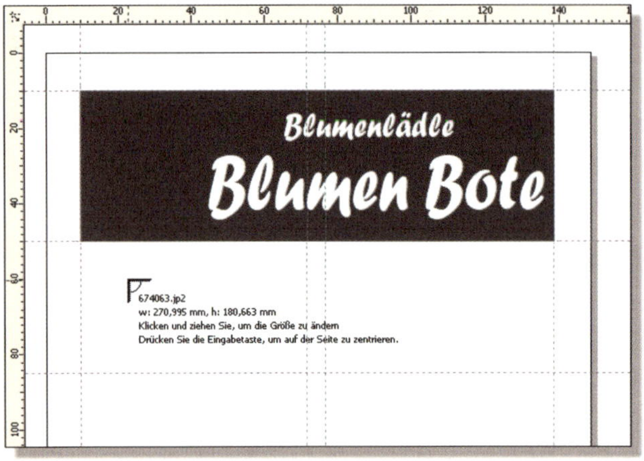

Bild 8.13 ~ An der Stelle, an der die Grafik erscheinen soll, wird die Grafik mithilfe des Winkels platziert

4 Klicken Sie nun auf den Bereich der Seite, in dem die Datei erscheinen soll. Halten Sie die Maustaste gedrückt, und ziehen Sie einen Rahmen in der gewünschten Größe auf.

Wenn Sie die Maustaste loslassen, befindet sich die Grafik an ihrem Platz.

Bild 8.14 ~ Und schon erscheint die Grafik an der gewünschten Stelle

5 Als zuletzt eingefügtes Objekt befindet sich die Grafik wieder an oberster Stelle und muss nun mithilfe der Tastenkombination Strg + Bild↓ hinter dem Textobjekt platziert werden.

Bild 8.15 ~ Das fertig platzierte Foto

Allerdings sieht das noch nicht so richtig gut aus, da der Text das Foto überlagert. Da die Größe der Blume nicht verändert werden soll, bleibt nur, das Foto zu verschieben.

Verschieben Sie das Foto mit dem AUSWAHL-Werkzeug ein wenig nach links.

Überflüssige Elemente abdecken

Diese Aktion führt allerdings dazu, dass das Foto nun aus dem Titelbalken herausragt.

Bild 8.16 ~ Das Bild ragt über den linken Rand hinaus

Sicherlich könnte man jetzt mithilfe eines Bildbearbeitungsprogramms, etwa dem Schwesterprogramm *Corel PhotoPaint*, das Bild so beschneiden, dass es genau mit dem Rahmen abschließt. Es geht aber auch einfacher:

1 Aktivieren Sie das Hilfsmittel RECHTECK, und ziehen Sie über dem hinausragenden Teil ein Rechteck auf.

Bild 8.17 ~ Überstehende Bildausschnitte deckt man einfach mit einem Rechteck ab

2 Abschließend müssen Sie nur noch den Umriss des Rechtecks entfernen und ihm eine weiße Füllfarbe zuordnen.

Der überstehende Teil ist nun komplett abgedeckt.

3 Abschließend platzieren Sie noch unterhalb des Fotos und Textes ein ca. 2 mm breites Rechteck.

Bild 8.18 ~ Ein weißes Rechteck schließt den Titel ab

Die Überschrift des Leitartikels

Das Wichtigste an einer Zeitschrift ist eine gute Aufmachung. Die Titelseite sollte vor allem zum Weiterlesen anregen.

Bei der Schlagzeile, auch Headline genannt, handelt es sich um ein weiteres Grafiktextobjekt, das lediglich mit der Schriftart ARIAL und einer Unterstreichung versehen wurde.

Erstellen Sie die Headline mit dem Hilfsmittel TEXT, richten Sie sie mittig aus, und platzieren Sie sie wie in folgendem Bild ersichtlich:

Bild 8.19 ~ Zeitschriftentitel mit Leitartikelüberschrift

Leitartikel gestalten

Als Nächstes geht's an den ersten Artikel. Dazu werden Sie ein Mengentextobjekt verwenden, denn der Artikel enthält wesentlich mehr Text als alle bisherigen Textobjekte.

Was macht ein Mengentextobjekt aus?

Mengentextobjekte eignen sich besonders dann, wenn bei einem Textobjekt auch die Absatzformatierung eine Rolle spielt. Ihre besonderen Vorzüge spielen sie aber dann aus, wenn der Text in Spalten angeordnet werden soll.

Sicherlich erinnern Sie sich, dass Sie bei einem Grafiktext einen Zeilenumbruch durch die [↵]-Taste auslösen müssen. Hierin liegt einer der elementaren Unterschiede zum Mengentext: Bei einem Mengentext ist der Bereich, in dem der Text eingeben wird, durch einen Textrahmen begrenzt. Geben Sie Text in einen solchen Rahmen ein, erfolgt automatisch ein Zeilenwechsel, sobald die rechte

Textbegrenzung erreicht wird. Dieses Vorgehen entspricht in etwa dem, was Sie vielleicht von Ihrer Textverarbeitung her kennen.

Mengentextobjekte anlegen

Damit Sie größere Textabschnitte schreiben können, müssen Sie zunächst einen Mengentextrahmen anlegen.

1 Legen Sie zunächst bei -90 mm eine horizontale Hilfslinie an.

2 Wählen Sie dann das Hilfsmittel TEXT, und klicken Sie mit der Maustaste auf die Anfangsposition für den Textrahmen, also den oberen linken Schnittpunkt der Hilfslinien.

3 Halten Sie die Maustaste gedrückt, und ziehen Sie diagonal einen Textrahmen auf. Wegen der aktivierten Einrastfunktion der Hilfslinien läuft der Rahmen diesen automatisch nach, sodass das Einpassen ein Kinderspiel ist.

4 Sobald der Rahmen die gewünschte Größe erreicht hat, lassen Sie die Maustaste los.

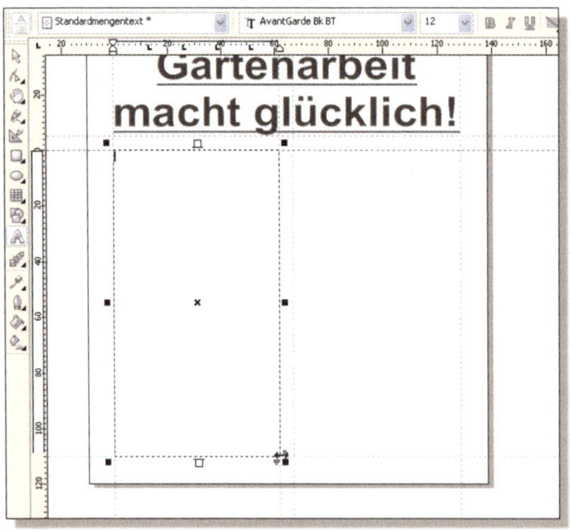

Bild 8.20 ~ Der (noch leere) Mengentextrahmen

Der so erstellte Textrahmen unterscheidet sich ein bisschen von den bisher angelegten Objekten. Er wird durch ein schwarz umrissenes Rechteck dargestellt, in dessen linker oberer Ecke die Schreibmarke blinkt. Umgeben ist er an den Ecken und an der rechten sowie linken Seite von den üblichen Anfasspunkten. An der mittleren oberen und unteren Seite befinden sich jedoch neue Anfasspunkte, deren nähere Bedeutung Sie im Folgenden kennen lernen werden.

Text in Mengentextobjekt eingeben

Sie können nun direkt mit der Texteingabe beginnen.

Klicken Sie mit aktiviertem Hilfsmittel TEXT in den Mengentextrahmen. Der vorgegebene Hinweistext verschwindet, Sie können sofort mit der Eingabe beginnen.

Allerdings ist es gerade bei größeren Publikationen nicht ratsam, den Text an dieser Stelle einzugeben. Für diese Fälle stellt Ihnen *CorelDRAW* einen Editor zur Verfügung, der ähnlich wie eine Textverarbeitung eine rasche und unkomplizierte Texteingabe erlaubt.

Mit diesem Editor arbeiten Sie fast wie in Ihrer gewohnten Textverarbeitung. Der Text wird automatisch umbrochen, und Sie müssen (und sollten) die [↵]-Taste am Ende einer Zeile nicht betätigen, da dies später nur zu hässlichen Umbrüchen an nicht erwünschten Stellen führt. Mit der [↵]-Taste nehmen Sie vielmehr eine so genannte harte Zeilenschaltung vor, d.h. Sie legen damit das Absatzende und gleichzeitig den Beginn eines neuen Absatzes fest. Einen Absatz sollten Sie immer nur dann setzen, wenn ein neuer Gedanke innerhalb der Textstruktur erfolgt. Möchten Sie innerhalb eines Absatzes einen Umbruch erzwingen, verwenden Sie die so genannte weiche Zeilenschaltung. Sie lösen sie über die Tastenkombination [⇧]+[↵] aus.

1 Diesen Texteditor rufen Sie über das Menü TEXT / TEXT BEARBEITEN auf.

2 Als Erstes sollten Sie die Schrift einstellen, in der der gesamte Text formatiert werden soll. Für die Publikation wählen Sie am besten die Schriftart TIMES NEW ROMAN in der Größe 12.

3 Geben Sie hier den folgenden Text ein:

```
Blumenhausen
```

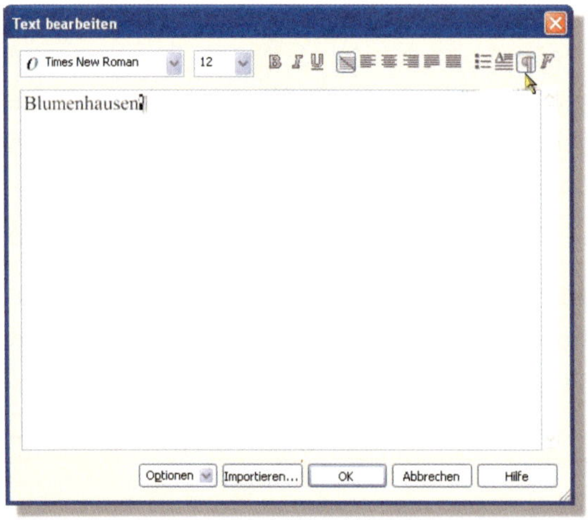

Bild 8.21 ~ Der Texteditor von *CorelDRAW*

4 Nachdem Sie [Enter] gedrückt haben, vervollständigen Sie den Text (inklusive des Fehlers) wie folgt:

```
»Willst Du einen Tag glücklich sein, betrinke Dich. Willst
Du einen Monat glücklich sein, schlachte ein Schwein.
Willst Du ein Jahr lang glücklich sein, heirate. Willst Du
aber ein Leben lang glücklich sein, dann werde Gärtner!"
Dieses chinesische Sprichwort drückt am Besten die Erkennt-
nisse aus, die eine jüngste Untersuchung in einem Großver-
such ergab. Und wer hätte es nicht geahnt? Wer regelmässig
im Garten arbeitet, hat mehr vom Leben! Das weltbekannte
schweizerische Forschungsinstitut D.R.A.W. & Co., behei-
```

```
matet in Kreuzlingen am Bodensee, stellte in seiner jüng-
sten Untersuchung fest, dass Gartenfreunde gut drei Jahre
länger leben. Zudem sind Pflanzenliebhaber optimistischer
und glücklicher. Sie neigen zu weniger Depressionen und
werden mit Stress und Ärger leichter fertig. Der bekannte
Forscher Prof. Dr. C. Orel begleitete zwanzig Jahre lang
das Pflanz- und Hegverhalten von Gartenbesitzern und
stellte erstaunliches fest. Alle Probanden waren
ausgeglichener und sahen freudig in die Zukunft. Gartenar-
beit entspannt und belegt Körper und Geist. Gesundheitliche
Beschwerden, wie Rückenschmerzen oder Kreislaufprobleme
traten bei den Gartenbesitzern kaum oder gar nicht auf.
Ganz deutlich stellte man fest, dass das
Selbstwertempfinden von Gartenfreunden um mehr als 25
Prozent höher liegt als bei Menschen, die mit Grün nichts
oder wenig anzufangen wissen. Nicht zuletzt sind Garten-
freunde die ausgeglicheneren Menschen. Pflanzenliebhaber
erleben sich zudem zu rund einen Viertel weniger depressiv
und weniger ärgerlich als andere Menschen. Sind das nicht
Gründe genug mal wieder bei uns vorbei zu schauen? ↵ ↵
Wir freuen uns auf Ihren Besuch!
```

5 Versehen Sie abschließend die Ortsangabe und den letzten Absatz mit einer fetten Formatierung.

Rechtschreibfehler? Rechtschreibprüfung!

Vielleicht sind Ihnen bei der Eingabe des Textes die roten Wellenlinien auf Ihrem Bildschirm aufgefallen. Hier ist die Rechtschreibprüfung von *CorelDRAW* über Wörter »gestolpert«, die sie entweder nicht kennt oder die Sie falsch eingegeben haben.

Um diesen Fehler zu beheben, klicken Sie mit der rechten Maustaste auf ein solches Wort. Sie erhalten dann im Regelfall ein Kontextmenü, das Ihnen die Vorschläge des Programms mitteilt. So können Sie sehr schnell Tippfehler ausmerzen.

Alternativ können Sie aber auch gleich den gesamten Text auf die richtige Rechtschreibung überprüfen.

1 Dazu klicken Sie auf die Schaltfläche OPTIONEN und wählen den Eintrag RECHTSCHREIBUNG aus.

2 Sie erhalten das Dialogfenster SCHREIBHILFSMITTEL, das Ihnen zahlreiche Optionen zur Korrektur bereitstellt.

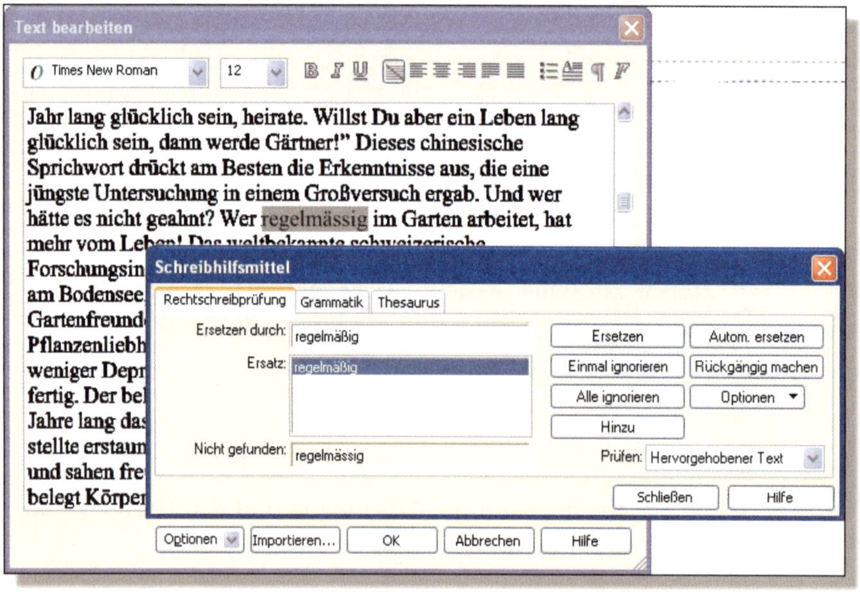

Bild 8.22 ~ Schnell Tippfehler mit der Rechtschreibprüfung ausmerzen

3 Wenn Sie den Text auf seine Rechtschreibung hin geprüft haben, klicken Sie auf OK, um den Editor zu verlassen.

Verteilen des Textes auf mehrere Textrahmen

Wie Sie sicherlich bemerkt haben, enthält das Mengentextobjekt jetzt den zuvor eingegebenen Text. Wenn Sie genauer hinschauen, wird Ihnen auffallen, dass sich das Textobjekt verändert hat. Am unteren Rand befindet sich im mittleren Anfasspunkt eine dreieckige Markierung. Diese Markierung weist daraufhin, dass die Aufnahmekapazität des Textrahmens überschritten wurde, und der Text demzufolge nicht mehr angezeigt wird.

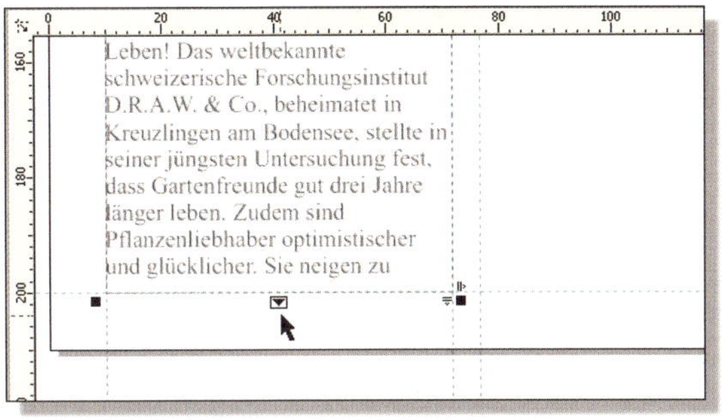

Bild 8.23 ~ Mengentext mit überschrittener Anzeigekapazität

Möchten Sie den vollständigen Text dargestellt wissen, so können Sie den Rahmen einfach vergrößern, indem Sie ihn etwa nach unten ziehen. Bei der Zeitschrift macht das aber keinen Sinn, denn dieser Text würde außerhalb des eigentlichen Druckbereichs angezeigt werden.

Es gibt aber eine ganz einfache Möglichkeit, wie Sie einen fortlaufenden Text an unterschiedliche Stellen oder in Spalten setzen.

1 Erzeugen Sie zunächst mithilfe des TEXT-Werkzeugs auf die eben geschilderte Art in der zweiten, durch Hilfslinien gekennzeichneten Spalte einen weiteren Textrahmen.

Da auf der unteren Seite im Anschluss noch ein Bild eingefügt wird, soll der Textrahmen lediglich eine Höhe von ca. 65 Millimeter aufweisen.

Leider bietet das Textwerkzeug keine Möglichkeit, die Höhe exakt einzugeben, sodass Sie zu einem kleinen Trick greifen müssen:

2 Klicken Sie mit dem Hilfsmittel RECHTECK in den Text, und geben Sie dann in das Feld OBJEKTGRÖSSE für die Höhe des Objekts den Wert 65 ein. Bestätigen Sie Ihre Eingabe mit der [↵]-Taste: Schon zeigt das Textobjekt die gewünschte Höhe an.

Bild 8.24 ~ Die exakte Höhe eines Mengentextrahmens erhalten Sie mit einem kleinen Trick

3 Um die beiden Rahmen zu verbinden, aktivieren Sie das Hilfsmittel  AUSWAHL und klicken damit auf die dreieckige Markierung am unteren Rand des ersten Textrahmens.

Der Mauszeiger nimmt die Form eines Textsymbols mit einem nach unten weisenden Pfeil an.

Sobald Sie ihn über dem zweiten Textrahmen platzieren, wechselt er abermals die Form und nimmt nun die Gestalt eines breiten schwarzen Pfeils an.

4 Klicken Sie damit in den zweiten Rahmen.

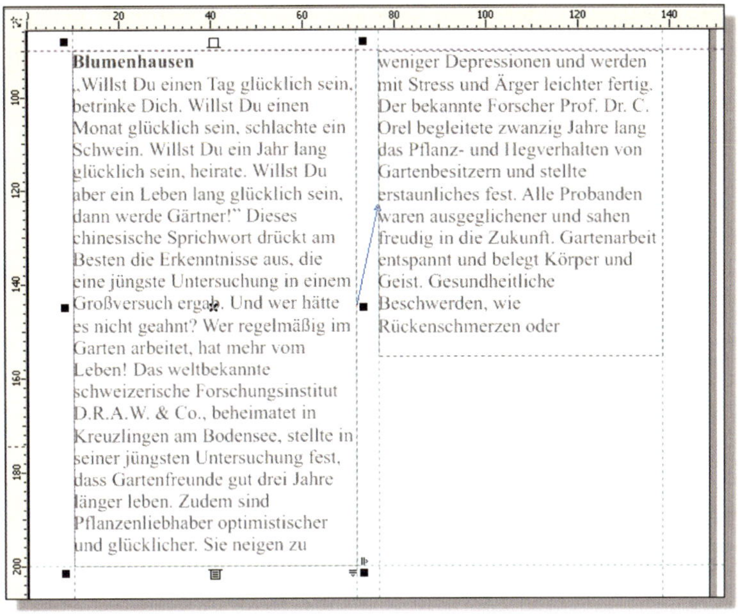

Bild 8.25 ~ Die beiden miteinander verbundenen Textrahmen

Augenblicklich wird der Text eingefügt, und beide Rahmen werden dadurch miteinander verbunden, was Sie deutlich an dem blauen Pfeil zwischen den beiden Textobjekten erkennen, der die Richtung des Textflusses kennzeichnet. Ferner hat sich das Aussehen des unteren mittleren Anfasspunkts des ersten Textobjekts geändert. Er ist nicht mehr leer, sondern enthält drei Striche als Zeichen dafür, dass er mit einem weiteren Textrahmen verbunden ist.

Dasselbe Zeichen finden Sie am zweiten Textobjekt. Nur befindet es sich dort am oberen Rand – als Hinweis, dass hier der Text eines anderen Textobjekts hineinfließt.

Alle Textrahmen, die Sie auf die eben vorgestellte Art miteinander verbunden haben, sind dynamisch miteinander verknüpft. Wenn Sie die Größe eines Rahmens ändern, wird der überstehende Text auf die anderen Rahmen verteilt. Löschen Sie einen Rahmen, so »fließt« der Text in den anderen Rahmen. Ein Textverlust ist somit nur möglich, wenn Sie alle Rahmen löschen (und vorher nicht gespeichert haben).

Wie Sie anhand des unteren mittleren Anfasspunktes sehen (er enthält symbolisiert mehrere Zeilen), enthält das Mengentextobjekt weiteren Text. Dieser soll später auf der zweiten Seite fortgeführt werden. Zunächst soll jedoch die erste Seite fertig gestellt werden.

Silben trennen echt einfach

Zunächst einmal soll der Text, wie bei den meisten Zeitschriften auch, im Blocksatz gesetzt werden.

1 Aktivieren Sie dazu das Hilfsmittel TEXT, und klicken Sie in den Text.

2 Klicken Sie dann auf der EIGENSCHAFTSLEISTE auf das Symbol HORIZONTALE AUSRICHTUNG, und wählen Sie BLOCKSATZ aus.

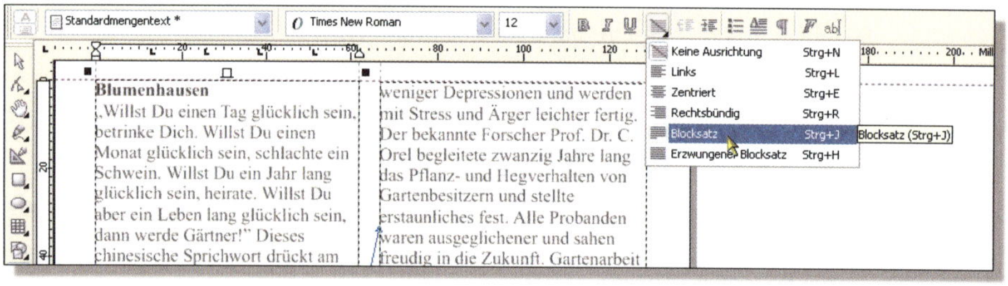

Bild 8.26 ~ Den Text in Blocksatz setzen

Das sieht dann schon besser aus, aber sicherlich werden Ihnen die etwas unschönen großen Lücken auch nicht gefallen. Wie Sie gesehen haben, erfolgt ein automatischer Zeilenwechsel, sobald das Wort länger ist als der in der Zeile zur Verfügung stehende Platz. Das gesamte Wort erscheint dann in der nächsten Zeile, da *CorelDRAW* standardmäßig keine Silbentrennung durchführt.

Sie können die Silbentrennung auf zweierlei Arten durchführen:

- manuell oder
- automatisch.

3 Um eine manuelle Silbentrennung durchzuführen, platzieren Sie den Cursor an die Stelle des Textes, an der die Trennung erfolgen soll und betätigen einfach die [-]Taste.

! Von dieser Methode ist allerdings abzuraten. Wenn Sie nämlich später einen so getrennten Text verändern, kann es passieren, dass plötzlich Trennstriche mitten im Text auftauchen, weil sich der Zeilenumbruch verschoben hat.

4 Aktivieren Sie also besser die automatische Silbentrennung. Dann werden die Wörter, die nicht mehr in eine Zeile passen, von *CorelDRAW* automatisch getrennt, wobei der notwendige Trennstrich auch gleich mit eingefügt wird. Diese Art der Trennung hat den Vorteil, dass Änderungen nicht fest, sondern bei der Texteingabe automatisch neu berechnet werden.

5 Verwenden Sie zur Aktivierung der automatischen Silbentrennung den Befehl TEXT / TEXT FORMATIEREN.

6 Wechseln Sie zur Registerkarte ABSATZ. Dort finden Sie eine Schaltfläche mit der Bezeichnung SILBENTRENNUNGS-EINSTELLUNGEN. Klicken Sie darauf.

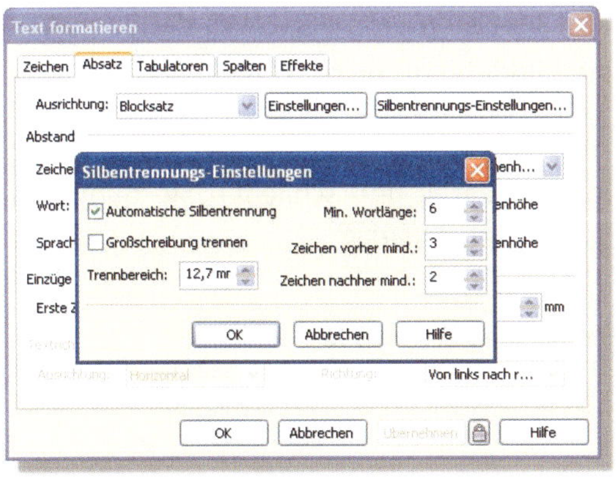

Bild 8.27 ~ Automatische Silbentrennung

In dem folgenden Dialogfenster können Sie im Eingabefeld TRENNBEREICH festlegen, in welchem Abstand zum rechten Rand des Textrahmens die Silbentrennung durchgeführt werden soll. Darüber hinaus können Sie in den Feldern auf der rechten Seite die Mindestwortlänge festlegen. Besitzt ein Wort dann weniger als die festgelegten Zeichen, wird es nicht getrennt. Da standardmäßig Wörter in Großbuchstaben nicht getrennt werden, müssen Sie das Kontrollkästchen GROSSSCHREIBUNG TRENNEN anhaken, wenn Sie dies dennoch wollen.

7 Verlassen Sie die beiden Dialogfenster über die Schaltfläche OK. Augenblicklich bricht *CorelDRAW* Ihren Text gemäß Ihren Vorgaben um.

Foto einfügen

In der unteren rechten Hälfte der zweiten Spalte soll ein Foto platziert werden. Diesen Vorgang haben Sie bereits beim Einfügen der Titelgrafik kennen gelernt, sodass das schnell erledigt ist.

1 Legen Sie die dritte CD der *CorelDRAW 12 Suite* ein, die über eine Reihe von Fotos verfügt.

2 Rufen Sie über den Menüpunkts DATEI / IMPORTIEREN das Dialogfeld IMPORTIEREN auf.

3 Wählen Sie im Dialogfenster im Listenfeld SUCHEN IN das Laufwerk und den Ordner aus, in dem die Bilddatei gespeichert ist.

4 Markieren Sie die gewünschte Datei, und schließen Sie dann das Dialogfenster mit der Schaltfläche IMPORTIEREN.

Der Mauszeiger nimmt wieder die Form eines Winkels an.

5 Klicken Sie dann auf den Bereich der Seite, auf dem die Datei erscheinen soll. Halten Sie dabei die Maustaste gedrückt, und ziehen Sie einen Rahmen in der gewünschten Größe auf.

Wenn Sie die Maustaste loslassen, befindet sich die Grafik an ihrem Platz.

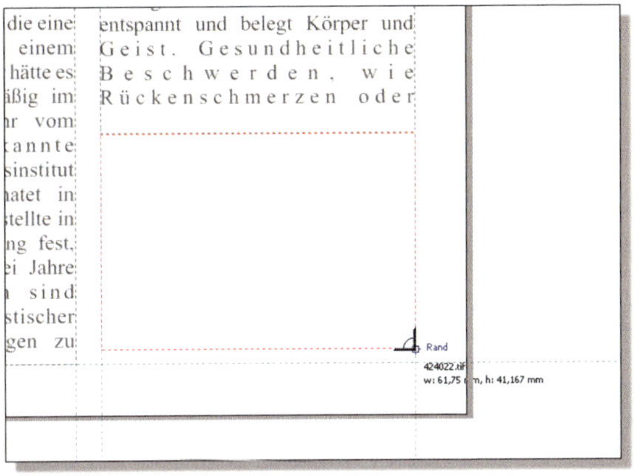

Bild 8.28 ~ Einen Rahmen für die zu importierende Grafik aufziehen

- Speichern Sie an dieser Stelle Ihr Werk einmal ab!

8.3 Mittelseiten gestalten

Als Nächstes geht es an die Gestaltung der beiden Mittelseiten. Diese müssen Sie erst einmal anlegen.

- Klicken Sie zweimal auf das rechte Pluszeichen des Seitenzählers.

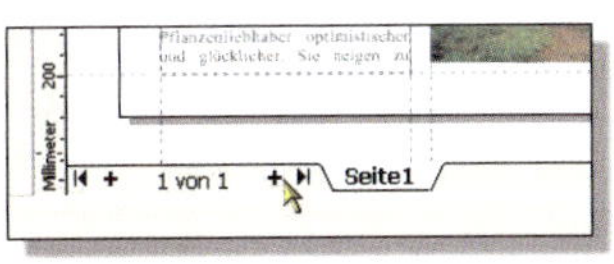

Bild 8.29 ~ Weitere Seiten einfügen

Zunächst werden Sie die zweite Seite gestalten und dann einige Elemente über die Zwischenablage übernehmen:

1 Aktivieren Sie den Registerreiter mit der Bezeichnung SEITE 2.

2 Entfernen Sie nun alle horizontalen Hilfslinien (außer den Randhilfslinien). Klicken Sie einmal mit der Maus auf die Linien, sodass sie in roter Farbe dargestellt werden, und betätigen Sie dann die [Entf]-Taste, um sie zu löschen.

Doch bevor Sie loslegen, möchte ich Ihnen schon mal vorab das Ergebnis zeigen. So wie in folgendem Bild soll die zweite Seite aussehen:

Nachrichten

Grün macht glücklich!

auf. Ganz deutlich stellte man fest, dass das Selbstwertempfinden von Gartenfreunden um mehr als 25 Prozent höher liegt als bei Menschen, die mit Grün nichts oder wenig anzufangen wissen. Nicht zuletzt sind Gartenfreunde die ausgeglicheneren Menschen. Pflanzenliebhaber erleben sich zudem zu rund einen Viertel weniger depressiv und viel weniger ärgerlich als andere Menschen. Sind das nicht Gründe genug mal wieder bei uns vorbei zu schauen?

Wir freuen uns auf Ihren Besuch!

Pflanze des Jahres

Pflanze des Jahres
Rund 1000 Besucher wählten die Balkonpflanze des Jahres: Bei unserem diesjährigen Sommerfest konnten unsere Gäste mit Block und Bleistift bewaffnet die Reihen der neuen Pflanzen für Beet und Balkon in unserem neuen Gewächshaus abschreiten. "Brown Eyes", eine Glockenwinde mit herrlich braunen Blüten, machte das Rennen bei den Neuheiten für sonnige Standorte. Platz zwei eroberte eine Hängeverbene mit weißen Sternen in den violetten Blüten und den Namen "Temari Violet Star", gefolgt von der rosafarbenen Hängepetunie "Soft Pink". Bei den Neuheiten für halbschattige oder schattige Standorte belegte eine orangefarbene Schönheit Platz eins: Zarter Lauchheil mit dem Namen "Sunrise". Es folgte schließlich "Big Blue", eine Hängelobelie mit enzianblauen Blüten, und die Hängefuchsie "Kit Oxtiby". Sieger unseres Preisrätsels wurde die zehnjährige Jutta P. aus Bad Balkonien. An Sie ging ein Gutschein im Wert von 100 €.

Bild 8.30 ~ Freuen Sie sich auf Ihre zweite fertige Seite!

Kopfbalken gestalten

Im Folgenden werden Sie zunächst den Kopfbalken entwerfen, der auch auf allen weiteren Seiten erscheinen wird. So erzielen Sie ein einheitliches Aussehen.

▶ **1** Legen Sie eine Hilfslinie im Abstand von 10 Millimeter von der oberen Randhilfslinie an.

▶ **2** Klicken Sie dazu doppelt auf das horizontale Lineal, wählen Sie die Kategorien HILFSLINIEN und HORIZONTAL im Strukturbereich an. Geben Sie dann `-20` in das Feld ein, und bestätigen Sie Ihre Eingabe mit einem Klick auf die Schaltfläche HINZUFÜGEN. Mit OK verlassen Sie dann das Dialogfenster.

▶ **3** Aktivieren Sie nun das Hilfsmittel RECHTECK, und ziehen Sie ein Rechteck in dem durch die Hilfslinien begrenzten Bereich auf.

▶ **4** Danach geben Sie dem Rechteck noch eine schwarze Füllung.

▶ **5** Klicken Sie auf das Hilfsmittel TEXT, klicken Sie auf den Balken und stellen Sie die Schriftart ARIAL, den Wert 24 und die Eigenschaft FETT ein.

▶ **6** Geben Sie dann das Wort `Nachrichten` ein, und weisen Sie dem Objekt eine weiße Farbe zu.

Schatten hinzufügen

Das sieht zwar schon recht gut aus, doch irgendwie fehlt da noch das gewisse Etwas. Dieser Effekt soll mit dem Hilfsmittel INTERAKTIVER HINTERLEGTER SCHATTEN erreicht werden. Mit diesem Hilfsmittel können Sie sehr einfach einen weichen Schatten zuweisen, wobei Sie den Abstand des Schattens, dessen Platzierung sowie seine Deckkraft und Farbe frei bestimmen können.

1 Klicken Sie auf INTERAKTIVE ÜBERBLENDUNG, und wählen Sie auf dem Flyout das Hilfsmittel INTERAKTIVER HINTERLEGTER SCHATTEN aus.

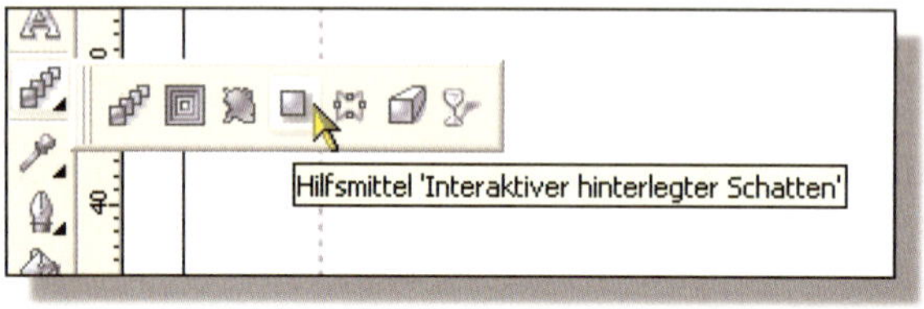

Bild 8.31 ~ Mit diesem Werkzeug legen Sie einen Schatteneffekt an

> Beim Erzeugen eines Schattens spielt es eine Rolle, welchen Punkt des Objekts Sie anklicken.

2 Bewegen Sie den Cursor ungefähr in die Mitte des Rechtecks, und klicken Sie dort mit der Maustaste. Halten Sie dann die Maustaste gedrückt, während Sie sie in die Richtung bewegen, wo der Schatten platziert werden soll.

> Möchten Sie die Schritte auf 15°-Einheiten begrenzen, halten Sie dabei einfach zusätzlich die Strg-Taste gedrückt.

3 Sobald der Schatten das gewünschte Aussehen hat, lassen Sie die Maustaste los.

Bild 8.32 ~ Anlegen eines Schattens

Keine Sorge, wenn Sie mit der Richtung und dem Abstand des Schattens nicht zufrieden sind. Sie können dies nachträglich durch Verschieben der schwarzen quadratischen Markierung verändern. Wenn Sie die Deckkraft des Schattens verändern wollen, ziehen Sie den Regler, der sich in Form eines kleinen weißen Rechtecks zwischen den Quadraten befindet, in die entsprechende Richtung. Die Farbe des Schattens können Sie über das Feld HINTERLEGTER SCHATTEN: FARBE, das Sie in der Eigenschaftsleiste finden, verändern.

Wenn Sie einen Schatten entfernen möchten, markieren Sie das entsprechende Objekt, und rufen Sie dann über das Menü EFFEKTE den Menüeintrag HINTERLEGTER SCHATTEN ENTFERNEN auf.

Text einer vorherigen Seite weiterlaufen lassen

1 Wie üblich legen Sie für das weitere Vorgehen erst einmal die entsprechenden Hilfslinien an. Verwenden Sie folgende Werte: `-40` und `-90`.

2 Oberhalb der ersten Hilfslinien wiederholen Sie die Überschrift des Leitartikels. Sie aktivieren dazu das Hilfsmittel TEXT, klicken in diesen Bereich und geben den Text `Grün macht glücklich!` ein.

3 Weisen Sie ihm die Schrift ARIAL in der Größe 28 zu. Vermeiden Sie dabei, Ihrem Gefühl nachzugeben, das Textobjekt bündig zwischen den beiden äußeren Hilfslinien ausrichten zu wollen. Lassen Sie ruhig ein wenig »Luft« in einem Text stehen. Ich habe die Erfahrung gemacht, dass das viel besser aussieht.

Unterhalb dieser Schlagzeile soll der Text von Seite 1 fortgeführt werden.

Anders als beim ersten Mal werden Sie vorab kein Textobjekt erstellen, sondern eine weitere Möglichkeit kennen lernen, Mengentext auf mehrere Objekte zu verteilen:

1 Aktivieren Sie das Hilfsmittel AUSWAHL. Klicken Sie auf die Registerkarte SEITE 1 und dort auf den unteren Anfasspunkt des Textobjekts, der die Markierung mit dem Pfeil enthält.

Der Cursor verändert wieder seine Form.

2 Klicken Sie mit diesem Cursor auf den Registerreiter SEITE 2, sodass Sie zur Ursprungsseite zurückkehren.

3 Dort angekommen, zeigen Sie mit dem Cursor in den Schnittpunkt der beiden Hilfslinien und ziehen dann bei gedrückter Maustaste einen Rahmen auf.

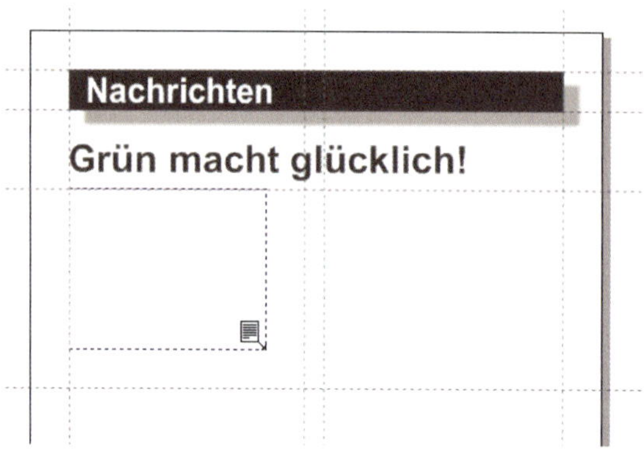

Bild 8.33 ~ Einen neuen, verbundenen Textrahmen aufziehen

Wenn Sie die Maustaste loslassen, läuft sofort der Text hinein, und Sie erhalten durch einen kleinen blauen Pfeil den grafischen Hinweis, von welcher Seite dieser Text eingebunden wurde.

4 Ziehen Sie nun auf dieselbe Art den zweiten Textrahmen im rechten Bereich auf. Damit ist der Text vollständig verteilt, was Ihnen *CorelDRAW* durch einen leeren mittleren Anfasspunkt anzeigt.

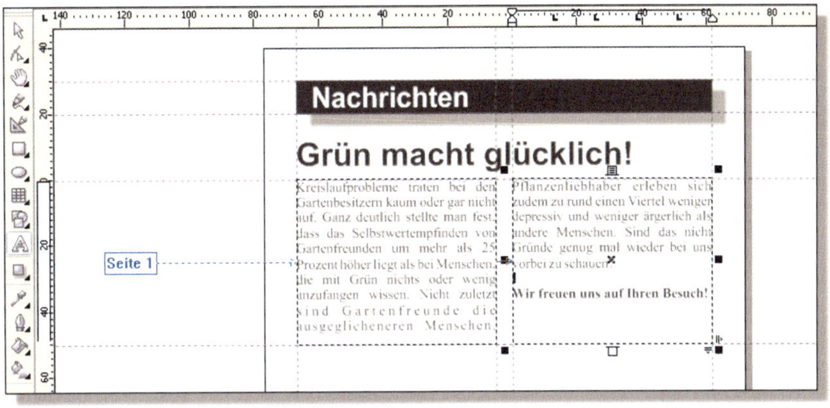

Bild 8.34 ~ Verbundene Mengentextobjekte

Texte aus anderen Anwendungsprogrammen einfügen

Der untere Bereich soll einen Artikel zur Pflanze des Jahres enthalten.

1 Zunächst legen Sie eine Hilfslinie bei `-105` an.

Für die Artikelüberschrift verwenden Sie dasselbe Textobjekt wie für den oberen Artikel.

2 Markieren Sie ihn, und kopieren Sie ihn dann mit Strg+C in die Zwischenablage. Fügen Sie ihn sofort über Strg+V ein, und verschieben Sie ihn mit der Maus nach unten.

3 Klicken Sie dann mit dem Hilfsmittel TEXT in den Text, und markieren Sie ihn. Überschreiben Sie einfach den Text mit `Pflanze des Jahres.`

Texte aus Word importieren

Sehr oft liegen fertige Texte im *Word*-Format vor. Aus diesem Grund lesen Sie im Folgenden, wie Sie auf einem Datenträger gespeicherte Textdateien als Mengentextobjekte in die Zeitschrift einfügen.

Kapitel 8 ~ Eine ansprechende Zeitschrift

1 Diese Funktion rufen Sie über den Menüpunkt DATEI / IMPORTIEREN  bzw. das entsprechende Symbol auf.

Nachdem Sie die Menüpunkte angewählt haben, erhalten Sie das bekannte Dialogfenster IMPORTIEREN.

2 Da Ihnen alle Dateien angezeigt werden, wählen Sie zuerst im Listenfeld DATEITYP das entsprechende Dateiformat. Für die Übernahme aus *Word* finden Sie einen entsprechenden Eintrag.

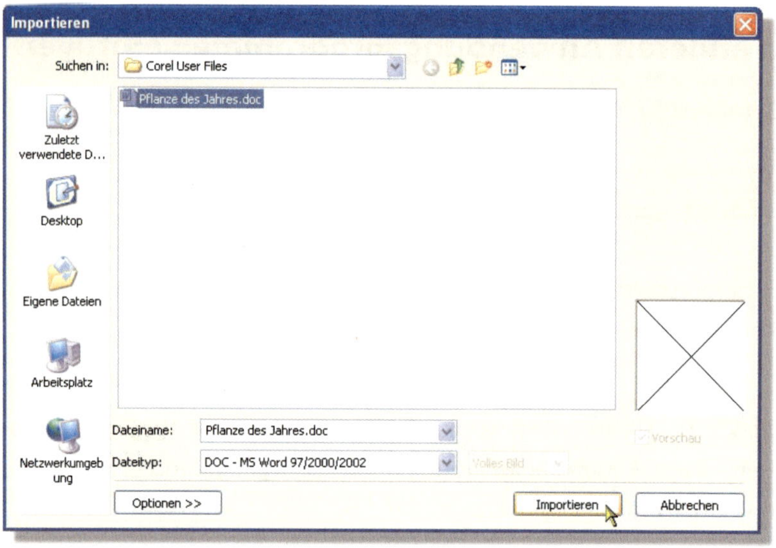

Bild 8.35 ~ Textdatei importieren

Mithilfe der Listenfelder SUCHEN IN und DATEINAMEN können Sie anschließend die Textdatei wählen.

3 Markieren Sie die gewünschte Textdatei, und bestätigen Sie Ihre Auswahl mit OK, um sie einzufügen.

Wie Sie sehen, kann *CorelDRAW* *Word*-Dateien der Versionen 97 bis 2002 problemlos öffnen. Wenn Sie eine neuere *Word*-Version (etwa *Office/Word 2003*) besitzen, müssen Sie Ihre Dateien konvertieren, damit Sie sie weiter in *CorelDRAW* bearbeiten können.

Word 2003-Format vor dem Import ändern

▶ **1** Öffnen Sie in *Word* den Text, den Sie in *CorelDRAW* übernehmen möchten.

▶ **2** Wählen Sie den Befehl DATEI / SPEICHERN UNTER.

▶ **3** Wählen Sie im Dialogfeld als DATEITYP *Word-Dokument* aus.

▶ **4** Vergeben Sie anschließend einen Namen.

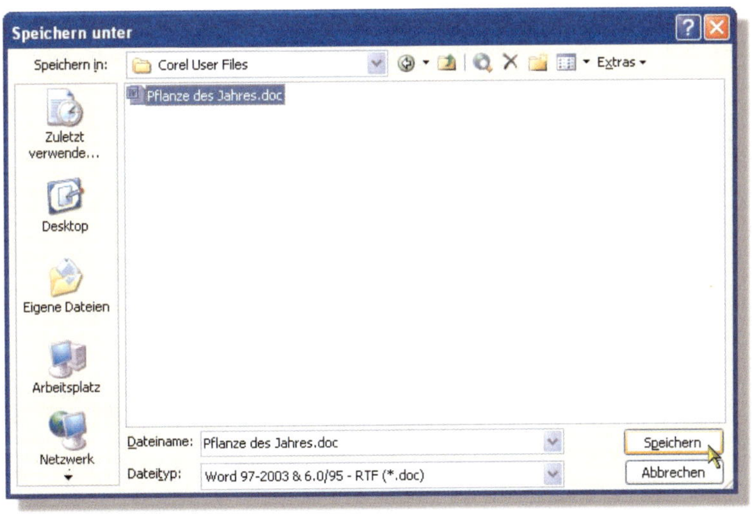

Bild 8.36 ~ Die richtige Vorbereitung findet schon in *Word* statt

▶ **5** Wiederholen Sie anschließend den Importvorgang mit dieser Datei.

Textimport echt einfach

Diesmal erscheint ein kleines Hinweisfenster, das Sie auf den aktuell laufenden Konvertierungsprozess hinweist.

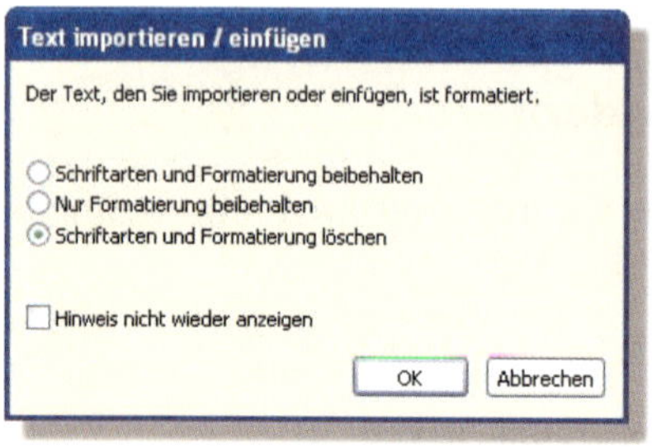

Bild 8.37 ~ Wählen Sie das Importformat

▶ **1** In diesem Fenster aktivieren Sie die Option SCHRIFTARTEN UND FORMATIERUNGEN LÖSCHEN, da das Layout an das der Zeitschrift angepasst werden soll.

▶ **2** Klicken Sie auf OK.

▶ **3** Sobald dieser Vorgang beendet ist, nimmt der Cursor die Gestalt eines Winkels an. Zusätzlich wird Ihnen, leicht versetzt unterhalb davon, der Dateiname angezeigt.

Das weitere Vorgehen entspricht dem des Importierens einer Grafik.

▶ **4** Ziehen Sie also mit dem Cursor bei gedrückter linker Maustaste einen Rahmen auf.

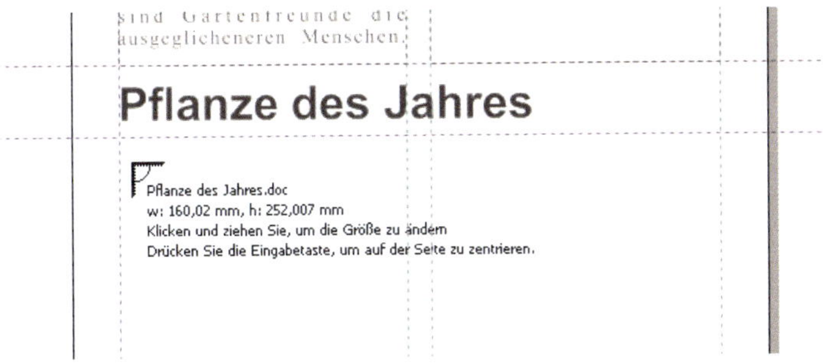

Bild 8.38 ~ Beginnen Sie mit dem Import, indem Sie einen Rahmen für den zu importierenden Text aufziehen

Sobald Sie die Maustaste loslassen, wird der Text importiert, und Sie können ihn bearbeiten.

Die weiteren Schritte dürften für Sie kein Problem mehr darstellen.

Importierten Text formatieren

▶ **1** Formatieren Sie den Text mit der Schrift TIMES NEW ROMAN in der Größe 12.

▶ **2** Legen Sie als Absatzformatierung BLOCKSATZ fest, und aktivieren Sie über das Dialogfenster OPTIONEN (Registerkarte ABSTÄNDE), das Sie über das Menü TEXT / TEXT FORMATIEREN aufrufen, das Kontrollkästchen SILBENTRENNUNG.

▶ **3** Legen Sie dann auf eine der Ihnen bekannten Arten einen zweiten Textrahmen an, und lassen Sie den Text hinüberfließen.

Sicherlich fällt Ihnen auf, dass das zweite Mengentextobjekt nicht gefüllt ist. Dies hat durchaus seine Berechtigung, denn im Folgenden werden Sie sehen, wie man eine Grafik so in einen Text integrieren kann, dass er um sie herum fließt.

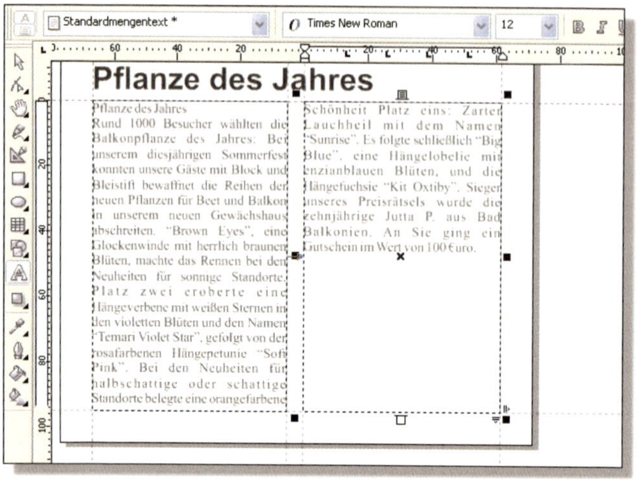

Bild 8.39 ~ Der zweite Mengentextblock

Grafik integrieren

Gezeichnete Objekte können Sie problemlos so in einen Mengentext integrieren, dass sich der Textfluss an der Form des jeweiligen Objekts orientiert. In *CorelDRAW* wird dieser Effekt als Mengentextumbruch bezeichnet.

Im Folgenden kommt eine weitere Grafik von der *CorelDRAW*-CD3 zum Einsatz.

1 Importieren Sie die Blume über die IMPORT-Funktion, und ziehen Sie dabei einen Rahmen von ca. 65 Millimetern auf.

Wie Sie sehen, liegt die Grafik jetzt vor dem Text. Der dahinter liegende Text kann so natürlich nicht mehr gelesen werden. Deshalb werden Sie im Folgenden den Text um die Grafik fließen lassen.

2 Achten Sie darauf, dass die Grafik markiert bleibt, und klicken Sie sie gegebenenfalls mit dem Hilfsmittel AUSWAHL an.

3 Klicken Sie dann in der Eigenschaftsleiste auf das Dreieck der Schaltfläche MENGENTEXTUMBRUCH.

Sollten Sie die Schaltfläche nicht in der Eigenschaftsleiste finden, liegt das vermutlich daran, dass Sie einen zu kleinen Bildschirm benutzen. In diesem Fall zeigen Sie mit dem Mauszeiger auf den doppelten Strich am Anfang der Eigenschaftsleiste und »reißen« ihn mit einem »Ruck« aus der Verankerung heraus. Mit einem einfachen Doppelklick verschwindet die Leiste dann dorthin zurück, woher sie gekommen ist.

---

4 Klicken Sie auf das kleine schwarze Dreieck am unteren Rand, erscheint ein Menü, das die möglichen Textumbrucharten beinhaltet.

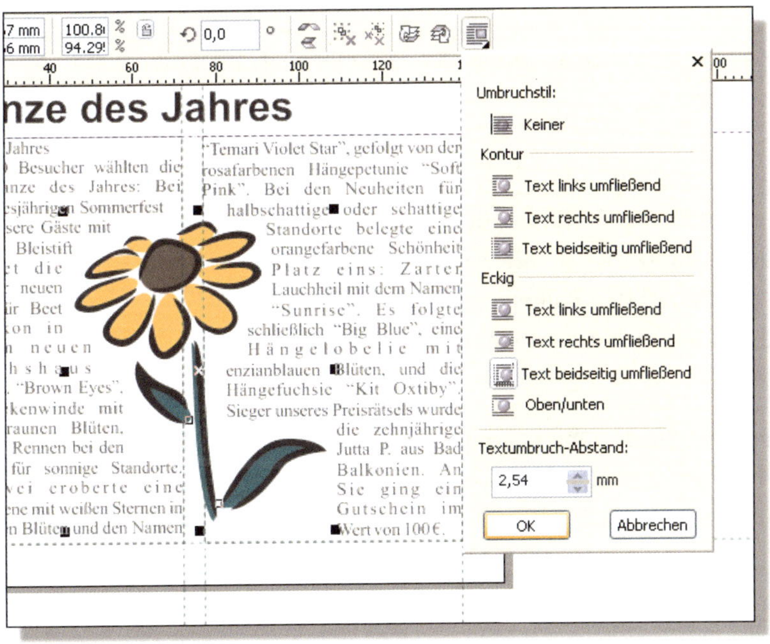

Bild 8.40 ~ Mengentextumbruch festlegen

Wie Sie dem Menü entnehmen können, kann der Text auf zweierlei Arten um die Grafik herum fließen: KONTUR oder ECKIG. Im ersten Fall »läuft« der Text der Grafik »nach« und bildet so unregelmäßige Ränder. Im zweiten Fall wird um die Grafik ein imaginäres Rechteck gezogen und der Text daran ausgerichtet.

5 Entscheiden Sie sich für die gewünschte Umlaufart.

6 Mit einem weiteren Klick auf OK weisen Sie den Effekt zu, der Text läuft ab sofort um die Grafik herum.

Mehrere Stilelemente einer anderen Seite übernehmen

Die dritte Seite ähnelt im Aufbau sehr der zweiten. Deshalb können Sie hier rasch einige Stilelemente übernehmen.

> Die Gesamtansicht finden Sie diesmal erst am Ende dieses Abschnitts!

1 Markieren Sie zunächst den Text `Nachrichten` im Titelbalken. Drücken Sie dann die [⇧]-Taste, und halten Sie sie gedrückt, während Sie nacheinander auf den Balken und dann auf die erste Schlagzeile klicken. Mit dieser Mehrfachauswahl markieren Sie drei Objekte.

2 Kopieren Sie die Objekte mit [Strg]+[C] oder per Klick auf das entsprechende Symbol in die Zwischenablage.

3 Klicken Sie anschließend auf den Registerreiter mit der Bezeichnung SEITE 3, um auf diese Seite zu wechseln.

4 Betätigen Sie die Tasten Strg+V oder das entsprechende Symbol, um den Inhalt der Zwischenablage einzufügen.

5 Zeigen Sie mit dem Hilfsmittel AUSWAHL auf den Mittelpunkt des Textobjekts, und schieben Sie es nach rechts.

6 Aktivieren Sie dann das Werkzeug TEXT, und klicken Sie doppelt in den Text, sodass er markiert ist. Geben Sie dann das Wort `Neuigkeiten` ein.

7 Markieren Sie danach mit diesem Werkzeug die Schlagzeile, und geben Sie hier Folgendes ein: `Tipp des Monats`.

8 Klicken Sie dann auf das Hilfsmittel INTERAKTIVER HINTERLEGTER SCHATTEN. Zeigen Sie damit auf das schwarze Quadrat, und ziehen Sie es nach links, sodass der Schatten spiegelverkehrt erscheint.

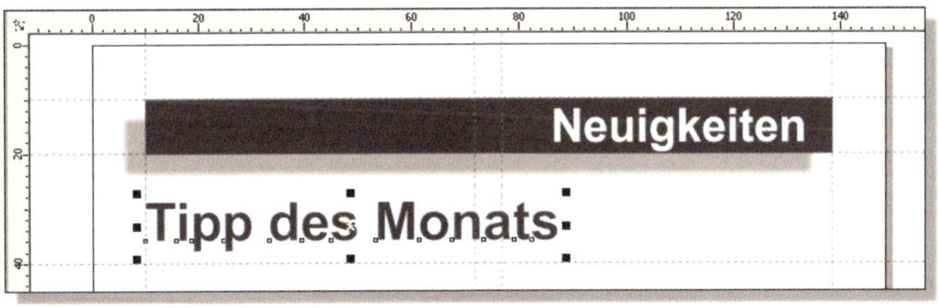

Bild 8.41 ~ Das schreit nach einheitlicher Gestaltung ...

Arbeiten mit mehreren Spalten

Bisher haben Sie die Spalten durch zwei Mengentextobjekte angelegt und diese miteinander verbunden. Es gibt in *CorelDRAW* aber noch eine zweite Möglichkeit, Spalten anzulegen, die wesentlich flexibler ist.

Im Folgenden wird davon ausgegangen, dass der Text *Tipp des Monats* bereits im *Word*-Format vorliegt und lediglich importiert werden muss.

▶ **1** Nachdem Sie die IMPORT-Funktion aktiviert und den Text ausgewählt haben, ziehen Sie diesmal in der vollen Breite der beiden äußeren Hilfslinien einen Rahmen auf.

▶ **2** Weisen Sie dem Text die Schriftart TIMES NEW ROMAN in der Größe 12 zu, stellen Sie die Silbentrennung ein, und richten Sie den Text im Blocksatz aus.

▶ **3** Markieren Sie den Mengentext.

▶ **4** Aktivieren Sie mit TEXT / TEXT FORMATIEREN das gleichnamige Dialogfenster.

▶ **5** Wechseln Sie zu der Registerkarte RAHMEN UND SPALTEN.

Um die Möglichkeiten einmal auszuprobieren, sollten Sie zwei unterschiedliche Spalten anlegen:

▶ **1** Klicken Sie in das Feld SPALTENZAHL, und geben Sie die Zahl `2` an. Alternativ können Sie natürlich auch den kleinen, nach oben weisenden Pfeil benutzen.

▶ **2** Betätigen Sie einmal die ⇥-Taste, um in das nächste Feld zu gelangen.

▶ **3** Da die erste Spalte 40 Millimeter breit sein soll, geben Sie `40` ein und drücken die ⇥-Taste, um in das Eingabefeld SPALTENABSTAND zu gelangen.

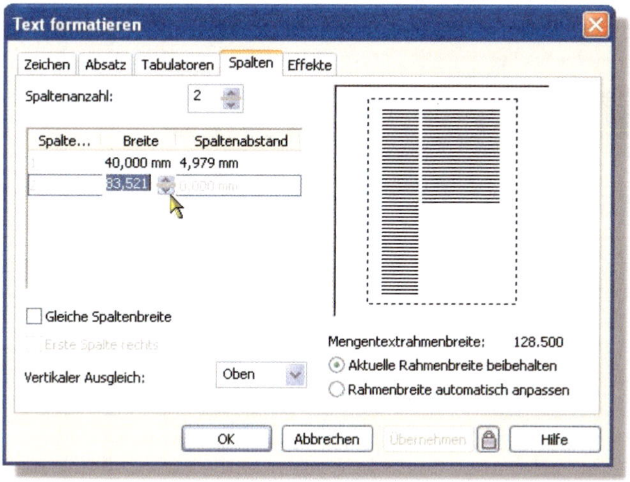

Bild 8.42 ~ Spalten legt man über das Dialogfenster TEXT FORMATIEREN an

▶ **4** Hier geben Sie eine 5 ein, da die Spalten denselben Abstand wie alle anderen in der Zeitschrift aufweisen sollen.

CorelDRAW berechnet aus diesen Angaben nun automatisch die Größe der zweiten Spalte.

▶ Möchten Sie unterschiedlich breite Spalten anlegen, müssen Sie das Kontrollkästchen GLEICHE SPALTENBREITE deaktivieren.

Im Kombinationsfeld VERTIKALER AUSGLEICH können Sie schließlich noch auswählen, wie diejenigen Spalten, die nicht vollständig mit Text gefüllt sind, vertikal angeordnet werden sollen.

▶ **5** Haben Sie alle Einstellungen vorgenommen, schließen Sie dieses Dialogfenster mit einem Klick auf OK.

Bild 8.43 ~ Spalten unterschiedlicher Breiten

Initiale zuweisen

Dem eben erstellten Mengentext fehlt noch etwas. Er sollte einfach mehr Aufmerksamkeit erregen. Dies erreichen Sie am besten mithilfe einer Initiale. Unter Initialen versteht man die vergrößerten Anfangsbuchstaben von Absätzen. Dabei wird der erste Buchstabe so vergrößert, dass er über mehrere Zeilen reicht.

1 Aktivieren Sie das Hilfsmittel TEXT, und klicken Sie dann in den Absatz, den Sie mit einer Initiale versehen wollen.

2 Klicken Sie anschließend auf das Symbol INITIAL ANZEIGEN in der Eigenschaftsleiste. Das war's.

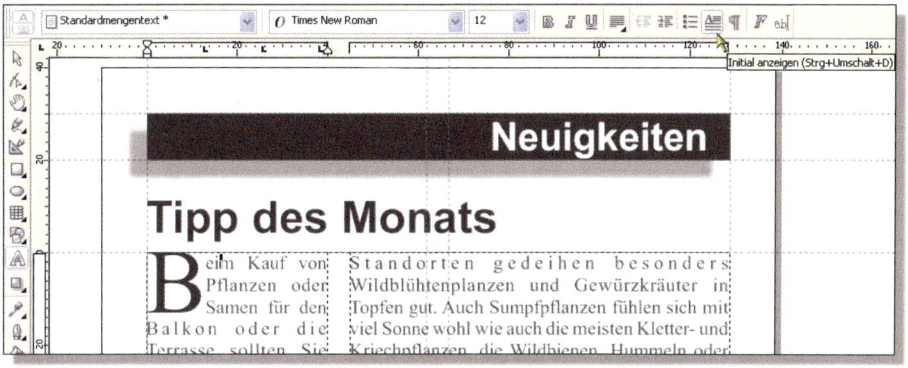

Bild 8.44 ~ Initiale in einem Mengentext

Bilder mit Effekten aufwerten

Für die eigentliche Bildbearbeitung ist das Schwesterprogramm *Corel Photo Paint* zuständig. *CorelDRAW* verfügt aber über eine Reihe Filter, mit denen Sie Fotos, man bezeichnet sie als Bitmaps, künstlerisch bearbeiten können. Die verschiedenen Filter sollten Sie bei Gelegenheit ruhig einmal ausprobieren. Im Folgenden werden Sie anhand eines praktischen Beispiels die grundsätzliche Vorgehensweise beim Einsatz von Filtern lernen.

Unterhalb des Artikels über die Balkonpflanzen soll ein schönes Beispiel hierfür platziert werden. Dabei soll der überaus interessante 3D-Effekt SEITE AUFROLLEN eingesetzt werden. Dieser Effekt lässt das Foto so erscheinen, als sei es auf einer Seite aufgerollt. Wie Sie gleich sehen werden, lassen die zahlreichen Optionen recht unterschiedliche Varianten zu.

1 Importieren Sie zunächst das Foto über die IMPORT-Funktion, und platzieren Sie es innerhalb der beiden äußeren Hilfslinien.

2 Markieren Sie es danach mit dem Hilfsmittel AUSWAHL. Rufen Sie dann über BITMAPS / 3D EFFEKTE / SEITE AUFROLLEN das dazugehörige Dialogfeld auf.

Bevor Sie mit den Einstellungen beginnen, ist es empfehlenswert, das Schlosssymbol im Dialogfeld zwischen den Schaltflächen VORSCHAU und ZURÜCKSETZEN anzuklicken, sodass im Vorschaufenster jede Veränderung direkt angezeigt wird.

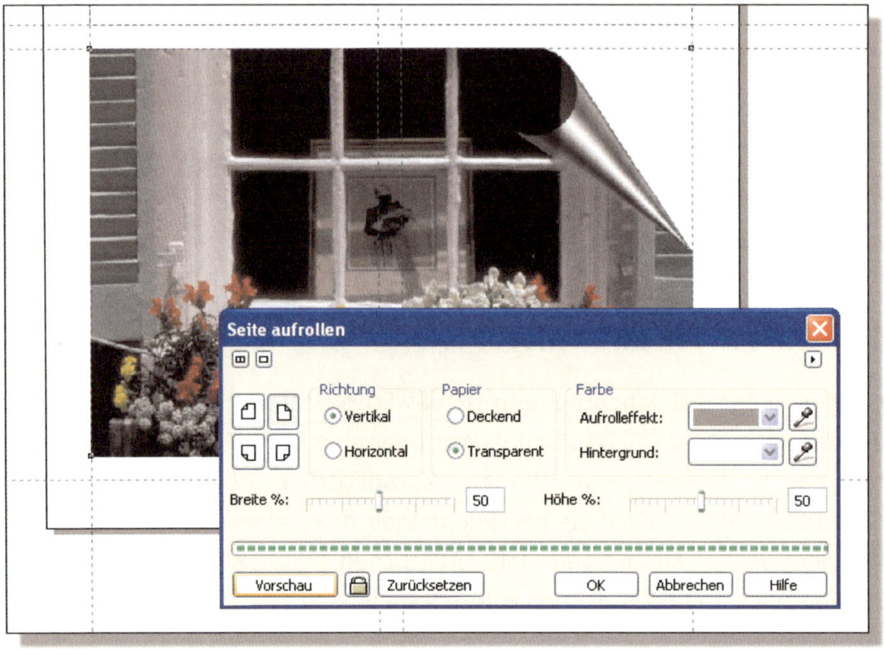

Bild 8.45 ~ 3D EFFEKTE / SEITE AUFROLLEN

▶ **1** Zunächst können Sie durch Anklicken des entsprechenden Symbols bestimmen, welche Seite des Fotos aufgerollt wird.

▶ **2** Anschließend legen Sie fest, in welche RICHTUNG die Seite aufgerollt werden soll. Bestimmen Sie BREITE und HÖHE der aufgerollten Seite über die beiden Schieberegler.

▶ **3** Möchten Sie dem AUFROLLEFFEKT und/oder dem HINTERGRUND eine andere Farbe geben, wählen Sie diese aus den entsprechenden Farbfeldern aus. Wählen Sie hier für den Hintergrund eine gelbe Farbe.

Die aufgerollte Ecke soll dazu genutzt werden, auf den Blumen-Tipp hinzuweisen.

▶ **1** Wechseln Sie zum Hilfsmittel TEXT, klicken Sie auf die Arbeitsfläche, und geben Sie das Wort `TIPP` ein. Formatieren Sie es in der Schrift ARIAL, der Größe 26 und FETT.

▶ **2** Verschieben Sie den Tipp anschließend mit dem Hilfsmittel AUSWAHL an seine vorgesehene Position.

▶ **3** Klicken Sie einmal auf das Textobjekt, um in den Drehmodus zu schalten. Drehen Sie dann das Textobjekt entsprechend nach rechts.

Bild 8.46 ~ Drehen und Anpassen des Textobjekts

▶ **4** Als letzten Schritt platzieren Sie noch ein Textobjekt unterhalb der Grafik, das folgenden Inhalt hat: `Blumen verschönern jeden Balkon!`

Damit haben Sie auch die dritte Seite erfolgreich fertig gestellt. Ihr Werk sieht hoffentlich so oder ähnlich aus:

Neuigkeiten

Tipp des Monats

Beim Kauf von Pflanzen oder Samen für den Balkon oder die Terrasse sollten Sie unbedingt darauf achten, ob diese Sonne vertragen. Die meisten Balkone sind zum Licht hin, also in Richtung Süd, Südost oder Südwest gebaut. An diesen sonnigen Standorten gedeihen besonders Wildblühtenpflanzen und Gewürzkräuter in Topfen gut. Auch Sumpfpflanzen fühlen sich mit viel Sonne wohl wie auch die meisten Kletter- und Kriechpflanzen, die Wildbienen, Hummeln oder Schmetterlinge anlocken. Achten Sie beim Kauf unbedingt auf die Verpackung. Meist ist auf dem Etikett oder der Samentüte vermerkt, ob die Pflanzen Sonnen mögen oder nicht. Indes kommen manche Kräuter auch mit weniger Licht aus.: Bär- und Schnittlauch, Zitronenmelisse, Ringelblume, Bibernelle, Bohnenkraut und Thymian können auch an Plätzen mit mehr Schatten gedeihen.

Tipp

Blumen verschönern jeden Balkon!

Bild 8.47 ~ Die dritte Seite in voller Pracht

Nun fehlt nur noch die vierte Seite, die Sie im nächsten Abschnitt gestalten werden.

8.4 Last, but not least: die letzte Seite

- Klicken Sie ein letztes Mal auf das Pluszeichen im Seitenzähler, um die vierte Seite hinzuzufügen.

Wie immer erhalten Sie vorab einen kleinen optischen Anreiz für die folgenden Arbeiten:

Bild 8.48 ~ Die letzte Seite

Die Grundelemente übernehmen Sie wieder von den anderen Seiten. Kopieren Sie den Titelbalken nebst Schatten von der Seite 2, und ändern Sie den Text in `Kindergewinnseite` um. Alles andere werden Sie neu gestalten.

Dreidimensionale Objekte erzeugen

Wie Sie sehen, befindet sich auf der letzten Seite ein kleines Gewinnspiel, auf das mit einem besonderen, dreidimensionalen Schriftzug hingewiesen wird.

Derartige plastische Ausformungen werden als Extrusion bezeichnet. Gezeichnete Objekte wie auch Texte lassen sich nämlich recht einfach mit dem Hilfsmittel INTERAKTIVE EXTRUSION in dreidimensionale Objekte verwandeln. Dabei projiziert *CorelDRAW* den Umriss des Objekts vor bzw. hinter das Objekt. Die einzelnen Punkte des Objekts bzw. der Projektion werden verbunden und in Flächen umgewandelt. Die Richtung und die Form lassen sich dabei beliebig verändern.

Genug der Theorie, auf zu deren praktischer Umsetzung:

1 Aktivieren Sie zunächst das Hilfsmittel TEXT, und geben Sie das Wort `Gewinnspiel` ein.

2 Formatieren Sie diesen Text in der Schriftart ARIAL, da damit Effekte besonders gut zur Geltung kommen. Die Größe des Objekts können Sie hier außer Betracht lassen, da sie später mit dem Auswahlwerkzeug angepasst wird.

Da der Schriftzug schräg stehen soll, muss er gedreht werden. Dazu benötigen Sie die Symbolleiste *Änderung*. Standardmäßig ist diese nicht sichtbar, Sie müssen sie einblenden.

1 Klicken Sie dazu mit der rechten Maustaste hinter eine der vorhandenen Symbolleisten, und wählen Sie aus dem Kontextmenü den Eintrag ÄNDERUNG aus.

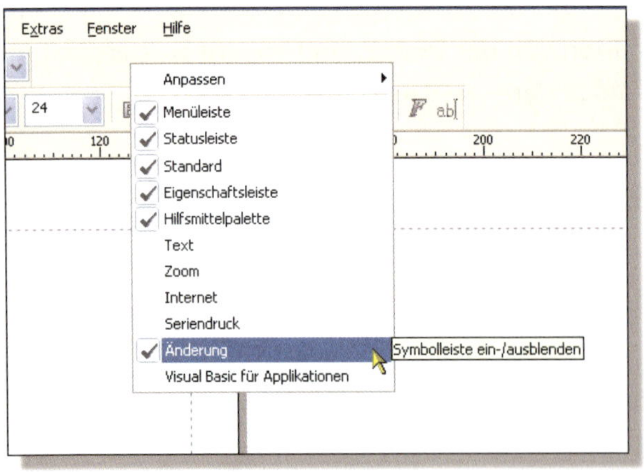

Bild 8.49 ~ Die Symbolleiste *Änderung* sichtbar machen

Daraufhin wird die Symbolleiste eingeblendet.

2 Klicken Sie hier in das Feld DREHWINKEL, und geben Sie dort den Wert 25 ein.

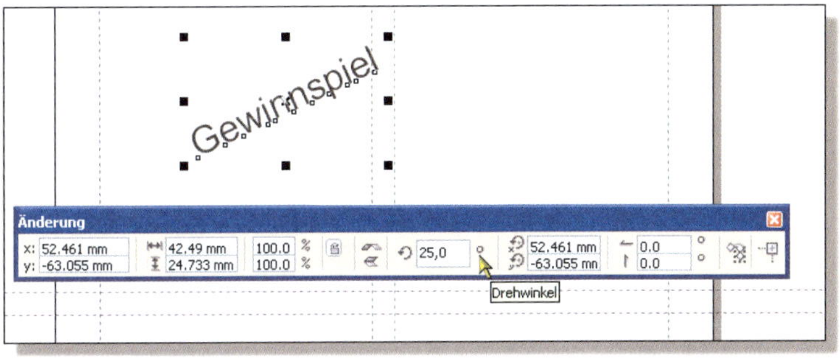

Bild 8.50 ~ Den Drehwinkel für das Textobjekt festlegen

Extrudieren mit der Maus

Nun geht's an die eigentliche Extrusion.

1 Wählen Sie im Flyout INTERAKTIVE HILFSMITTEL das Hilfsmittel INTERAKTIVE EXTRUSION.

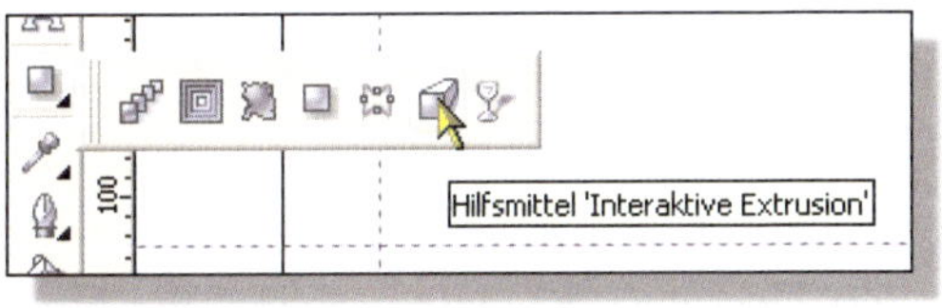

Bild 8.51 ~ Dieses Werkzeug verhilft Ihnen zu einem plastischen Textzug

Der Mauszeiger verändert daraufhin seine Form.

2 Klicken Sie in das Objekt, und halten Sie die Maustaste gedrückt.

3 Bewegen Sie den Mauszeiger nun in Richtung obere linke Seitenecke, da in diese Richtung die Extrusion erfolgen soll.

Wie Sie sicherlich bemerken, erscheint um das Objekt ein Rahmen mit blauen und roten Linien. Entsprechend Ihrer Mausbewegungen wird dieser Rahmen an der kreuzförmigen Markierung, die sich am Mauscursor zeigt, verschoben. Diese Markierung stellt den so genannten Fluchtpunkt dar.

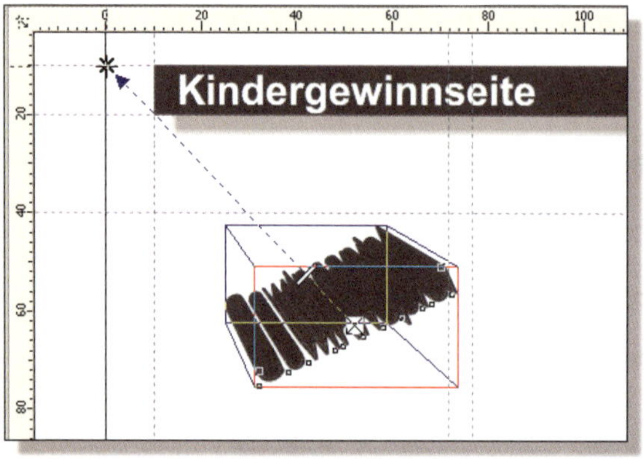

Bild 8.52 ~ Den Fluchtpunkt der Extrusion festlegen

▶ **4** Lassen Sie die Maustaste los, wenn Sie den gewünschten Endpunkt erreicht haben.

Das Objekt wird nun sofort gemäß Ihren Vorgaben extrudiert. Allerdings wird das Ergebnis sicherlich noch nicht Ihren Vorstellungen entsprechen, da *CorelDRAW* alles schwarz gefärbt hat, und man kaum noch etwas erkennt. Das liegt daran, dass standardmäßig alle projizierten Flächen die Umriss- und Füllattribute des zugrunde liegenden Objekts erhalten. In diesem Fall ist der Text schwarz, sodass das Objekt ebenfalls schwarz ist.

Extrusionsobjekt gestalten

Doch das werden Sie nun beheben. Dazu benötigen Sie das Feld FARBE, das Sie in der Eigenschaftsleiste finden.

▶ **1** Achten Sie darauf, dass die Extrusion markiert ist, und klicken Sie in das Feld FARBE.

2 Es erscheint ein kleines Dialogfenster, in dem Sie zunächst mithilfe von drei Schaltflächen einstellen können, ob Sie eine OBJEKTFÜLLUNG, eine VOLLTONFARBE oder eine FARBSCHATTIERUNG anlegen wollen.

3 Entscheiden Sie sich für die letzte Option, sie sorgt für den schönsten optischen Reiz. Wenn Sie auf die Schaltfläche klicken, können Sie nun im Farbfeld VON die erste Farbe auswählen. Im Farbfeld BIS stellen Sie anschließend die Farbe ein, in die die erste verlaufen soll.

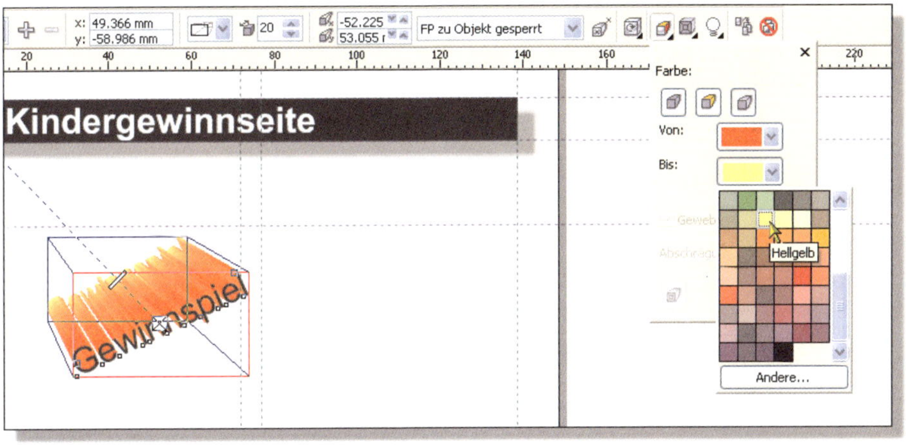

Bild 8.53 ~ Einer Extrusion Farbe zuweisen

Über den kleinen rechteckigen Schieberegler, der sich zwischen dem weißen Quadrat und dem Fluchtpunkt befindet, können Sie die Extrusionstiefe intuitiv verändern.

> Wenn Sie eine Extrusion aufheben möchten, verwenden Sie den Befehl EFFEKTE / EXTRUSION AUFHEBEN.

Objektform mithilfe einer Hülle verändern

Der Text für das Gewinnspiel befindet sich in einem Mengentextobjekt. Bisher haben Sie lediglich die Grundform des Objekts über die Anfasspunkte verändert. Ein Objekt kann aber auch durch Verformung seiner Hülle verändert werden. So lassen sich recht interessante Texteffekte gestalten.

1 Aktivieren Sie das Hilfsmittel TEXT, und ziehen Sie den entsprechenden Rahmen auf. Weisen Sie die Schriftart TIMES NEW ROMAN in der Größe 12 Punkt zu.

2 Geben Sie dann folgenden Text ein:

```
Hallo Kinder,

möchtet Ihr für Eure Mutter einen schönen Blumenstrauß gewinnen?

Dann setzt das Puzzle zusammen und sagt uns, welche Blume abgebildet ist. Schreibt die Lösung auf eine Postkarte und schickt sie an folgende Adresse:

S'Blumenlädle, Kennwort Gewinnspiel, Rosenstraße 1, 63414 Blumenhausen

Viel Erfolg!
```

3 Wählen Sie im Flyout INTERAKTIVE HILFSMITTEL das Hilfsmittel INTERAKTIVE HÜLLE aus.

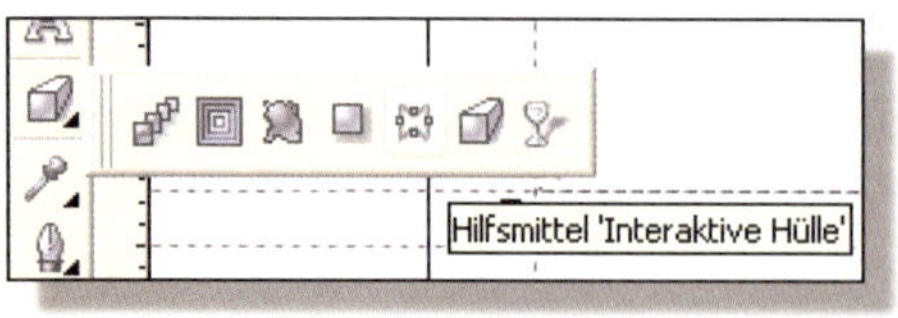

Bild 8.54 ~ Die Extrusion intuitiv verändern

Wenn Sie damit das Textobjekt markieren, erscheint es in einem rot gestrichelten Rahmen mit acht so genannten Steuerpunkten.

4 Wählen Sie als Nächstes in der Eigenschaftsleiste den gewünschten Hüllenmodus aus. Ihnen stehen der GERADEN-MODUS, der EINZELBOGEN-MODUS, der DOPPELBOGEN-MODUS sowie der UNEINGESCHRÄNKTE MODUS zur Auswahl.

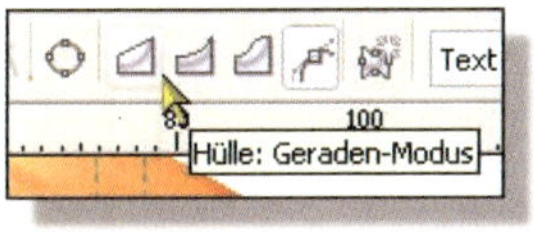

Bild 8.55 ~ Wahl einer Hülle

5 *CorelDRAW* verfügt über eine große Anzahl vordefinierter Hüllenformen. Nachdem Sie das Hilfsmittel INTERAKTIVE HÜLLE ausgewählt haben, klicken Sie in der Eigenschaftsleiste auf die Schaltfläche VOREINSTELLUNGEN HINZUFÜGEN und wählen aus dem nun erscheinenden Listenfeld die gewünschte Form aus.

6 Klicken Sie hier auf die Schaltfläche GERADEN-MODUS, da das Mengentextobjekt an die Unterkante des Extrusionsobjekts angepasst werden soll.

7 Klicken Sie dann die entsprechenden Steuerpunkte an, und verändern Sie deren Position so, dass sie parallel zur Unterkante des Extrusionsobjekts verlaufen.

Im gleichen Maße, wie Sie die Hülle ändern, ändert sich auch die Form des Objekts. Auch der Text passt sich an.

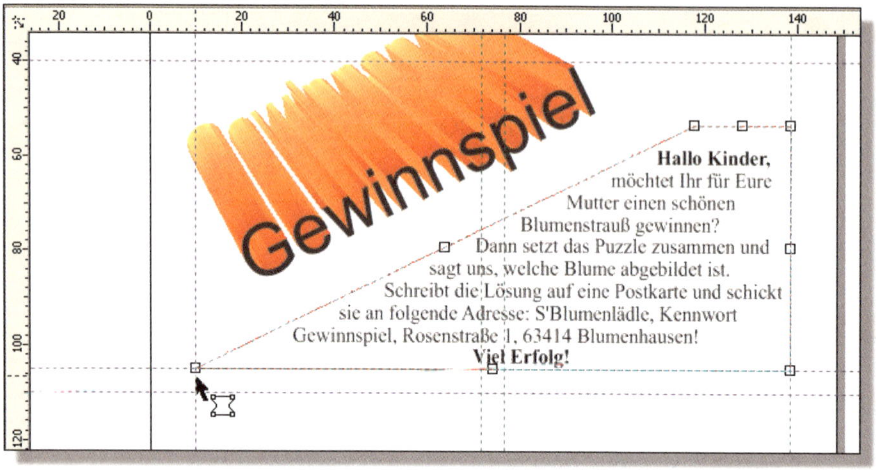

Bild 8.56 ~ Steuerpunkte anpassen

Puzzle-Teile aus einem Bild erstellen

Wie Sie gelesen haben, besteht das Gewinnspiel aus einem einfachen Puzzle. Dazu werden Sie die POWERCLIP-Funktion kennen lernen, die es Ihnen ermöglicht, die Form eines Objekts aus einem anderen »auszustanzen«. Dabei entsteht ein neues Objekt, das aus einem Behälter und einer Füllung besteht.

▶ Als Erstes benötigen Sie ein Foto, das Sie über die IMPORT-Funktion in die

Datei einfügen. Legen Sie es erst einmal außerhalb der Seite auf der Arbeitsfläche ab.

Das Grundgerüst des Puzzles

Das Grundgerüst des Puzzles besteht aus einem Rechteck mit den Ausmaßen 45 x 35 Millimetern.

▶ **1** Klicken Sie auf das Hilfsmittel RECHTECK, und ziehen Sie es in der

entsprechenden Größe auf.

2 Dieses benötigen Sie insgesamt viermal, sodass Sie es mithilfe der Tastenkombination Strg+C kopieren und dann dreimal über die Tastenkombination Strg+V einfügen. Legen Sie zwei der drei neuen Rechtecke auf der Arbeitsfläche ab.

Damit Sie im Folgenden nicht den Überblick verlieren, sollten Sie den Rechtecken, wie auch später den Kreisen, jeweils eine andere Füllfarbe geben.

Das zweite Rechteck muss zunächst bündig am ersten ausgerichtet werden. Bisher haben Sie das mithilfe von Hilfslinien vorgenommen.

CorelDRAW bietet aber auch eine direkte Möglichkeit, Objekte an bereits gezeichneten Objekten auszurichten. Jedes Objekt verfügt nämlich neben Anfasspunkten über eine bestimmte Anzahl so genannter Fangpunkte. Ähnlich wie Sie es bei den Hilfslinien erlebt haben, rastet beim Verschieben der Fangpunkt des zu verschiebenden Objekts am Fangpunkt des bereits platzierten Objekts ein, sobald Sie einen bestimmten Mindestabstand unterschreiten.

Objekte an Fangpunkten ausrichten

Diese Funktion ist allerdings nicht standardmäßig eingeschaltet.

1 Aktivieren Sie sie über ANSICHT / AN OBJEKTEN AUSRICHTEN.

2 Klicken Sie auf einen der Fangpunkte.

Doch leider zeigt *CorelDRAW* die Fangpunkte nicht an, Sie können sie nur »erahnen«. Die Fangpunkte eines Rechtecks befinden sich aber an denselben Positionen wie Anfasspunkte. Möchten Sie ein Objekt an einem Fangpunkt einrasten, bewegen Sie sich am besten von innen auf den Fangpunkt zu und klicken auf die Umrisslinie des Objekts.

3 Probieren Sie, beim zweiten Objekt auf den Umriss knapp unterhalb der oberen linken Ecke zu klicken.

4 Halten Sie die Maustaste gedrückt, und ziehen Sie das Objekt zum gewünschten Fangpunkt des Ausrichtungsobjekts. In unserem Fall ziehen Sie dann das Rechteck auf die obere rechte Ecke des ersten Rechtecks.

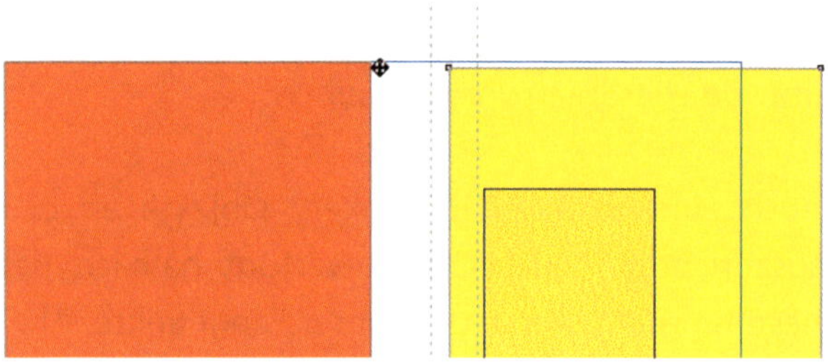

Bild 8.57 ~ Ein Objekt über die Fangpunkte einrasten

5 Wenn Sie sich in unmittelbarer Nähe des gewünschten Fangpunktes befinden, lassen Sie die Maustaste los. Das Objekt wird passgenau abgelegt.

Verfahren Sie mit den beiden restlichen Quadraten ebenso.

Objekte verbinden

Jetzt müssen Sie die Verbindungszapfen für die Puzzelstücke erstellen.

1 Dazu ziehen Sie mit dem Hilfsmittel ELLIPSE und der Strg-Taste einen Kreis mit einem Durchmesser von 18 Millimeter auf.

2 Kopieren Sie ihn ebenfalls dreimal, und legen Sie die drei Kopien auf der Arbeitsfläche ab.

3 Den ersten Kreis rasten Sie auf den beiden mittleren Fangpunkten der beiden Rechtecke ein.

Neue Form dank Verschmelzung

Im Folgenden werden Sie sehen, wie man markierte Objekte auf besondere Art und Weise miteinander verbinden bzw. verschmelzen kann.

Alle erforderlichen Werkzeuge erhalten Sie, wenn Sie die Menüfolge ANORDNEN / FORMEN / FORMEN aufrufen. Auf der rechten Seite Ihres *CorelDRAW*-Dokumentenfensters öffnet sich das so genannte Andock-Fenster.

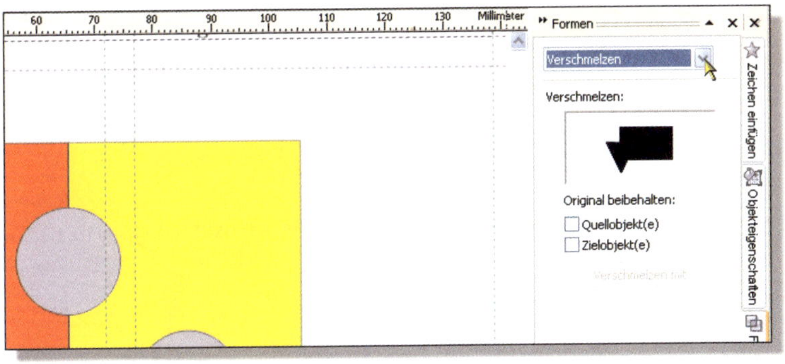

Bild 8.58 ~ Das Andockfenster FORMEN

Im ersten Schritt müssen Sie das erste Rechteck mit dem Kreis verschmelzen, damit ein neues Objekt entsteht. Dies erreichen Sie über den Menüpunkt VERSCHMELZEN, da er zwei oder mehrere sich überlagernde Objekte zu einem Objekt vereint. Dabei werden die Objekte an den Stellen, an denen sie sich berühren, miteinander verbunden. Das neue Objekt erhält die Umriss- und Füllfarbe des zuletzt markierten Objekts.

1 Markieren Sie das erste Rechteck mit dem Hilfsmittel AUSWAHL.

2 Klicken Sie dann im Andock-Fenster auf die Schaltfläche VERSCHMELZEN MIT.

Der Mauszeiger erhält ein entsprechendes Symbol als Bestätigung Ihrer Wahl.

3 Zeigen Sie nun mit diesem Mauszeiger auf den Kreis, und klicken Sie ihn einmal an.

Bild 8.59 ~ Bewegen Sie sich auf das zu verschmelzende Objekt zu

Sofort erhalten Sie ein neues Objekt, das die Farbe des Kreises angenommen hat.

Bild 8.60 ~ Ein Klick, und die Objekte sind miteinander verschmolzen

Objekte zuschneiden

In einem zweiten Schritt erfolgt das Zuschneiden. Lassen Sie das neu entstandene Objekt markiert.

1 Wählen Sie aus der Liste im Andock-Fenster den Eintrag ZUSCHNEIDEN aus.

2 Achten Sie darauf, dass das Kontrollkästchen QUELLOBJEKT(E) angehakt ist, damit das neue Objekt erhalten bleibt.

3 Klicken Sie dann auf die untere Schaltfläche ZUSCHNEIDEN, und zeigen Sie mit dem veränderten Mauszeiger auf das zweite Quadrat.

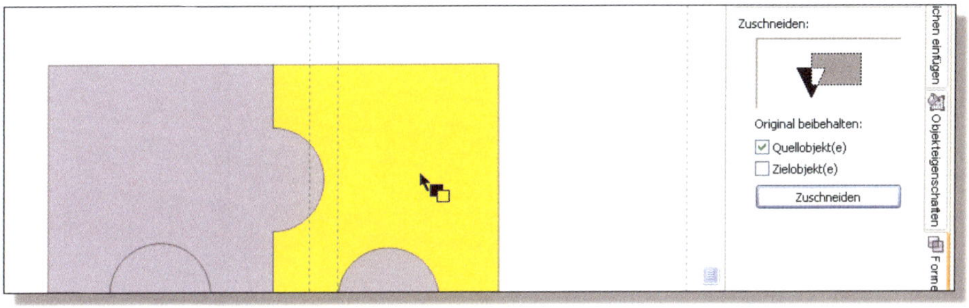

Bild 8.61 ~ Ein Objekt zuschneiden

4 Befinden Sie sich über diesem Objekt, klicken Sie einmal darauf.

Schon ist das Objekt zugeschnitten.

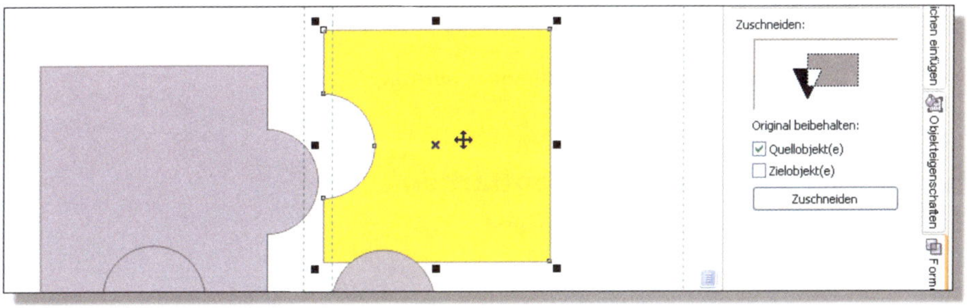

Bild 8.62 ~ Das zugeschnittene Objekt (zur Demonstration ein bisschen weg geschoben)

5 Um das zu erkennen, müssen Sie allerdings das AUSWAHL-Werkzeug  aktivieren und das Objekt ein bisschen vom ersten wegziehen.

Jetzt müssten Sie den ausgeschnittenen Teil deutlich sehen.

Damit kennen Sie alle Schritte, die notwendig sind, um das Puzzle fertig zu stellen.

Bild 8.63 ~ Die fertigen Puzzelteile (auseinander gerückt)

Puzzle-Teile gruppieren und entfärben

Das Puzzle muss nun gruppiert werden.

1 Klicken Sie dazu außerhalb der Objekte auf die Arbeitsfläche, und halten Sie die Maustaste gedrückt.

2 Ziehen Sie einen Rahmen diagonal über die Objekte hinweg auf.

> Sobald Sie die Maustaste loslassen, sind alle Objekte markiert, was Sie an den äußeren acht Anfasspunkten erkennen können.

3 Betätigen Sie jetzt die Tasten [Strg]+[G], oder klicken Sie auf die Schaltfläche GRUPPE in der Eigenschaftsleiste, um die Objekte zu einer Gruppe zusammenzufassen.

4 Klicken Sie als Nächstes in das obere Farbfeld der Farbpalette, um die Füllungen zu entfernen.

Bild 8.64 ~ Das fertig gruppierte Grundgerüst des Puzzles

Alle Funktionen, die auf eine markierte Gruppe angewendet werden, wirken sich gleichermaßen auf die einzelnen Objekte aus.

Mit PowerClip-Funktion Fotos integrieren

Nun kommt der »krönende« Abschluss Ihres Puzzles.

1 Markieren Sie die Grafik, die sich im Moment auf der Arbeitsfläche befindet.

▶ **2** Rufen Sie dann das Menü EFFEKTE / POWERCLIP / IN BEHÄLTER PLATZIEREN auf.

▶ **3** Der Mauszeiger nimmt die Form eines breiten, schwarzen Pfeils an.

▶ **4** Zeigen Sie mit diesem Pfeil auf das Grundgerüst des Puzzles, und klicken Sie einmal.

CorelDRAW platziert das zuerst markierte Objekt, also das Foto, ins Grundgerüst des Puzzles, das als Behälter bezeichnet wird. Dabei werden nur die Teile angezeigt, die vom Behälter überlagert werden.

▶ **1** Klicken Sie jetzt auf die Schaltfläche GRUPPIERUNG AUFHEBEN, die

Sie in der Eigenschaftsleiste finden.

Danach können Sie das erste Puzzle-Teil mithilfe des Auswahlwerkzeugs herausziehen.

Bild 8.65 ~ Dann puzzeln Sie mal schön

2 Ziehen Sie auch die restlichen Puzzle-Teile aus dem Verbund heraus, und verteilen Sie diese so, dass man nicht auf den ersten Blick erkennt, was sie darstellen. Dabei können Sie beispielsweise auch auf eines der Teile klicken und so in den Drehmodus schalten.

3 Ordnen Sie dann die Teile im unteren Bereich der Zeitschrift so an, dass sie sich nicht überlappen.

> Dieser Teil soll so gestaltet werden, dass Ihre Leser ihn ausschneiden können.

4 Dazu ziehen Sie einen Rahmen um die Objekte herum und weisen ihm einen gestrichelten Umriss zu.

5 Aktivieren Sie das gleichnamige Hilfsmittel, und wählen Sie aus dem Flyout gleich die erste Schaltfläche mit der Bezeichnung DIALOGFELD UMRISSSTIFT aus.

Es erscheint das gleichnamige Dialogfenster, mit dem Sie den Umriss eines Objektes auf vielfältige Weise gestalten können.

6 Klicken Sie doppelt in das Feld BREITE, und geben Sie eine 2 ein.

7 Anschließend klicken Sie auf den kleinen, nach unten weisenden Pfeil des Feldes STIFT und suchen sich aus der Liste eine geeignete gestrichelte Linie heraus.

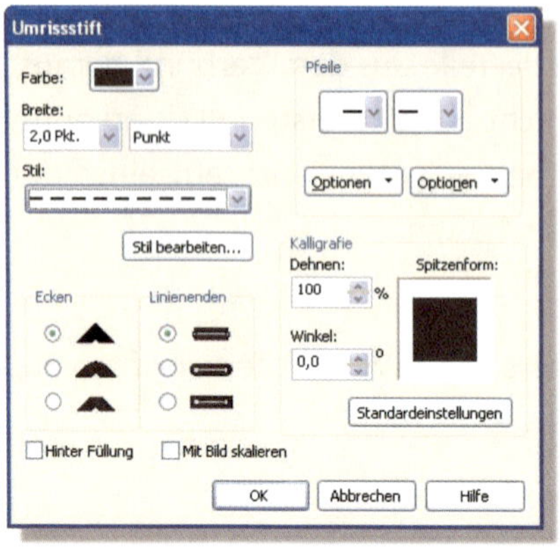

Bild 8.66 ~ So legt man eine gestrichelte Linie an

8 Sind alle Einstellungen zu Ihrer Zufriedenheit ausgefallen, schließen Sie dieses Dialogfenster mit OK, um die Veränderungen zu übernehmen.

Sonderzeichen aus der Symbolbibliothek anwenden

Etwas fehlt dem Puzzle noch ... Sicherlich kennen Sie die vielen Gewinnspiele, die mithilfe einer Schere symbolisieren, dass man den Coupon ausschneiden soll. Doch woher soll man eine Schere nehmen? *CorelDRAW* verfügt zum Glück über Dutzende fertiger Grafikobjekte, die Sie direkt in Ihre Grafik einfügen und entsprechend weiterbearbeiten können. Bei den Symbolen handelt es sich prinzipiell um Schriftzeichen, die in Schriftzeichendateien gespeichert sind. Sie werden nach Themengebieten zusammengefasst und in einem eigenen Andock-Fenster verwaltet.

1 Wählen Sie die Menüreihenfolge TEXT / ZEICHEN EINFÜGEN.

2 Im oberen Listenfeld wählen Sie den Namen der gewünschten Symbolgruppe bzw. Schriftart aus. Für das Scherensymbol benötigen Sie den Schriftsatz WINGDINGS. Mit einem Mausklick wählen Sie das gewünschte Symbol im Vorschaufenster aus.

3 Halten Sie die Maustaste gedrückt, und ziehen Sie das Symbol einfach auf die Zeichenfläche.

Wie Sie sehen, erhalten Symbole beim Einfügen die aktuellen Einstellungen für Umriss und Füllung (was Sie der Statusleiste entnehmen können).

Sicherlich ist das Symbol zu groß und muss deshalb noch verkleinert werden:

4 Zeigen Sie auf einen der Eckpunkte, und ziehen Sie ihn so lange nach innen, bis er die gewünschte Größe annimmt.

Schnell spiegeln

Was jetzt noch stört: Die Schere zeigt in die falsche Richtung.

Aber auch diesen kleinen Schönheitsfehler beheben Sie im Handumdrehen. Sie spiegeln einfach.

Lassen Sie die Schere markiert, und klicken Sie dann in der Eigenschaftsleiste auf die obere Schaltfläche SCHALTFLÄCHEN ZUM SPIEGELN klicken.

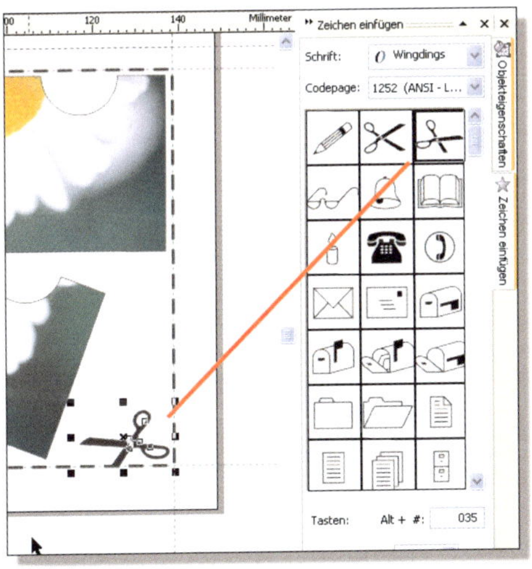

Bild 8.67 ~ Spiegeln eines Objekts

Geschafft! Damit ist Ihre Zeitschrift fertig – es wird Zeit, sie zu Papier zu bringen.

8.5 Mehrseitige Publikationen drucken

Wie gewohnt sollten Sie auch die Zeitschrift zuerst in der DRUCKVORSCHAU betrachten.

▶ **1** Rufen Sie diese über DATEI / DRUCKVORSCHAU auf.

Nachdem *CorelDRAW* Ihr Dokument analysiert hat, präsentiert die Software die Zeitschrift in der Druckvorschau.

Bild 8.68 ~ Die Zeitschrift in der DRUCKVORSCHAU

▶ **2** Zunächst präsentiert sich Ihre Zeitschrift mit der Ansicht der Seiten 4 und 1, denn die Druckvorschau zeigt Ihnen die Vorderseite der zu bedruckenden DIN A4-Seite. Möchten Sie die Seiten 2 und 3 betrachten, müssen Sie auf die Registerkarte SIGNATUR 1 (HINTEN) am unteren Rand des Vorschaufensters klicken.

Druckbereich anpassen

Darüber hinaus bietet Ihnen dieses Vorschaufenster einen gewaltigen Vorteil: Passt nämlich eine Seite nicht richtig aufs Papier, können Sie diesen Fehler hier beheben.

CorelDRAW stellt den druckbaren Bereich mithilfe einer schwarzen, gestrichelten Linie dar. Alle Objekte, die darüber hinausragen, werden nicht gedruckt. Möchten Sie eine Korrektur vornehmen, etwa weil Text am linken oder rechten Rand abgeschnitten wird, klicken Sie auf die entsprechende Seite. Diese wird daraufhin mit einem rot gestrichelten Rand (inklusive eines Eselsohrs!) versehen, und Sie finden die *CorelDRAW*-üblichen Anfasspunkte. Zeigen Sie dann einfach auf den Objektmittelpunkt, und ziehen Sie das Objekt in den schwarz gestrichelten Bereich hinein.

Duplexdruck ohne Duplexfunktion

Die Zeitschrift wurde so angelegt, dass Vorder- und Rückseite eines DIN-A4-Blattes bedruckt werden sollen. Vielleicht verfügen Sie jedoch nicht über einen sehr komfortablen Duplexdrucker, also einen Drucker, der Vorder- und Rückseite eines Papieres bedrucken kann?

CorelDRAW stellt diese Tatsache automatisch fest und präsentiert Ihnen folgendes Hinweisfenster, wenn Sie die Schaltfläche DRUCKEN betätigen:

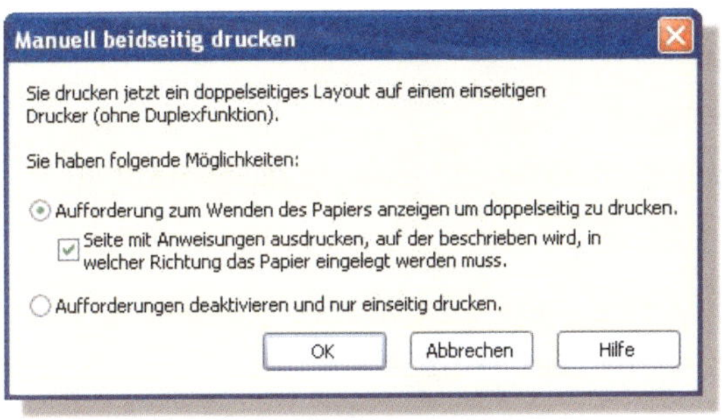

Bild 8.69 ~ *CorelDRAW* hilft Ihnen beim beidseitigen Drucken

Wenn Sie die vorgegebene Einstellung belassen, startet der so genannte COREL-ASSISTENT FÜR DEN MANUELLEN DUPLEXDRUCK. Es handelt sich dabei um eine Abfolge von Fenstern, denen Sie einfach folgen müssen, um einen einwandfreien beidseitigen Druck zu erhalten.

Zunächst testet der Assistent Ihren Drucker, und Sie müssen ein paar Fragen beantworten. Danach druckt er eine Testseite aus, die Ihnen das weitere Vorgehen beim Drucken zweiseitiger Dokumente erklärt.

Hat alles beim Test erfolgreich funktioniert, können Sie den endgültigen Druck starten.

▶ **1** Der Assistent bedruckt die erste Seite mit den Seiten 2 und 3 und fordert Sie dann auf, diese Seite entsprechend seinen Anweisungen wieder in den Drucker zu legen.

▶ **2** Wenn Sie dem nachgekommen sind, klicken Sie auf die Schaltfläche FORTFAHREN. Nach ein paar Minuten können Sie Ihre komplette Zeitschrift in den Händen halten.

Seitensortierungsansicht

Vielleicht keimt Ihnen nach dem Ausdruck (oder schon vorher) der Wunsch, die eine oder andere Seite umzustellen. Auch hier stellt Ihnen das Programm ein interessantes Hilfsmittel zur Seite.

▶ **1** Rufen Sie über das Menü ANSICHT / SEITENSORTIERUNGS-ANSICHT die gleichnamige Ansicht auf.

Hier finden Sie alle Ihre Seiten in der momentanen Reihenfolge dargestellt.

▶ **2** Um eine Seite an eine andere Stelle zu platzieren, klicken Sie auf diese und ziehen sie einfach an die neue Position.

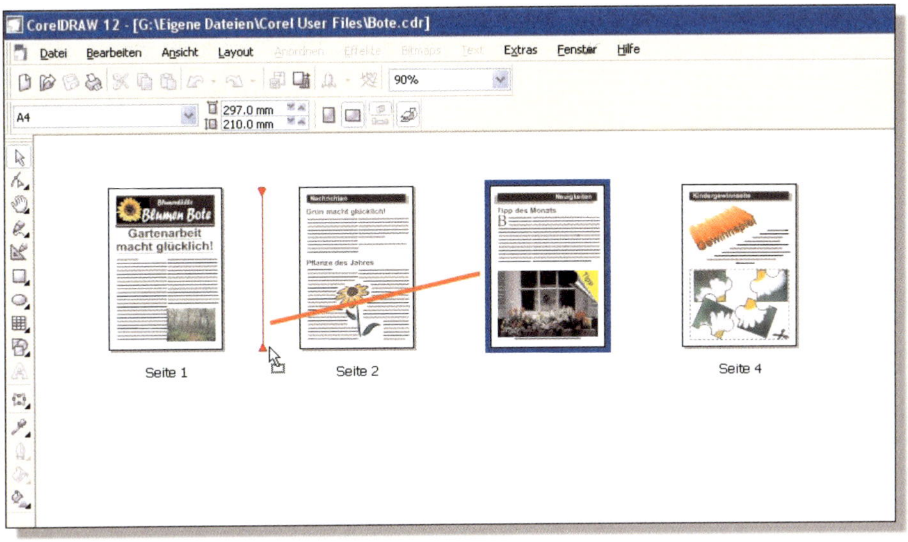

Bild 8.70 ~ Schnell die Seiten umstellen

Möchten Sie eine Seite, etwa als Grundlage für eine neue, kopieren, ziehen Sie sie mit der rechten Maustaste an die gewünschte Position. Dort lassen Sie die rechte Maustaste los und wählen einfach aus dem Kontextmenü den Eintrag HIERHER KOPIEREN aus.

> Wenn Sie zu der normalen Ansicht zurückkehren wollen, klicken Sie lediglich doppelt auf eine Seite bzw. rufen die Menüreihenfolge erneut auf.

Index

Index